华侨大学政治与公共管理学院丛书

■ 双文元 著

基于功能冲突权衡的泉州市建设用地与耕地资源协调共生研究

经济日报出版社

图书在版编目（CIP）数据

基于功能冲突权衡的泉州市建设用地与耕地资源协调共生研究／双文元著．—北京：经济日报出版社，2020. 7

ISBN 978-7-5196-0689-3

Ⅰ.①基…　Ⅱ.①双…　Ⅲ.①城乡建设—土地利用—研究-泉州　Ⅳ.①F299. 275. 73

中国版本图书馆 CIP 数据核字（2020）第 123991 号

基于功能冲突权衡的泉州市建设用地与耕地资源协调共生研究

著　　者	双文元
责任编辑	门　睿
责任校对	王阿林
出版发行	经济日报出版社
地　　址	北京市西城区白纸坊东街 2 号 A 座综合楼 710（邮政编码：100054）
电　　话	010-63567684（总编室）
	010-63584556（财经编辑部）
	010-63567687（企业与企业家史编辑部）
	010-63567683（经济与管理学术编辑部）
	010-63538621　63567692（发行部）
网　　址	www. edpbook. com. cn
E - mail	edpbook@ 126. com
经　　销	全国新华书店
印　　刷	天津雅泽印刷有限公司
开　　本	710×1000 毫米　1/16
印　　张	19. 25
字　　数	286 千字
版　　次	2020 年 8 月第一版
印　　次	2020 年 8 月第一次印刷
书　　号	ISBN 978-7-5196-0689-3
定　　价	82. 00 元

《华侨大学政治与公共管理学院丛书》总　序

◇ 蔡振翔

为了更好地交流研究成果，促进学术的进步与繁荣，华侨大学政治与公共管理学院研究决定，编辑出版《华侨大学政治与公共管理学院丛书》。经过一段时间的紧张筹备，《华侨大学政治与公共管理学院丛书》第一辑、第二辑、第三辑、第四辑一共16种学术专著，在2017年、2018年由经济日报出版社等出版社陆续出版，并且在社会上产生了比较大的影响，得到不少专家学者的好评，使我们深受鼓舞。经过一段时间的精心策划，《华侨大学政治与公共管理学院丛书》第五辑一共4种学术著作又将隆重推出，与广大读者见面。

作为一门综合类的学科，中国的公共管理学科起步于20世纪80年代，是在政府职能转变与机构改革的时代背景下，借鉴西方发达国家有关学科的经验而缓慢发展起来的。当时学术界普遍认为，公共管理学科能够促进公共利益的有效实现，能够促进政府公共决策的科学化系统化民主化。最初出现的是各种各样的公共管理研习班，进入90年代，一些高等院校陆续开设了公共管理专业或者一些有关的课程；到了本世纪初期，中国的公共管理学科得到快速的发展，学科体系逐渐成熟。因此，尽管中国的公共管理学科目前仍然存在着学科理论体系有待进一步完善，学科队伍建设有待进一步加强，学科专业范围有待进一步界定等诸多问题，但是总的说来，中国的公共管理学科时间不长却发展很快、专业方向涵盖面宽、办学方式灵活，基本上形成了自己独特的学科体系与方法论，具有着很好的发展

前景。

华侨大学政治与公共管理学院的历史悠久，前后经历过几个不同的发展阶段，具有几个不同的名称。在2001年，当时的人文社会科学系申报公共事业管理本科专业获得批准，次年开始招生。在2004年，当时的人文与公共管理学院申报行政管理本科专业获得批准，次年开始招生。到了2006年，当时的人文与公共管理学院获得行政管理二级学科硕士学位授予权和公共管理（MPA）专业学位授予权，次年开始招生。到了2009年，土地资源管理本科专业转入当时的人文与公共管理学院。2012年，当时的公共管理学院申报城市管理本科专业获得批准，次年开始招生。包括MPA研究生在内，目前政治与公共管理学院的在校生将近1500人，建立了比较完整的公共管理学生培养体系。

我一直认为，一个学院的生存与发展，一共有三个关键问题。首先是环境。作为大学，通常有两大任务，一是培养人才，二是学术研究。学院工作也是如此，只不过是更加具体化而已。华侨大学政治与公共管理学院拥有政治学与公共管理两大学科，这样的学科背景，导致我们特别推崇据说是出自明代顾宪成的那幅名联："风声雨声读书声，声声入耳；家事国事天下事，事事关心"，把它作为座右铭，希望政管学院的师生都能有忧国忧民的人文关怀、自由开放的精神风貌，树立起应有的人生观和价值观；其次是制度。也就是说，一定要建立起一套规范的教学、科研及其管理制度。政管学院在学校有关规章制度的基础上，结合学院教学、科研及其管理工作的实际情况，陆续出台的十几份配套的规定或者措施，有的直接照搬学校的规定，有的比学校的宏观要求更加细化更有可操作性，有的比学校提出的要求还要更高一些，以便鼓励教师从事教学、科研和服务工作的积极性；最后是目标。换句话说，学院在做好日常性程序性的工作外，既要有着长期的发展战略，又要制定近年应当达到的几个具体目标并且设法做到。可以说，经过全院师生的不懈努力，在教学、科研和管理等方面，政管学院都取得了十分可喜的成绩。

特别值得一提的是，长期以来，政治与公共管理学院重视对学生综合素质的培养，重视对学生专业知识的学习，重视对学生专业技能的训练，

使得学生在走出校门时，具备了比较高的适应能力，可以应付遇到的各种困难与问题，而这一切，有赖于政管学院拥有一支结构合理、富有创造力、以中青年占居绝大多数的教师队伍，使得科学研究工作一直保持着良好的发展态势，各级各类科学研究项目、论著、奖项在全校一直位居前列，形成了通过科学研究的深入开展，进而提高教学质量教学水平的政治与公共管理学院特色。

也正是因为这样，政治与公共管理学院的公共管理学科在发展过程中，慢慢地形成自己的重点与特色。归纳起来，主要有三个研究方向：第一，在作为公共管理专业基础的行政管理研究方向，关注的重点是国家治理中的政府管理问题，通过定量和定性的方法，对公共危机管理、环境治理、城市治理等领域展开具体研究；第二，在作为公共管理专业优势的社会保障研究方向，关注的重点则是社会养老保险、医疗保险等问题；第三，作为公共管理专业特色的侨务政策与闽台区域治理研究方向，立足于闽台地域特色，服务于区域发展，关注华侨华人的桥梁与纽带作用。政治与公共管理学院的大量成果，都与上述三个研究方向密切相关。

与《华侨大学政治与公共管理学院丛书》的前四辑一样，《丛书》第五辑收录的学术新著，同样具有观点新颖、内容丰富、论证翔实的特点，同样体现出政管学院的研究水平、研究重点及其研究特色。当然，《丛书》中恐怕还是会有这样或者那样的缺点与错误，敬请海内外专家学者予以批评指正。

蔡振翔

2016 年 10 月 22 日晚 8 时完稿于山阳馆
2019 年 9 月 20 日晚 9 时改定于山阳馆

蔡振翔，华侨大学政治与公共管理学院院长、教授，兼任台湾民主自治同盟第八届、第九届、第十届中央委员会委员，福建省第十一届、第十二届人民代表大会常务委员会委员等职。

目
录
contents

图目录

表目录

第一章

绪　论

第一节　研究背景和意义

一、课题提出的背景

人类社会现代文明的重要标志就是城镇化，它是现代化的必由之路，是工业化、信息化的重要载体和推进器，是我国最大的内需潜力和发展动能所在。随着我国社会经济快速发展，2015—2018 年城镇化率分别为 56.1%、57.35%、58.52%和 59.58%，2018 年城镇化水平已经超过世界平均水平。新型城镇化建设是社会经济发展的必然要求，2017 年实现 1300 多万人进城落户，2018 年又实现近 1400 万人进城落户。常住人口城镇化率稳步提升，大量进城人员涌入城市，对城市基础设施、公共服务提出了新的要求，较大冲击了城市社会阶层原有的结构，引发一系列问题。为接纳进城人员，城市需要土地建设住房、公共设施等；城市内部的老旧设施落后，棚户区、城中村大量存在，对它们进行投入再改造需要土地做保障；一些城市“摊大饼”式盲目扩张、贪大求洋建国际大都市，都在消耗土地。以我国城市建设面积为例，1990 年我国城市建设用地面积为 11608 平方千米，而 2010 年我国城市建设用地面积攀升至 39758.4 平方千米，2015 年中国城市建设用地面积为 51584.1 平方千米（图 1-1）①。

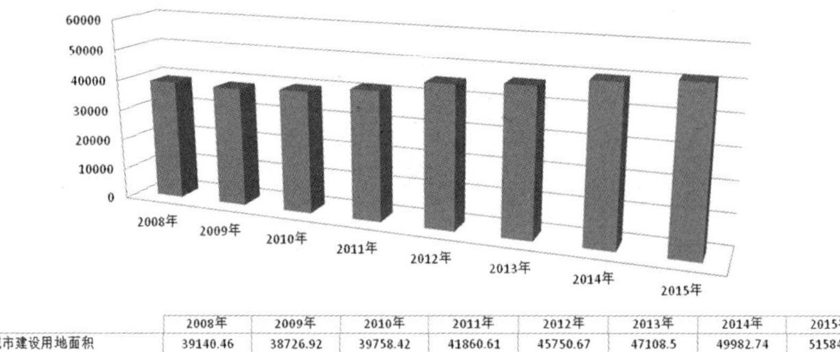

	2008年	2009年	2010年	2011年	2012年	2013年	2014年	2015年
■城市建设用地面积	39140.46	38726.92	39758.42	41860.61	45750.67	47108.5	49982.74	51584.1

图 1-1　2008—2015 年中国城市建设用地面积

资料来源：国家统计局

城镇化发展伴随着建设占用耕地，根据相关数据分析，全国（不含港澳台）31 个省、自治区、直辖市 1997 年至 2005 年，各地区 9 年间建设占用耕地数量为 20.3×10^4 公顷，其中年均建设占用耕地数量最多的是山东省，达到 22653 公顷，最少的是西藏，年均为 242 公顷，东部地区远远高于西部地区，相差十几到几十倍，尤其江苏、山东和浙江 3 省的建设占用耕地数量就占到全国总量的 30.1%（表 1-1）。2013—2017 年，全国建设占用耕地 1560 万亩（1 亩≈666.67 平方米）②。2015 年我国城市征用土地面积为 1548.53 平方千米（图 1-2）。

① 城市建设用地面积指城市用地面积中的各项建设用地面积。包括居住用地、公共设施用地、工业用地、仓储用地、对外交通用地、道路广场用地、市政公用设施用地、绿地和特殊用地。

② 曹卫星．五年来全国建设占用耕地 1560 万亩 实现占补有余［EB/OL］.（2017-11-14）. http://finance. people. com. cn/n1/2017/1114/c1004-29644750.

表 1-1 2010—2016 年全国减少耕地面积及建设占用耕地

单位：万公顷

年份	减少耕地面积	建设占用的耕地
2010 年	42.90	21.19
2011 年	40.68	25.30
2012 年	40.20	25.94
2013 年	35.47	21.96
2014 年	38.80	16.08
2015 年	30.17	15.94
2016 年	33.65	15.47
2017 年	32.04	25.25
2018	30.61	20.57

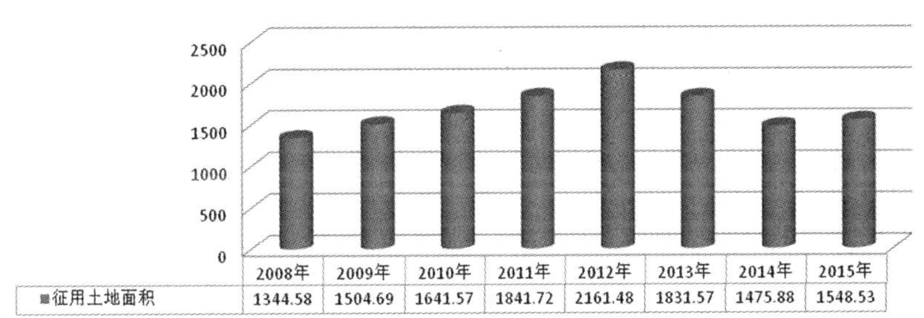

图 1-2 2008—2015 年中国城市征用土地面积

资料来源：国家统计局

从福建省来看，2019 年全省占用耕地 123 万亩，其中福州市和泉州市占用的耕地数量最大，面积都为 27 万亩，而泉州市补充 0.36 万亩，补充耕地规模占建设占用耕地的 1.33%（表 1-2）。

表 1-2　福建省各地区年均建设占用耕地数量（2006—2010 年）

单位：万亩

地区	2015 年耕地面积	2016 年耕地面积	2019 年建设占用农用地	2019 年建设占用耕地	2019 年补充耕地面积	2019 年补充水田面积
全省	2004.4	2004.5	238.05	123.00	3.00	1.50
福州市	224.6	224.0	46.49	27.00	0.39	0.04
厦门市	28.9	28.6	19.37	8.14	0.08	0.04
莆田市	110.8	110.4	9.04	6.43	0.19	0.10
三明市	292.5	293.1	24.10	9.43	0.36	0.18
泉州市	217.7	217.3	42.18	27.00	0.36	0.18
漳州市	268.8	268.5	31.00	17.14	0.41	0.22
南平市	356.5	356.9	18.07	8.57	0.40	0.20
宁德市	243.5	243.5	27.98	10.28	0.42	0.21
龙岩市	249.3	250.4	20.23	9.00	0.34	0.17

数据来源：原国土资源部土地调查成果、福建省人民政府办公厅关于下达 2020 年补充耕地和高标准农田建设任务的通知等；补充耕地中，平潭综合试验区为 0.05 万亩。

二、研究的理论和实际应用价值

研究建设用地与耕地资源的协调问题，对于在新型城镇化进程中，缓解建设用地与耕地资源矛盾，解决土地资源的退化问题具有重要的意义。

首先从客观上来讲，城市建设、社会经济发展与保护耕地之间存在一定的矛盾，城市的发展和扩大必定要占用一部分耕地。我国的耕地资源进入一个非常严峻的时期，耕地总规模仅剩 20.24 亿亩（13492.10 万公顷）①，人均拥有耕地面积仅为 1.4 亩，还不到世界人均耕地面积的一半，而且我国的耕地资源总体质量较差，后备资源缺乏，这都造成耕地资源不足。城镇化过程中，农村人口迁入城镇，一方面导致农村土地空置、闲置，耕地资源浪费，另一方面过多过快的人口涌入导致城市空间过度开发，使得城镇建设用地扩张严重，导致建设用地占用更多耕地。据原国土资源部公报显

① 数据来源：2019 年中国国土资源公报，下同。

示，2016 年，全国因建设占用、灾毁、生态退耕、农业结构调整等减少耕地面积 34.50 万公顷，通过土地整治、农业结构调整等增加耕地面积 26.81 万公顷，年内净减少耕地面积 7.69 万公顷。

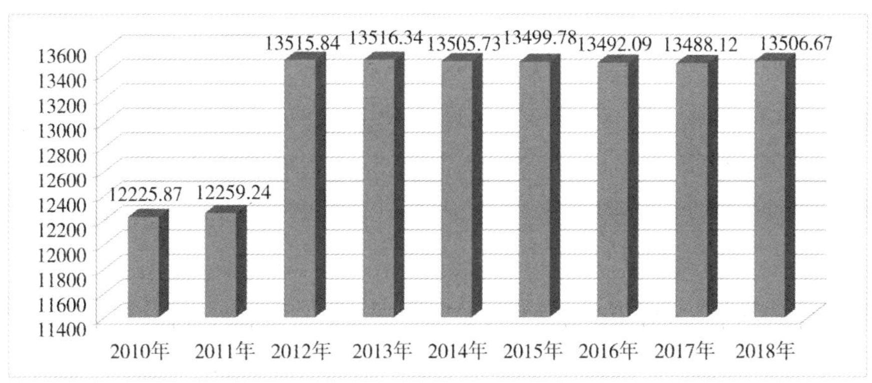

图 1-3　2010—2018 年我国耕地面积变化情况

资料来源：国家自然资源部，2019 年中国国土资源公报

根据全国土地利用数据预报结果显示，2017 年末，全国耕地面积为 13486.32 万公顷（20.23 亿亩），全国因建设占用、灾毁、生态退耕、农业结构调整等减少耕地面积 32.04 万公顷，通过土地整治、农业结构调整等增加耕地面积 25.95 万公顷，年内净减少耕地面积 6.09 万公顷（图 1-4）。

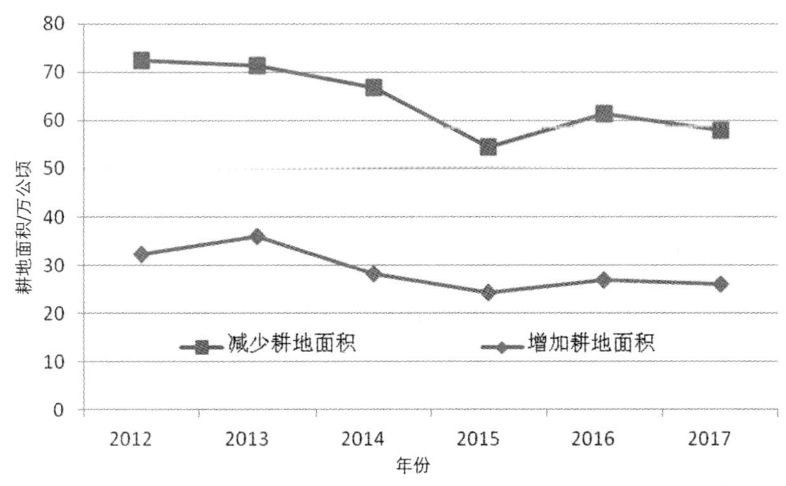

图 1-4　2012—2017 年我国耕地面积增减趋势

资料来源：国家自然资源部，2017 年中国国土资源公报

其次从现实情况来看，经济发展中，特别是城市化建设中，并没有很好地处理好城市化建设与保护耕地的关系，存在着重视城市建设、轻视耕地保护的倾向。另外，城市发展过程中，也存在一些问题：一是城市土地闲置与撂荒；二是土地利用效率低下；三是乡镇企业布局分散；用地规模过大；四是城市用地增长速度超过人口增长。多年来，我国城市外延扩张确实占用了大量土地，2015 年中国城区面积为 191775.54 平方千米。① 2017 年末全国建设用地总面积为 3958.65 万公顷②，新增建设用地 53.44 万公顷，这其中很多城市的扩张需要新增建设用地，而这些建设用地占用的大量土地一半以上是耕地。

在对 1998—2006 年的建设占用耕地数据分析中，1998 年，城乡建设用地占用耕地规模为 101.2 万公顷，占新增城乡建设用地总量的 70%（图 1-5）。

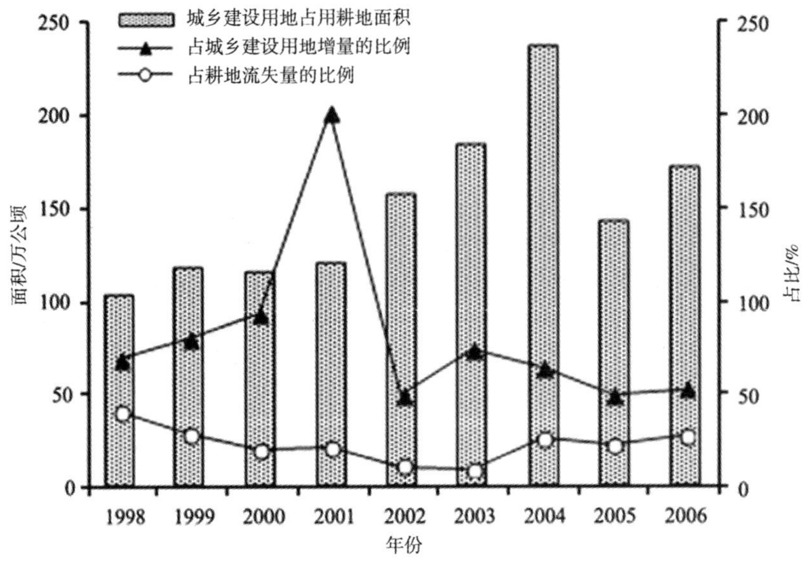

图 1-5　城乡建设用地占用耕地情况的变化（1998—2006 年）

① 城市面积指城市行政区域内（不包括市辖县）的全部土地面积（包括水域面积）。城市面积由市区面积和郊区面积两部分组成。

② 建设用地面积指市行政区范围内经过征用的土地和实际建设发展起来的非农业生产建设地段，它包括市区集中连片的部分以及分散在近郊区与城市有着密切联系，具有基本完善的市政公用设施的城市建设用地（如机场、铁路编组站、污水处理厂、通信电台等）。

在被占用的 101.2 万公顷耕地中，用于城镇建设用地的比例为 78.6%，剩余的 21.4%为农村居民点用地。在这当中，独立工矿用地占用耕地面积最多，达 52.4 万公顷，占所有占用耕地面积的 51.8%，远高于城市用地的 12.6%和建制镇用地的 14.2%。在三类城镇建设用地中，独立工矿用地的扩张最依赖于耕地占用，后者构成了 70.6%的新增独立工矿用地面积，这一比例远高于城市用地的 40.0%和建制镇用地的 41.7%。更加重要的是，农村居民点用地占用了 21.6 万公顷的耕地，该数值远高于其实际扩张面积（4.8 万公顷），是后者的 4.4 倍。这一特征表明在快速城镇化的背景下，城镇扩张占用了大量的农村居民点用地，而后者的持续扩张又占用了更多的耕地。因此，虽然农村居民点用地总规模扩张有限，但对耕地的占用却非常严重（图 1-6）。

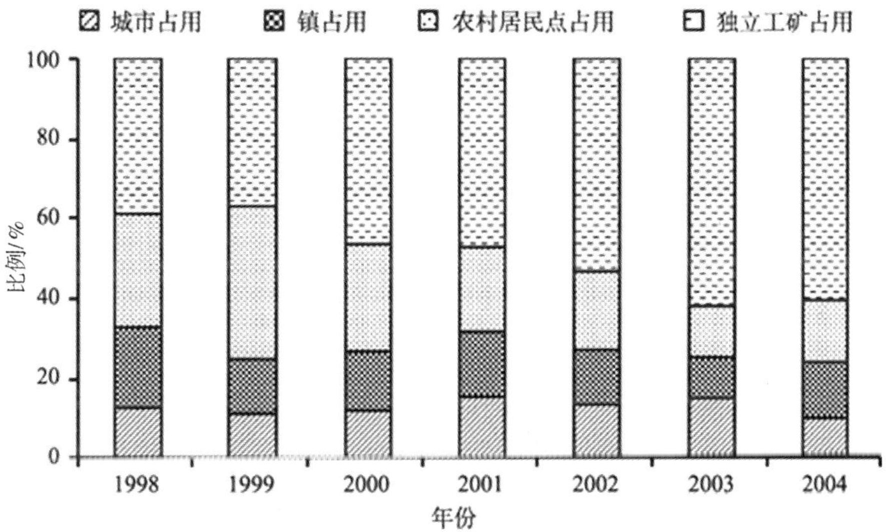

图 1-6 城乡建设用地占用耕地的结构及其变化（1998—2004 年）

因此，我们要适应国家经济社会发展的需要，就必须促进城市的发展和繁荣；同时我们需要切实保护耕地，使这两方面得到协调和统一，在发展过程中尽可能地减少耕地的占用。所以，问题的关键在于如何处理发展城市与保护耕地之间的关系。我国正处于城镇化发展由“起步”向“加速”转换的关键时期，城镇规模急剧增加，城镇建设占用大量土地，导致建设用地与耕地保护之间的矛盾日益突出，这已严重影响到我国社会、经济持续发展的宏伟目标的实现。因此，本书旨在探讨在新型城镇化背景下，建设用地与耕地资源之间的关系，试图找寻出一条既能减少耕地占用，又能及时为城乡各项建设提供必需的建设用地，保持社会经济的可持续发展的新路子，以缓解城市建设与耕地保护之间的矛盾。

第二节　国内外研究现状

一、国外研究的现状和趋势

（一）城市化过程中的土地利用问题研究

18 世纪工业革命改变了人类居住模式，而在 19 世纪中叶，延续了对城市发展的讨论，同时又开拓了新的领域和方向，为现代城市规划的形成和发展在理论上、思想上和制度上都进行了充分准备。19 世纪末至 20 世纪初，西方国家工业化和城市化快速发展，农民涌入城市，造成城市人口膨胀，生活环境破坏，城市布局混乱，出现了大量的城市土地利用问题，因此一些思想家和实践家提出解决该类问题的办法，如英国霍华德（Ebenezer Howard，1850—1928 年）、勒・柯布西埃（Le Corbusier，1887—1965 年）等。霍华德提出了建设田园城市的设想①，认为田园城市是为健康、生活及产业设计的城市，其规模足以提供丰富的社会生活，四周要有永久性农业地带围绕，城市土地归公众所有。勒・柯布西埃面对城市化过程提出了对旧城市改造和建设现代城市的设想，逐步形成了理性功能主义的规划思想；另外柯布西埃发表了“明天城市”（1922）和“光辉城市”（1931）两个规划方案，体现了城市集中发展的思想。②

（二）耕地资源变化与土地（耕地）非农化的管理与调控研究

首先，随着城镇化的发展，城市人口膨胀，建设用地日趋紧张，市区

① ［英］埃比尼泽・霍华德. 明日的田园城市［M］. 北京：商务印书馆，2002.

② ［法］勒・柯布西埃［M］. 上海：上海人民出版社，2006.

土地价格飙升。因此人们开始到郊区去购买农地，这样就导致了耕地资源的变化。其次，由于要进行城市基础设施建设，城市面积的扩大、交通设施的完善，以及绿地和公园的建设都需要占用大量耕地，造成耕地减少。最后，自然条件的变化导致耕地面积的变化。城市化速度加快，土地非农化现象非常严重，引起了西方学者的关注。**在土地非农化原因方面**，美国土地经济学家伊利（R. T. Ely）和莫尔豪斯（E. W. Morehouse）认为土地自然属性方面的位置固定性、经济属性方面的边际报酬递减和经济供给稀缺性导致了土地非农化①，Hiroshi Mori 认为土地非农化是农用地与建设用地竞争配置的结果。② **在土地非农化动力方面**，Mark Juergensmeyer 和野日悠纪雄认为土地功能转化过程中的土地价值增值、农场主由于各种原因退出农业、新的经营者无法进入和现有的经营者无能力扩大经营规模是土地非农化的动力③④，Greene 等指出由于人口剧增导致了美国城乡接合部地区农用地转为城市建设用地。⑤⑥ **在土地非农化调控方面**，雅科考斯认为，自下而上的土地管理模式和实行农用土地征地政策、采用农业用地价值作为农业用地市场定价是有益经验借鉴。⑦ 汉姆皮克、德莱克、普鲁克纳等认为，政策执行情况及执行效率对土地资源保护有着很大的影响，也能提高民众对于土地资源保护的接受程度，如瑞典、德国和奥地利等国公众具有较高的农业景观保护意愿；以色列实施税收分享政策等。还有学者重视制度因素对土地资源的利用和保护的作用，如美国土地规划、日本农业用地财产税税收制度以及印度尼西亚的土地许可制度，这些制度对各国农业用地的非农化

---

① ［美］伊利，莫尔豪斯．土地经济学原理［M］．北京：商务印书馆，1982.

② HIROSHI MORI. Land convrsion at the urban fringe：A comparative study of Japan Britain and the Netherlands.［J］. Urban Studies，1998.

③ Mark Juergensmeyer，Julian C. Farmland preservation：A vital agricultural law issue for the 1980s. 21 WASHBURN LJ，1982.

④ 野日悠纪雄．土地经济学［M］．北京：商务印书馆，1997.

⑤ R P and Harlin J M. Threat to high market value agricultural lands from urban encroachment：A national and regional perspective［J］. The Social Science Journal，1995（32）：137-155.

⑥ R P. Prime farmland and urban encroachment：Consequences for the western states［J］. Forum of the Association of Arid Lands Studies，1995（11）：75-81.

⑦ 卫珑．关于我国城市化问题的讨论综述［J］．经济学动态，2002，1（6）：28-281.

产生重要影响。①

（三）从经济角度探讨耕地非农化

对于耕地非农化，国外研究从经济利润角度展开，认为耕地的生产率要低于工业等其他建设用地的生产率，这是耕地非农化最主要的原因，另外的原因就是建设用地的需求量提高，特别在工业化、城市化过程中更加明显。K. C. Seto 和 R. K. Kaufmann 认为，耕地（农用地）的生产效率要低于工业用地的生产效率，两者之间的生产率之比引起了耕地非农化②；G. F. Zhai 和 S. Ikeda 认为经济因素和技术因素引起了耕地非农化，并以上海作为研究案例，指出固定资产是导致耕地非农化的主导因子。③

二、国内研究进展

（一）耕地资源保护研究

在国内，20 世纪 90 年代左右，耕地资源保护得以兴起，其主要缘起于城镇扩张中，耕地资源减少过快，土地非农化现象严重。多数学者认同，城市化对于耕地资源的影响巨大。据统计，城市化率每提高一个百分点，耕地减少 615 万公顷。学者们利用各种数学方法和技术手段对全国以及特定区域耕地利用变化进行了深入研究和系统分析④⑤⑥，而且探讨了人类活动

---

① 张宏斌．土地非农化机制研究［D］．杭州：浙江大学，2001：31.

② SETO K C，KAUFMANN R K. Modeling the drivers of urban land use change in the pearl river delta，China：Intergrating remote sensing with socioeconomic data［J］．Land Economics，2003，79（1）：106-121.

③ ZHAI G F，IKEDA S. An empirical model of land use change in China［J］．Reviews of Urban& Regional Development Studies，2000，12（1）：36-53.

④ 向敬伟，李江风，曾杰．鄂西贫困县耕地利用转型空间分异及其影响因素［J］．农业工程学报，2016，32（1）：272-279.

⑤ 杨春艳，沈渭寿，王涛．近 30 年西藏耕地面积时空变化特征［J］．农业工程学报，2015，31（1）：264-271.

⑥ 赵文武．世界主要国家耕地动态变化及其影响因素［J］．生态学报，2012，32（20）：6452-6462.

对耕地的影响和驱动力的变化。[①][②][③] 牛星等、李旭东认为城市化水平与耕地面积之间存在倒“U”形变化态势，即“库兹涅茨曲线”关系。[④][⑤] 王芳对于新型城镇化进程中耕地资源保护进行了研究[⑥]，荣颖采用耕地压力指数对河南省耕地保护与城市化发展开展了研究[⑦]，郭诗卉对西安市城市化水平与建设占用耕地资源的时空格局演变进行了研究，认为西安市城市化进程中的自然社会经济等因素都与耕地面积的变化有很高的关联度。[⑧]

（二）城市化与耕地之间关系研究

一些学者针对城市化过程中出现的耕地资源减少问题，提出城市化与耕地保护之间应协调发展。曹宗龙对安徽省城市化水平与耕地利用变化在时间、空间上的关系展开了研究[⑨]；范辉等对河南省耕地资源与城市化发展的协调性进行了分析。[⑩] 李国敏等分析了城市化对耕地保护的正负效应，认为城市化对耕地保护呈“正弱负强”效应，城市在集聚和规模效应上，改善了人们生活水平，提高了耕地资源的利用率，从而对耕地保护有着正效应。[⑪]

---

① 郇红艳，谭清美，朱平．城乡一体化进程中耕地利用变化的驱动因素及区域比较［J］．农业工程学报，2013，29（21）：201-213.

② 潘佩佩，杨桂山，苏伟忠，等．太湖流域土地利用变化对耕地生产力的影响研究［J］．地理科学，2015，35（8）：990-998.

③ 茆三芹．基于GWR模型的耕地利用时空演变及驱动因素研究——以武汉城市圈为例［D］．武汉：华中农业大学，2013.

④ 牛星，欧名豪．城市化进程对耕地面积变化的影响——以甘肃省和江苏省为例［J］．甘肃农业大学学报，2004，12（6）：729-734.

⑤ 李旭东．贵州城市化水平与耕地面积的动态关系及协调度［J］．南京人口管理干部学院学报，2011，27（1）：64-69.

⑥ 王芳．新型城镇化进程中耕地资源保护研究［D］．晋中：山西农业大学，2013.

⑦ 荣颖．基于耕地压力指数的河南省耕地保护与城市化发展研究［D］．郑州：河南农业大学，2014.

⑧ 郭诗卉．西安市城市化水平与建设占用耕地资源的时空格局演变研究［D］．西安：西北大学，2015.

⑨ 曹宗龙．安徽省城市化与耕地利用变化及耦合性分析［D］．福州：福建师范大学，2013.

⑩ 范辉，陈超，余国忠．河南省耕地资源与城市化发展的协调性分析［J］．水土保持通报，2010，30（4）：184-189.

⑪ 李国敏，刘洵，卢珂．城市化对耕地保护的正负效应分析［J］．当代经济，2018（1）：83-85.

（三）建设用地情况研究

城镇化过程中，必须要进行建设，搞建设就要有土地。据统计，城镇化率每提高一个百分点，城市建成区的面积增加 153 万公顷。[①] 摆万奇通过利用系统动力学方法分析深圳市土地利用变化情况，认为城镇用地的长期变化趋势呈“S”形的增长规律。[②] 吴次芳等通过计量中国城市化与建设用地增长动态关系，认为城市化水平的提高与建设用地面积的扩张处于长期的均衡状态，从长期来看，城镇化是促进建设用地增长的原因；短期而言，城镇化水平的提高虽然能在一定程度上促进建设用地的集约利用，但作用有限。[③] 赵可和张安录对城市建设用地、经济发展与城市化关系进行了计量分析，认为我国城市建设用地、经济发展与城市化之间存在协整关系，即长期均衡关系；城市建设用地对经济发展起到了重要作用，且其扩张有利于城市化的进程。[④]

（四）建设用地与耕地之间关系研究

在我国城镇化发展过程中，城镇发展要以建设用地扩张为依托，建设用地扩张势必会占用大量土地，其中以耕地为主。建设用地占用耕地，导致耕地资源减少过快，从而引起学者的关注，开始探讨建设用地与耕地之间的关系。姜广辉等以北京山区为例，研究建设用地扩展及其与耕地变化关系，认为北京山区建设用地扩展程度逐年增强，圈层性与不规则性并存，并对耕地保护产生巨大压力；将来必须制定科学的土地利用规划对建设用地扩展进行调控，防止大量优质耕地被占用。[⑤] 黄明华等对我国当前耕地与城市建设用地关系问题进行了思考，他们提出构建合理的城市建设用地调

---

① 筱明，吴泉源，城市化建设与土地集约利用［J］. 中国人口、资源与环境，2001（11）：5.

② 摆万奇．土地利用变化动力学——以深圳市为例［D］. 北京：中国科学院地理科学与资源研究所，1997.

③ 吴次芳，陆张维，杨志荣．中国城市化与建设用地增长动态关系的计量研究［J］. 中国土地科学，2009，23（2）：18-23.

④ 赵可，张安录．城市建设用地、经济发展与城市化关系计量分析［J］. 中国人口·资源与环境，2011，21（1）：7-12.

⑤ 姜广辉，张凤荣，吴建寨，等．北京山区建设用地扩展及其与耕地变化关系研究［J］. 农业工程学报，2006，11（10）：88- 93.

控理念。① 田思思对重庆市主城区的建设用地与耕地数量时空格局演变及互动机制进行了研究，认为重庆市主城区的建设用地扩张速度经历了低速扩张、缓慢扩张、快速扩张的“S”形变化过程，建设用地占用耕地是耕地面积减少的主要原因。②

三、研究述评

纵观国内外城市化过程，外延式的城市扩张建设，特别是快速城市化和工业化，导致了耕地资源锐减，从而对国家粮食安全和社会稳定造成了一定的影响，但是对于建设用地与耕地资源保护之间的和谐共存、协调共生研究得还不够；另外，已有研究只是粗浅分析建设用地与耕地之间的关系，没有从本质和深层次进行深入研究，没有从建设用地和耕地内部的相互作用机制进行研究，也没有从和谐共生的角度来探讨建设用地与耕地的协调均衡关系。我们必须在城市化过程中，既要发展经济，建设美好家园，又要使耕地资源得到有效保护，平衡城市发展与保护耕地资源两者的关系。

第三节 研究内容

一、研究对象

本书立足于城镇化过程，从功能视角，探讨城市的建设用地与耕地资源两者的冲突，摸索两者冲突均衡，构建建设用地与耕地资源协调度模型，以实现两者协调共生。

① 黄明华，高峰，郑晓伟．构建合理的城市建设用地调控理念——对我国当前耕地与城市建设用地关系问题的思考［J］．城市规划学刊，2008（1）：96-101.

② 田思思．建设用地与耕地数量时空格局演变及互动机制研究——以重庆市主城区为例［D］．重庆：西南大学，2015.

二、总体框架

本书主要基于功能冲突诊断与权衡，对建设用地与耕地资源保护两者协调共生进行研究，是一项多学科交叉的系统工程，主要以土地资源管理学、经济地理学、空间冲突理论和博弈论、地理信息系统（GIS）等相关学科的理论方法为指导，选取闽南地区的泉州市进行实证研究，研究内容主要包括以下几方面。

（一）建设用地与耕地资源两者冲突研究

本书立足于国内外城镇化过程，剖析社会经济发展与建设用地、耕地资源相互之间的关系，利用统计数据定量计算研究区建设用地、耕地资源具体变化趋势；借鉴和参考国内外典型地区建设用地情况，分析建设用地与耕地资源两者之间的关系。主要基于生态位等角度来分析建设用地与耕地资源保护的功能冲突。

1. 构建建设用地与耕地资源功能冲突诊断模型

第一，建设用地与耕地资源功能冲突类型划分。确定区域土地功能冲突的类型，建立研究区建设用地与耕地保护功能冲突的类型体系。理论上存在以下三种功能冲突类型：生产—生活、生产—生态、生活—生态。生产功能主要从农业、工业和旅游业等三大产业方面考虑；生活功能主要从影响人居环境舒适性、交通便利度等方面考虑；生态功能主要从维护生物多样性、调节生态平衡、生态服务功能等方面考虑。

第二，冲突表征指标的选择与冲突强度水平的测度。①根据每种功能冲突类型的性质和特点，结合数据可获得性和适用性分析，选择各种功能冲突类型的表征指标，并明确相应的量化方法。②建立各表征指标指数化模型，确定相关因素之间关系，从而构建建设用地与耕地资源功能冲突水平的综合评价模型。

第三，建设用地与耕地资源功能冲突的空间表达。根据以上计算出的各类型冲突强度指数，合理划分空间功能冲突级别，借助 ArcGIS 的空间分析功能，分别编制出建设用地与耕地资源功能冲突单项分级图和功能冲突综合分级图，科学、直观地显示出功能冲突强度的空间分异特征。

2. 冲突的动态变化与演变机制研究

通过从空间和时间两个维度来探讨建设用地与耕地资源功能冲突的演变规律，把握两者冲突关键驱动因子及作用机理，为研究区建设用地与耕地资源的土地功能冲突权衡分析奠定基础。

第一，在掌握研究区近期历年建设用地与耕地资源的功能冲突空间分布的基础上，通过纵向序列比较，探讨区域建设用地与耕地资源的功能冲突时空动态演变的规律性特征。

第二，结合前面研究结果，应用相关的分析方法，实地调查分析其功能冲突演变的主导因素，揭示功能冲突时空变化的主导原因。

（二）构建建设用地与耕地资源的功能冲突权衡理论框架

从城市系统内部矛盾对立统一性角度考虑，建设用地与耕地资源的功能冲突，冲突维度间不是一种尖锐的对立关系，而是相互依存、此消彼长的关系，要解决这种冲突既要满足它们之间的条件，又要寻求各自发展的“度”。正确处理冲突维度之间的辩证关系，权衡不同冲突维度间满意的结合点、平衡点，是功能冲突和解的重要方法。本课题拟在对研究区建设用地与耕地资源的功能冲突分析的基础上，提出功能冲突的权衡理论框架和模型方法，为建设用地与耕地资源格局优化提供理论技术支撑。

第一，建设用地与耕地资源的功能冲突权衡的概念界定，为达到土地为人类提供较为理想的“三生”（生活、生产、生态）功能目标，可以适当地放弃或减少某土地类型竞争要素，从而获得更多其他竞争要素的产品和信息，使城市生态系统整体最优。权衡的理论基础建立在城市生态系统稳定性理论、生态系统平衡理论和资源管理的权衡关系理论之上。

第二，冲突权衡研究尚处于起步阶段，在借鉴前人相关研究的基础上，建立合理的功能冲突权衡的理论框架和方法，包括冲突的形式和内容的调查与分析结果、各类功能冲突之间的相互关联的作用因子和作用机制、建设用地与耕地资源功能冲突的利益相关者，以及研究区建设用地与耕地资源的功能冲突和解方案的建立与选择研究等。

（三）构建建设用地与耕地资源协调度模型，进行实证研究

1. 应用协调度模型

结合研究区城市化和社会经济发展状况，对城市建设与耕地资源协调度和经济发展间的关系做深层分析，并运用研究区 1990—2014 年的统计数据估计了协调度与经济发展间的数量关系模型。

2. 研究区域选择

根据研究区泉州市的特征，首先进行全市的建设用地和耕地的利用冲突分析，再进行协调性分析，进而总体分析基于功能冲突权衡的建设用地和耕地资源的协调共生，然后选择泉州市作为案例研究区域，对全市范围内的建设用地与耕地，进行功能冲突诊断分析，并采用相关的权衡决策模型，确定解决功能冲突的最优方案。

3. 成果应用

基于以上研究，运用土地利用规划、景观规划等基本原理，对研究区的建设用地与耕地资源进行优化。

三、拟突破的重点和难点

（1）如何构建建设用地与耕地资源协调度模型，主要包括选择各类型建设用地与耕地资源保护指标，建立建设用地与耕地保护冲突强度综合评价模型，以及协调共生模型。

（2）如何构建建设用地与耕地保护冲突权衡的决策模型，并确定解决建设用地与耕地资源保护冲突的最优方案。

（3）基于冲突诊断与权衡的研究区建设用地与耕地资源保护优化设计。

四、研究目标

（1）剖析在城镇化过程中，在社会经济发展各阶段，建设用地与耕地资源两者之间关系。具体从三方面来进行，一是探究城镇化与建设用地之间关系怎样，发展趋势怎样；二是探究城镇化与耕地资源之间关系怎样，发展趋势怎样；三是探究建设用地与耕地资源保护两者之间的关系，建设用地是否是耕地资源减少的主因？如果是，建设用地对于耕地资源减少起

多大作用，即分析建设用地与耕地资源两者存在怎样的关系。

（2）构建建设用地与耕地资源保护冲突诊断模型。在分析建设用地与耕地资源保护的相互关系基础上，研究建设用地与耕地资源保护冲突强度的测度方法和空间表达方式；进而通过研究区的动态变化具体数据分析，揭示研究区建设用地与耕地资源保护冲突演变的成因与机理，形成建设用地与耕地资源保护冲突分析的理论与方法。

（3）建立建设用地与耕地资源保护冲突权衡的解决模型。根据建设用地与耕地资源冲突的相关类型、强度和空间分布情况，在社会经济可持续发展和城镇化快速发展等目标约束下，对建设用地与耕地资源保护冲突进行量化权衡，建构建设用地与耕地资源保护协调共生模型，并提出解决建设用地与耕地资源保护冲突的优化方案，为相关研究提供理论支撑和方法借鉴。

第四节 研究的基本思路、方法、技术路线和研究计划

一、研究思路

（1）本书从城市化发展过程中建设用地与耕地资源保护的功能冲突分析（识别、量化、时空动态分析等）出发，在构建建设用地与耕地资源的功能冲突诊断模型的基础上，对两者功能冲突类型进行识别，对冲突强度水平进行测度、对冲突演变机理与驱动机制进行分析并采用时空进行表达。

（2）功能冲突权衡模型的构建。在功能冲突权衡理论框架的基础上，利用冲突权衡模型方法，确立解决建设用地与耕地资源功能冲突的最优方案。

二、研究方法

研究方法包括系统分析方法、实证研究方法、个案分析方法。在应用上述研究方法的过程中，注意静态研究与动态研究、历史研究与现实研究、

定性研究与定量研究的有机结合。

（一）系统分析方法

系统是由若干个组成部分构成的一个整体，各个组成部分之间、部分与整体之间是相互联系和相互作用的，统一在这个整体中。只有把这些相互联系和相互作用的部分协调好才能发挥整体的作用和功能，也只有这个整体才能实现各个部分所没有的功能。系统分析方法（systematic analytic method）是指把要解决的问题作为一个系统，对系统要素进行综合分析，找出解决问题的可行方案的咨询方法。系统分析是一种研究方略，它能在不确定的情况下，分析确定问题的本质和起因，明确解决问题的目标，找出各种可行方案，并通过一定标准对这些方案进行比较，帮助决策者在复杂的问题和环境中做出科学抉择。本研究利用系统分析方法，分析城市内部的建设用地和耕地两者之间关系，妥善解决建设用地占用耕地资源情况，从而促进城市建设发展与耕地资源保护。

（二）实证研究方法

实证研究是通过观察获取经验，再将经验归纳为理论，它的目的是从对现象的描述过渡到对现象规律性的认识，从对历史统计资料的研究达到对未来做出预测，从重视对未来的预测转向对已有理论的验证、对现实的解释及政策分析。实证研究方法（empirical research method）有狭义和广义之分。狭义的实证研究方法是指利用数量分析技术，分析和确定有关因素间相互作用方式和数量关系的研究方法。狭义实证研究方法研究的是复杂环境下事物间的相互联系方式，要求研究结论具有一定程度的广泛性。广义的实证研究方法以实践为研究起点，认为经验是科学的基础。广义实证研究方法泛指所有经验型研究方法，如调查研究法、实地研究法、统计分析法等。广义的实证研究方法重视研究中的第一手资料，但并不刻意去研究普遍意义上的结论，在研究方法上是具体问题具体分析，在研究结论上只作为经验的积累。本书采用实证分析法，收集研究区的建设用地和耕地资料，对这些资料采用量化的分析方法，确定两者之间相互作用的方式和数量之间的关系，为相关政策分析打下基础。

（三）个案分析方法

个案分析方法（case study method）是对某一特定个体、单位、现象或主题进行研究。这类研究首先广泛收集有关资料，再详细了解、整理和分析研究对象产生与发展的过程、内在与外在因素及其相互关系，最后形成对有关问题深入全面的认识和结论。个人、群体、组织、事件或者某一类问题，由此而产生人员研究个案、各生活单位或社会团体个案、传播媒介个案，以及各种社会问题个案等，这些都是个案研究的内容。[①] 该方法就是对某一个体、某一群体或某一组织在较长时间里连续进行调查，从而研究其行为发展变化的全过程，它也称为案例研究法。本研究选取泉州市进行研究，从时间和空间两个维度来分析该市的建设用地与耕地资源之间关系。

三、技术路线

在国内外土地利用冲突等研究成果基础上，对研究区相关资料进行收集，将获取的研究数据进行分析，以遥感（RS）和地理信息系统（ArcGIS）为技术支撑，运用实证研究方法、个案分析方法对建设用地与耕地资源之间变化关系进行定量分析。首先，数据收集，获取泉州市 5 期遥感影像图，利用相关遥感分析、处理软件分析，提取研究区土地利用现状数据，建立研究区数据库；其次，采用建设用地扩张速度指数、扩张强度指数、扩张系数、耕地动态度、相对变化率及重心偏移等定量分析泉州市建设用地与耕地资源冲突；再次，利用生态位等理论来分析建设用地与耕地资源之间冲突强度，并通过个案来具体阐述；然后，剖析造成建设用地与耕地资源冲突的机制，揭示功能冲突时空变化的主导原因；最后，构建建设用地与耕地资源的功能冲突权衡协调模型（图 1-7）。

① 刘建明，王泰玄，谷长岭，等．宣传舆论学大辞典［M］．北京：经济日报出版社，1993.

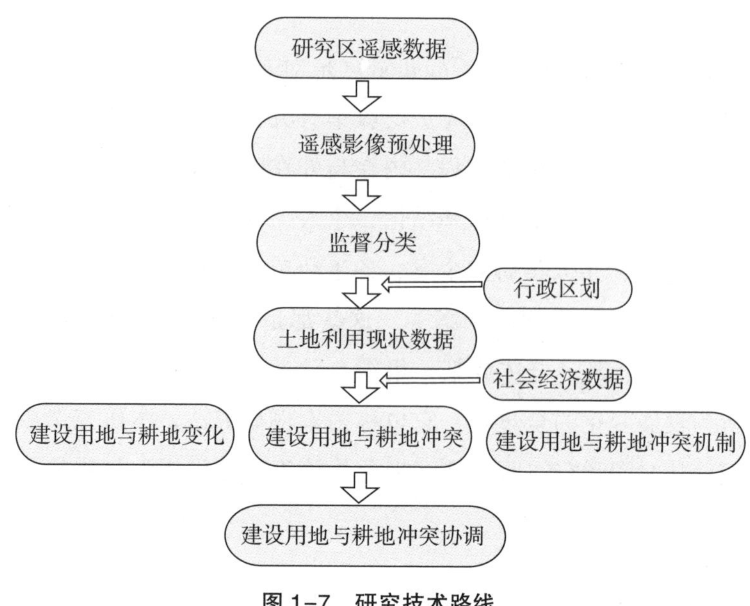

图 1-7 研究技术路线

四、研究计划

（一）2016 年 9 月—2016 年 12 月，研读国内外相关文献和专著

全面收集和分析研究区自然环境基础数据（包括气候、地形地貌、水文、土壤、植被、大气和水资源环境质量、交通、河流水系等）、社会经济数据（包括乡村规划、交通、土地利用现状、农村产业结构、人口构成、相关规划与风俗文化等）以及各相关图件及文字报告等资料；收集相关年份高分辨率遥感影像；对典型研究区进行实地勘察，对研究区的建设用地与耕地资源的功能及冲突类型做出初步判断与识别，构建两者的功能冲突类型识别与表征指标体系。

（二）2017 年 1 月—2017 年 7 月，基于以上数据的处理与分析

在 ArcGIS 平台支撑下，利用空间数据链接功能，建立研究区建设用地与耕地资源的功能冲突与格局优化基础数据库。构建冲突强度的评价指标体系，深入辨识功能冲突类型及其表征要素，筛选出表征冲突的显著性指标，对评价指标值进行标准化处理和量化；构建评价建设用地与耕地资源的功能冲突强度水平的测度模型，计算功能冲突的指数值，划分功能冲突级别；编制分

级图，显示冲突强度的空间分异特征；并对冲突演变机理与驱动机制进行分析，探讨其时空演变规律特征，把握功能冲突关键驱动因子及作用机理。

（三）2017 年 8 月—2017 年 12 月，分析冲突个体类型、强度和发展趋势

在分析区域冲突的类型、强度和冲突发展趋势，寻求冲突的内在机制基础之上，构建基于功能冲突权衡的建设用地与耕地资源理论框架和模型方法。结合研究区资源禀赋，利用冲突权衡的模型决策方法，确定解决功能冲突的最优方案及其关键配置参数因子。开展相关学术交流，借鉴有关经验，总结阶段研究成果，撰写学术论文。

（四）2018 年 1 月—2018 年 9 月，总结研究内容

基于建设用地与耕地资源的功能冲突权衡研究结果，从可持续发展的宏观角度，应用地理学、GIS 等基本原理，并结合土地利用规划等理论和方法，进行研究区的建设用地与耕地资源优化研究；总结阶段研究成果，撰写学术论文，完成研究报告及项目验收。

第五节 创新之处

一、在研究视角方面的特点和创新

本书运用土地利用冲突权衡理论，从冲突和权衡两个视角系统地分析城市建设用地与耕地资源两者关系；从城镇化过程中，建设用地与耕地资源关系、建设用地与耕地资源保护冲突、建设用地与耕地资源保护冲突权衡三个层面阐释目前我国普遍存在的建设用地与耕地之间的矛盾；评估城镇化过程中建设占用耕地资源引发的社会风险、生态风险等；探讨妥善处理建设用地与耕地资源保护之间的选择问题。

二、在学术思想、学术观点方面的特色和创新

（一）土地利用功能冲突已成为土地可持续利用决策的重要组成内容

本书认为，土地利用功能冲突研究已成为国家土地管理与可持续发展

决策的核心组成部分。因为土地生态系统是动态的平衡系统，系统的物质、能量、信息的交换和流动过程中存在多种干扰因素，土地利用，如建设用地增加，占用耕地资源，这就改变了系统各要素的竞争能力，但各种要素通过对抗和竞争，必然寻找到各自的生态位。反映在土地利用冲突维度方面主要表现为数量变化所引起的功能性冲突和要素冲突。

土地利用功能性冲突，往往表现为冲突维度间不是一种尖锐的对立关系，而是相互依存、互为条件、此消彼长的关系，要解决这种冲突既要满足它们之间的条件，又要寻求各自发展的“度”。正确处理冲突维度间的辩证关系，权衡不同冲突维度间满意的结合点、平衡点，是功能性冲突和解的重要方法。土地利用要素冲突是指双方根本对立或不相容的冲突，冲突的解决必须要求一方付出代价，或者在第三者参与协调的情况下才能解决，这种冲突必须及时制止，以防事态扩大，否则可能对冲突各方的生命财产造成较大损失或对社会稳定造成较大影响，传统冲突管理就是对这种要素间的排斥性冲突进行管理。对于土地资源利用冲突来说，排斥型要素冲突，如建设用地与耕地冲突，主要是在土地资源开发、利用、分配、保护过程中所产生的利益冲突。随着社会的发展，土地政策、制度的不断完善，土地所有权绝对性的观念在世界范围内都发生了深刻变化，人们已经不再重视对土地的绝对占有，而是更加关注土地的利用效益，因此，土地利用要素间排斥性冲突逐渐减少，而功能性冲突逐渐增加。

（二）在城镇化过程中，建设用地与耕地资源存在功能性冲突并产生严重影响

本书认为，在城镇化过程中，建设用地与耕地资源保护方面也存在功能性冲突，而这种冲突改变了生态系统生物相互作用和资源可得性的格局，导致负面的局地影响和区域效应。首先，建设用地与土地利用冲突对区域生态效应具有影响。土地利用强度的增加和土地覆被类型的变化改变了生态系统的组分、能量、物质、信息等循环，进而影响生态系统的状态、特性和功能，导致了地表生物地球化学循环、水文过程和景观动态的快速变化。开展土地变化的生态效应研究，不仅能够有效揭示人地系统相互作用的内在机制，而且可以预测土地利用格局的未来发展趋势，从而采取相应

对策。其次，土地利用冲突对区域社会经济也有相应的影响。土地利用是土地在人类活动干预下进行自然再生产和经济再生产的过程，它既受自然因素的作用和制约，又受社会、经济、技术条件的重大影响。而土地利用变化反过来会导致区域生态环境、社会和经济状况发生相应的变化，进而又会影响到土地利用方式的改变，影响到区域人口增长、经济发展方式、城市化、区域发展政策、区域人类活动的行为方式等，一定时空尺度下，土地利用的社会经济效应所显示出的矛盾会更加突出。所以，土地利用冲突的解决应尊重自然规律，在人类行为、土地生态系统和生物系统之间寻求平衡，充分权衡人类土地利用的后果并做出有利于人类社会经济发展兼顾生态系统的选择。

第二章

相关概念、理论

第一节　研究的相关概念

一、土地的功能

土地是宝贵的自然资源和资产，它以自身物质、能量等为人类提供生产、生活等方面的需求的功能，即土地的功能。一般的土地从其为人类社会经济发展提供基本作用方面来看，具体包括以下功能：一是土地的养育功能。由于土地位于地球表面大气圈、水圈和陆地表层交汇处，是地球表面物质循环、合成、交汇以及生命活动最为活跃的地区，特别是绿色植物的光合作用合成有机质及产生氧气，土壤的矿质营养支持植物生长发育，支撑整个地球和人类的生命与活动的生态系统，也就是所谓陆地生态的载体，即中国自古就有的“万物土中生”“食以土为本”朴素理论所指。二是土地的空间承载功能。土地的地质力学承载力的基础及不可移动、不可展延的稳定空间，成为人类活动、城市与工业建筑的空间。三是土地的文化功能。由于地面自然景观及人类文明的积淀，土地成为人类文化、美学和

旅游的重要载体。四是土地的财产功能。由于土地的自然文化属性及稀缺性、不可移动性、可控性、稳定性与增值性，土地成为资源性的资产。五是土地的社会保障功能。由于我国目前的社会保障制度还不健全，覆盖面还不广泛，特别是对广大农村和农民而言，国家还不能提供足够的生活保障、医疗保障、养老保障等，必须存在以土地保障为核心的非正式社会保障机制，农村土地除为广大农民提供食物的经济功能外，还兼有就业、医疗、养老等社会职能，因此农村土地具有生产资料和社会保障双重功能。

从另外一个角度来看，土地功能也表现在土地利用系统以及土地自身表现出来的在不同特定景观尺度的生态系统为人类提供的各种生产、生活和生态方面的资产和相应服务，这种资产和服务具体类型就是生产功能、生活功能和生态功能（图 2-1）。

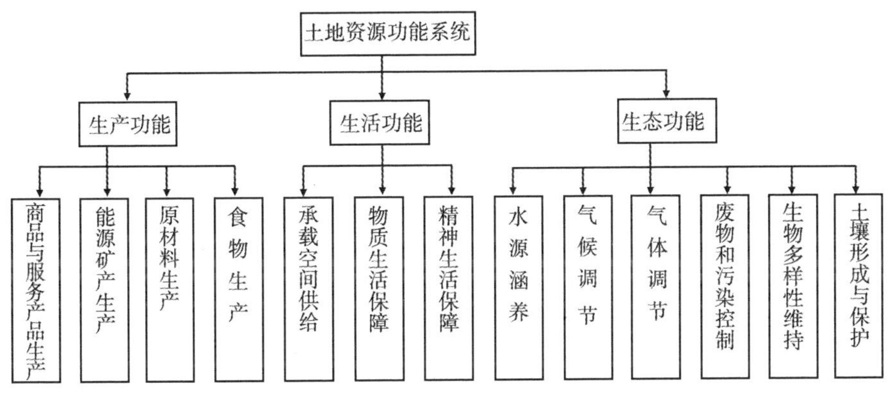

图 2-1　土地资源功能系统

土地资源的生产功能是指土地作为劳作对象直接获取或以土地为载体进行社会生产而产出各种产品和服务的功能，它被进一步细分为食物生产、原材料生产、能源矿产生产及商品与服务产品生产四类。土地资源的生活功能是指土地在人类生存和发展过程中所提供的各种空间和保障功能，其中空间功能包括居住空间、生产空间、移动空间、存储空间、公共空间等；保障功能则包括物质生活保障和精神生活保障，如生存保障、土地资本保值增值、科学、教育和娱乐等功能。生活功能是人类生存和发展的最终目的，它的发挥程度与生产功能和生态功能的发挥程度有紧密的联系。土地资源生态功能是指生态系统与生态过程所形成的、维持人类生存的自然条件及其效用，包括气体调节、气候调节、废物和污染控制、生物多样性维持、土壤形成与保护、水源涵养六类。

在土地利用过程中，各个主体的利益不一致，导致使用者在土地资源功能和利用强度方面产生冲突，主要有生产内部的冲突、生活内部的冲突、生产和生活间的冲突、生产和生态间的冲突、生活和生态间的冲突、生产、生活和生态三者间的冲突等。对于不同利益群体之间产生的冲突，必须要进行权衡冲突，使其得到协调共生。

由于土地利用要在相应的空间中进行，因此土地的生产功能、生活功能和生态功能必须要在相应的空间区域中才能发挥作用，因此土地的生产功能、生活功能和生态功能，在空间中的表现就是生产空间、生活空间和生态空间。这三种空间其实就是从另一个角度来描述土地的功能，其涵盖了生物物质生产过程、人们生活支撑承载作用、进入土地污染物的生态环境净化以及休闲、精神、美学、文化等方面的需求。

生产空间是与产业结构密切相关，提供农业产品、工业产品和服务产品为主导的功能区域，其主要包括农业生产空间和工业生产空间；农业生产空间是以生产直接农产品的空间，而工业生产空间是直接或间接生产工业产品的空间。当然，土地系统也为服务业提供承载功能，由于这是一种间接地为地上活动提供的承载功能，故不将其归为生产功能。从三次产业结构来看，土地的生产功能是以工业、服务业为承载的工业建设用地和服务业用地，这是一种间接地为生产服务的功能，因此不将此归为生产功能。

生活空间是提供人们生活居住、物质消费和休闲娱乐的场所，一般承载和保障人类的日常生活的土地空间，可以分为农村生活空间、城市生活空间。生活空间与人类生存发展密切相关，是人类居住和就业的重要组成部分，生活空间包括居住空间、就业空间和娱乐空间等，其中居住空间承载了人们的生存，就业空间保障了人们的发展，娱乐空间释放了人们激情。

生态空间提供与人类密切相关的，影响人类生活、生产活动的各种水资源、土地资源、生物资源以及气候资源的生态环境、生态产品和生态服务。生态空间关系着社会和经济可持续发展的复合生态系统。生态空间在

调节、维持和保障某一区域生态安全发挥着重要的作用。生态空间也是动物、植物、微生物与其周围环境的相互关系而相互依存的区域空间，提供生态服务和相关产品。

总之，土地的生产空间、生活空间和生态空间是直接为人类直接生产相应的工农产品的生产空间、提供人们生活活动的生活空间和提供生态产品、生态服务的生态空间综合体。

二、建设用地

建设用地（land for construction），是指人们为了某一目的和需要建造建筑物、构筑物的土地，包括城乡住宅和公共设施用地，工矿用地，能源、交通、水利、通信等基础设施用地，旅游用地，军事用地等，该类土地需付出一定投资（土地开发建设费用），通过工程手段，为各项建设提供的土地，也是利用土地的承载能力或建筑空间，不以取得生物产品为主要目的的用地。根据 2017 版土地利用现状分类，建设用地包括：工矿仓储用地、住宅用地、公共管理与公共服务用地、特殊用地、交通运输用地等。

三、耕地资源

耕地资源（cultivated land resources）指种植农作物的土地，包括熟地，新开发，复垦、整理地，休闲地（含轮歇地、休耕地）；以种植农作物（含蔬菜）为主，间有零果树、桑树或其他树木的土地；平均每年能保证收获一季的已垦滩地和海涂。耕地中包括南方宽度<1.0m，北方宽度<2. m 固定的沟、渠、路和地坎（埂），临时种植药材、草皮、花卉、苗木等的耕地，临时种植果树、茶树和林木且耕作层未破坏的耕地，以及其他临时改变用途的耕地。耕地资源包括水田、水浇地和旱地三种。其中水田指用于种植水稻、莲藕等水生农作物的耕地。包括实行水生、旱生农作物轮种的耕地；水浇地指有水源保证和灌溉设施，在一般年景能正常灌溉，种植旱生农作物（含蔬菜）的耕地、包括种植蔬菜的非工厂化的大棚用地。旱地指无灌溉设施，主要靠天然降水种植生农作物的耕地，包括没有灌溉设施，仅靠引洪淤灌的耕地。

第二节　相关理论

一、行为地理理论

某一时期内，人类活动的地域范围界线就是人类行为空间，这种行为空间既包括人类行为直接活动空间（activity space），也包括通过交流等方式形成的间接活动空间，而间接的活动空间超越了直接活动空间的空间。不同的学者对此有不同的理解。佳克尔（J. A. Juckle）等就曾认为，行为空间“是全空间环境之间的相互作用及其反映，通过直接的经验与间接的交流人类所了解的空间”[①]。联邦德国的麦耶（J. Maier）等在《社会地理学》中则从狭义上理解行为空间，把它仅限于人类直接活动的空间。[②] 西方一些学者认为“活动空间”就是主观行为空间；由于人在不同环境中的行为是具有一定特性和规律的，因此有些专家认为行为空间是客观行为空间。可见活动空间是在某种目的和利益的影响下，个人与个人的，或者个人与社会的与地理环境之间的直接的接触范围。活动空间包括：第一，在居住小区内、工作场所或附近的移动；第二，某些活动地点间的规则地往复移动（通勤、通学、购物、交际等）；第三，向这些活动地点的周边移动。这些移动在地理空间上的投影即活动空间。1978 年高里基（G. Golledge）提出“锚点理论”（anchor point theory）[③]，该理论系统阐述行为地理学，指出人在空间中的行为受到个人本身和社会的约束，是为了说明人类活动空间形成规律。

行为地理就是研究人类在某一时期内、在某一地理环境中的行为过程、

① Juckle，J. A，Brun，S. and Roseman，C. C. Human Spatial Behaviora social geography，Duxbury Press，1976，pp. 315.

② Maier，Jet al. Sozial geographie，Westermann，Braunschweig 90–100s，1977.

③ Golledge，G R Learning about an Urban Evironment，In Timing Space and Spacing Time，edited by N. Thrift，D. Parkes，and T Carlstein，London，Edward Alnold，1978.

行为空间、区位选择等行为活动及其空间发展规律。行为地理理论就是考虑自然地理环境和社会地理环境条件下，带有主观能动性的人，在某种目的和利益的驱使下进行的各种行为过程和所处行为空间的相关关系。学者们对于行为地理的理论方面研究在居住空间、消费行为、空间重构等方面，由于区域内的土地利用是从人的主体性角度来进行的各种空间行为，人类的生产、生活行为对土地利用空间的影响程度，因此行为地理理论对于土地功能之间的矛盾冲突研究具有重要的指导意义。

二、人地关系理论

人地关系理论是各种人文现象与自然环境的关系在人们头脑中的反映，即人们对自然环境在文化、社会经济发展中的作用的看法。人地关系是人类与地理环境之间相互关系的简称，这里面的“人”——人类本身，具有生产者和消费者的双重性。人作为生产者，通过个体的和社会化的劳动向自然环境索取，将自然界物质转化成其生存必需的产品；作为消费者，人类消耗自己生产的产品，而将许多废弃物返还给自然环境。“地理环境”包括自然地理环境和人文环境两方面。人地关系理论是人们对自己和周围环境之间关系的一种认识。吴传钧认为，“从地理学入手来研究人地关系，明确以地域为基础”①，也就是说地理学研究的核心就是人地关系的地域系统；陆大道等也认为地理学的研究核心是人类和周围自然环境、人文环境关系地域系统。② 人类认识自身与周围环境之间关系，经历古代朴素的人地适应思想、近代地理学中的人地关系理论和现代和谐论与可持续发展思想等。在区域土地利用过程中，人们通过生产、生活不断与周围环境时刻发生各种关系，进行物质、能量、信息等交换，产生冲突和矛盾。在当今，可持续发展已经成为当代人探索世界的最重要的主题，人地和谐成为全人类的共同追求。人地之间和谐共处，可持续发展已成为共识。在本书研究中也力求实现人地可持续发展，使土地利用冲突得到解决。

---

① 吴传钧．论地理学的研究核心——人地关系地域系统［J］．经济地理，1991（3）．

② 陆大道，郭来喜．地理学的研究核心——人地关系地域系统［J］．地理学报，1998，53（2）：97-105．

第三章

研究区简介及数据处理

第一节　研究区概况

一、自然地理介绍

泉州市位于北纬24°22′~25°56′、东经117°34′~119°05′，地处我国东南沿海福建省东南部，是我国东部地带六大城镇密集区之一、闽东南城镇密集区的重要组成部分，位于国家“三纵四横”发展主轴的沿海发展轴上，北承长江三角洲，南接珠江三角洲，东与台湾隔海相望，地理位置优越。北邻福州市和莆田市，南接厦门经济特区，东望台湾宝岛，西毗漳州、龙岩、三明三市。现辖鲤城、丰泽、洛江、泉港4个区，晋江、石狮、南安3个县级市，惠安、安溪、永春、德化、金门（待统一）5个县和泉州经济技术开发区（图3-1）。

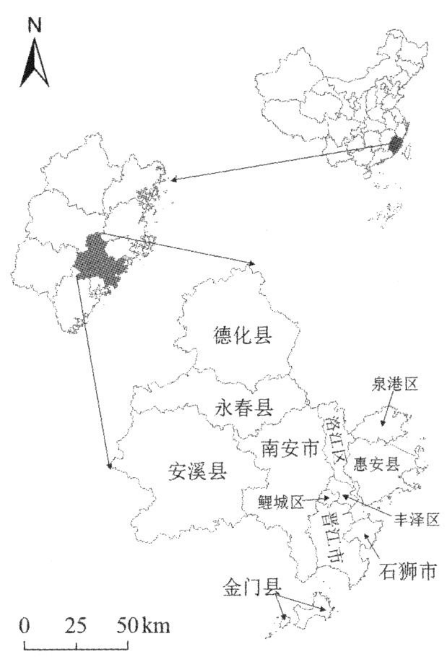

图 3-1　泉州行政区划图

依据全国地貌区划划分，泉州市西部及西北部山地属闽浙火山岩中一低山亚区的一部分，东南部属闽粤沿海花岗岩丘陵亚区的一部分。东部海岸线曲折，发育有半岛、岛屿和港湾。泉州地貌格局和展布形态是地球内外营力联合作用的综合结果，基本轮廓是地球内营力作用定型于中生代晚期，新生代以来，经外营力为主的改造而形成。泉州市枕山面海，地势西北高东南低，由高中山、低山向丘陵、台地平原过渡。从地形剖面图看出，泉州市西北高东南低，呈阶梯状分布（图 3-2）。

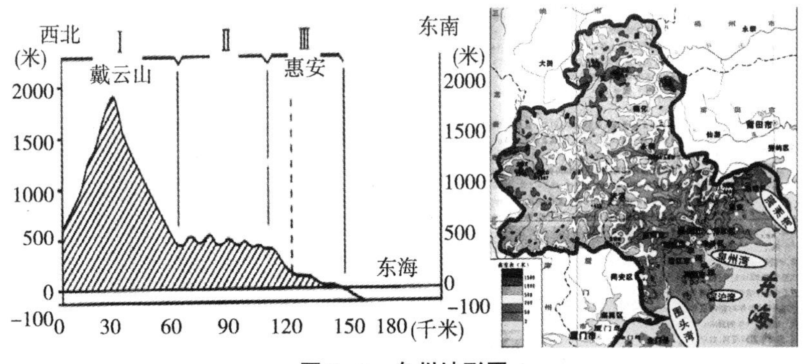

图 3-2　泉州地形图

表 3-1 泉州主要地貌类型

地貌类型		绝对高度/m	相对高度/m	地面坡度	占全部面积/%
山地	高山、中山	>1000	>500	>30°	23
	低山	500~1000	200~500	>30°	27.5
丘陵		50~500	<200	10°~30°	28.5
台地		<200	<50	5°~10°	11.72
平原		几米~几十米	很小	很小	9.28

资料来源：根据《泉州自然地理志》有关图表整理

陆地面积中，高山、中山占23%，低山占27.5%，丘陵占28.5%，台地平原占21%（表3-1）。境内山峦起伏，丘陵、河谷、盆地错落其间。海域辽阔，面积达78.64万公顷（7864平方千米），岛屿215个，以金门岛最大。可供作业的海洋渔场面积50.60万公顷（5060平方千米），是福建省的主要产鱼区。大陆海岸线长541千米，占全省海岸线总长14.4%，沿岸曲折，港湾深邃，水深浪平，不冻不淤，有“三湾十二港”及湄洲湾南岸的肖厝、斗尾港等优良海港，可建万吨以上深水泊位157个。泉州湾、深沪湾、围头湾均有万吨级以上深水码头，并有肖厝、崇武、后渚、梅林、石井等16个港口、5个作业点。该市属于亚热带海洋性季风气候，终年温和，雨量充沛，四季常青。全年平均气温12.5℃~21℃；降雨量1010.916816毫米；年日照为1892.7~2131小时。泉州冬季以东北风居多，夏秋季有台风袭击。整个泉州地形呈“E”形，朝东南方向开口，有利于东南季风过境，对农业、林业、渔业等生产非常有利。林木蓄积量1833多万立方米，森林覆盖率达58.70%。山地、海洋资源较为丰富，有森林、海洋、湿地三大生态系统，生物多样性特征明显，旅游资源丰富。境内水资源时空分布不均，晋江上游地区常年雨量充沛，水资源丰富，但沿海地区水资源短缺。境内溪流多达34条，总长1620千米，地表水总量87.60亿立方米，可利用水量14.56亿立方米，水电蕴蓄量达43万千瓦。

二、社会经济发展

泉州市人文环境富有特色，是全国著名侨乡和台湾汉族同胞主要祖籍

地。全市海外华侨、华人和港澳同胞有 670 万人，台湾汉族同胞中约 900 万人祖籍泉州，占台湾汉族同胞 40%以上。长期以来，旅外乡亲成为推动泉州经济社会发展的重要力量，成为泉州与世界密切联系的纽带和桥梁。泉州市是中国古代“海上丝绸之路”的起点，是我国著名的历史文化名城，是全国首批投资硬环境四十优城市之一，也是闽南文化的主要发源地和主要保存地。

泉州市综合经济实力较强，是福建省乃至全国发展较快且具活力的地区之一，是我国经济外向度较高、民营经济较为发达的地区之一。2018 年，全市常住总人口（不含金门县）870 万人，常住人口城镇化水平 66.6%，全市实现地区生产总值 8467.98 亿元，按可比价格计算，比上年增长 8.9%，经济总量连续 20 年保持全省第一。其中，第一产业增加值 201.80 亿元，增长 2.3%；第二产业增加值 4885.01 亿元，增长 8.7%；第三产业增加值 3381.16 亿元，增长 9.5%。三次产业比例为 2.4∶57.7∶39.9。按常住人口计算，人均地区生产总值 97614 元（按年平均汇率折合 14751 美元），比上年增长 8.1%，在全国地级市中名列前茅，所辖县（市）均跻身福建省经济实力“十强”或经济发展“十佳”行列。2018 年全市居民人均可支配收入 36088 元，农村居民人均可支配收入 20277 元。全市一般公共预算收入 474.16 亿元，比上年增收 31.87 亿元，增长 7.2%。

中心市区建成区新增园林绿地 241.8 公顷，总绿地面积达 9107.8 公顷，绿化覆盖面积 9763.2 公顷，绿化覆盖率为 43.2%，人均公园绿地面积为 14.6 平方米。全市拥有森林公园 38 个，其中国家级 1 个、省级 22 个，森林公园总面积 3.95 万公顷，占国土面积的 3.58%。全市森林面积 64.1 万公顷，森林覆盖率为 58.7%，活立木总蓄积量 4157.02 万立方米，森林蓄积量为 4017.74 万立方米。全年全市植树造林总面积 10.89 万亩，占总任务 8.59 万亩的 126.8%。

三、土地利用状况

根据 2017 年土地利用变更调查成果，泉州市土地总面积 112.45 万公顷（1686.75 万亩）（不含金门县），其中，已利用土地 95.79 万公顷（1436.88

万亩)，土地利用率为85.19%。全市土地利用现状见表3-2。

表3-2 泉州市2017年土地利用现状

地类		面积		占土地总面积比例
		万公顷	万亩	%
农用地	耕地	14.49	217.40	12.89
	园地	11.22	168.34	9.98
	林地	56.22	843.25	49.99
	牧草地	0.002	0.03	0.001
	其他农用地	4.93	73.95	4.38
	小计	86.43	1296.42	76.86
建设用地	居民点及独立工矿用地	14.12	211.82	12.56
	交通运输用地	1.93	28.94	1.72
	水利设施用地	0.70	10.50	0.62
	小计	16.75	251.26	14.90
未利用地	未利用地	4.85	72.80	4.32
	其他土地	4.42	66.26	3.93
	小计	9.27	139.07	8.24
合计		112.45	1686.75	100.00

资料来源：泉州市2017年土地变更数据

(一) 农用地

全市农用地面积86.42万公顷(1296.42万亩)，占全市土地总面积76.86%。农用地主要分布在西部山区(包括安溪县、永春县和德化县，下同)。西部山区土地总面积占全市土地总面积59.09%，农用地面积合计占全市农用地总量64.48%。

1. 耕地

全市耕地面积14.49万公顷(217.40万亩)，占土地总面积12.89%。耕地主要分布在东南部平原以及山区的河谷盆地。南安、安溪、惠安和晋

江 4 个县（市）耕地面积合计 10. 89 万公顷（163. 32 万亩），占全市耕地总量 75. 16%。

2. 园地

全市园地面积 11. 22 万公顷（168. 34 万亩），占土地总面积 9. 98%。园地大多分布在丘陵低山区。安溪、南安和永春 3 个县（市）园地面积合计 6. 65 万公顷（99. 81 万亩），占全市园地总量 59. 27%。

3. 林地

全市森林覆盖率达 58. 70%，林地是全市面积最大的用地类型，以有林地为主。按林业部门统计口径，全市林地面积 70. 30 万公顷（1054. 50 万亩）；按土地利用变更调查数据，全市林地面积 56. 22 万公顷（按国土部门分类的统计口径，包括有林地、灌木林地、疏林地、未成林造林地、迹地和苗圃，不包括园地和林业部门统计口径的宜林地，下同），占土地总面积的 49. 99%。林地大多分布在西北部山区。

4. 牧草地

全市牧草地面积 0. 002 万公顷（0. 03 万亩），占土地总面积 0. 001%。牧草地主要分布在永春县，其牧草地面积占全市总量的 96. 77%。

5. 其他农用地

全市其他农用地面积 4. 93 万公顷（73. 95 万亩），占土地总面积 4. 38%。其他农用地主要集中在安溪、南安、德化和永春 4 个县（市），合计 4. 10 万公顷（61. 49 万亩），占全市其他农用地总量 83. 16%。

（二）建设用地

全市建设用地面积 16. 75 万公顷（251. 26 万亩），占全市土地总面积 14. 90%。建设用地区域分布不均衡，主要集中于东部沿海地区。东部沿海地区（包括鲤城区、丰泽区、洛江区、泉港区、晋江市、石狮市、南安市和惠安县，下同）土地总面积占全市土地总面积 40. 91%，但建设用地面积合计占全市建设用地总量 76. 87%。

1. 居民点及独立工矿用地

全市居民点及独立工矿用地面积 14. 12 万公顷（211. 82 万亩），占全市土地总面积 12. 56%。城乡建设用地主要分布在东部沿海地区。东部沿海地区城乡建设用地面积 8.12 万公顷（121.77 万亩），占全市城乡建设用地总量 76.34%；西部山区城乡建设用地面积 2.52 万公顷（37.74 万亩），占全市城乡建设用地总量 23.66%。城乡建设用地包括城镇工矿用地和农村居民点用地。

2. 交通运输用地

全市交通运输用地面积 1.93 万公顷（28.94 万亩），占土地总面积 1.72%。

3. 水利设施用地

全市水利设施用地面积 0.70 万公顷（10.50 万亩），占土地总面积 0.62%。

交通、水利及其他建设用地主要分布在南安、晋江、惠安、泉港和安溪 5 个县（市），合计 1.75 万公顷（26.20 万亩），占全市交通、水利及其它建设用地总量 75.10%。

（三）未利用地

全市未利用地面积 9.27 万公顷（139.07 万亩），占土地总面积 8.24%。其中，荒草地 7.29 万公顷（109.35 万亩），占全市未利用地总量 78.64%。荒草地主要分布在安溪、德化、南安和永春 4 个县（市），合计 6.76 万公顷（101.4 万亩），占全市荒草地总量 92.73%。

年末环湾建成区面积达 226 平方千米，比上年末增加 6 平方千米；其中，中心市区建成区面积达 154.5 平方千米，比上年末增加 3.5 平方千米。

由于研究区的特殊性，金门县的相关数据资料难于获取，因此本研究内容不包括金门县。以下不再赘述。另外本书中的图件仅为示意图。

第二节　研究的数据及处理

一、数据来源

本书研究的数据来源主要包括：来自中科院遥感与数字地球研究所的泉州市 1980 年、1990 年、2000 年、2006 年、2010 年的五期 Landsat 5 影像

数据，2017 年土地利用变更数据，泉州市行政区划图（行政区划界线）；泉州相关年份的自然、社会和经济方面统计资料（年鉴）等。

二、数据处理

首先，利用 ArcGIS 10.2 软件，对泉州市行政区划进行坐标配准；其次，利用 ENVI 5.1 软件对遥感影像进行像 Mosaicking（镶嵌），并进行几何纠正，应用泉州市行政区划矢量数据对其裁剪（subset date from ROIs），获得研究区域影像；最后，在 ArcGIS 平台上对 4 期研究区域遥感影像（图 3-3~图 3-6），采用最大似然监督分类方法（maximum likelihood classification，MLC），结合目视判读，进行解译，完成后进行小斑块融合，并利用 ArcGIS 10.2 软件将栅格格式转换为矢量格式，得到研究数据的矢量格式，并建立拓扑关系和地类编码，最终获取研究区土地利用数据。

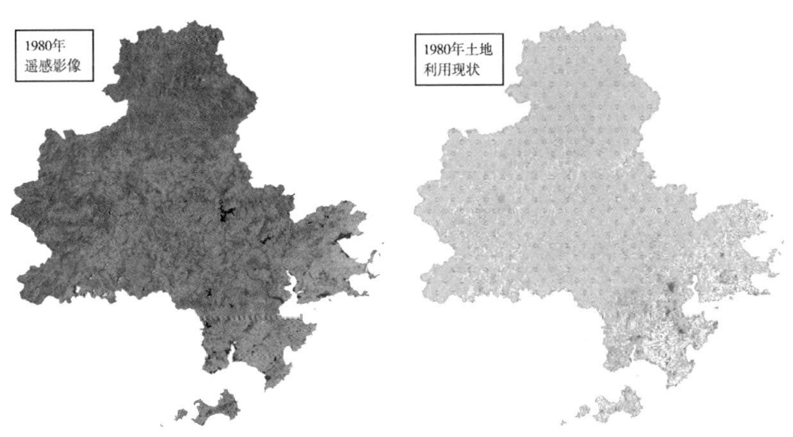

图 3-3　泉州 1980 年遥感影像与土地利用现状对照

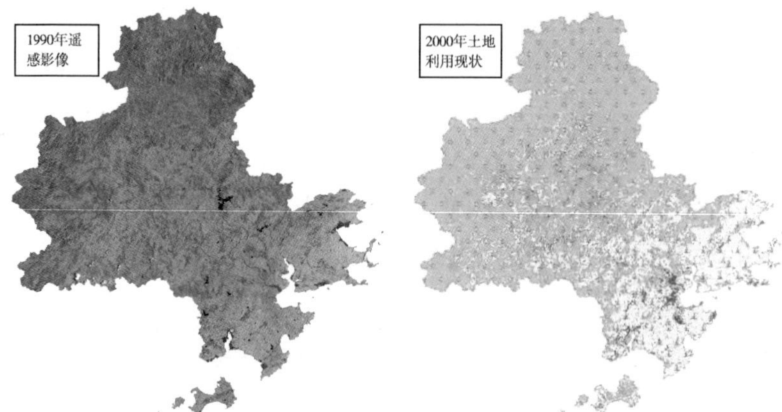

图 3-4 泉州 1990 年遥感影像与土地利用现状对照

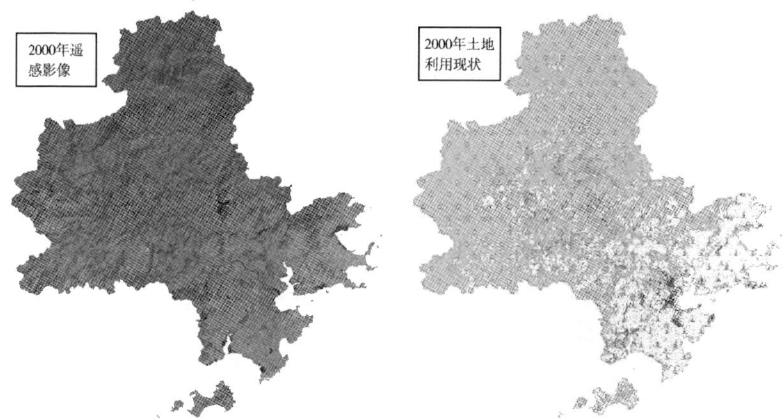

图 3-5 泉州 2000 年遥感影像与土地利用现状对照

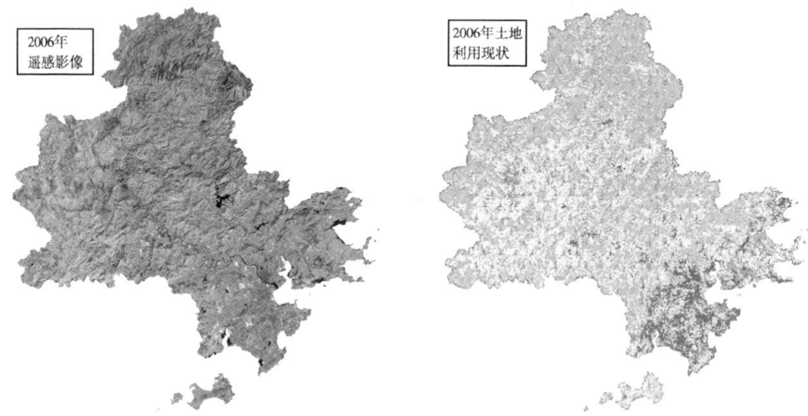

图 3-6 泉州 2006 年遥感影像与土地利用现状对照

将上述数据进行高斯-克吕格（Gauss-Kruger）投影，统一在西安80坐标系内。本研究为了研究的方便和将栅格图转换为矢量操作，将地类划分为建设用地、耕地、林地、河流、湖泊、未利用地这6种地类（见表3-2），耕地包括旱地、水田、菜地等，建设用地包括城镇用地、农村居民点、工矿用地、交通用地等，林地包括林地、草地、果园、城市景观绿地等，水域包括河流、湖泊、坑塘水面等，未利用地包括裸地、沙地、沼泽、滩涂等。1980年、1990年、2000年、2006年和2010年这五期遥感影像与土地利用现状对照图见图3-3、3-4、3-5、3-6、3-7。

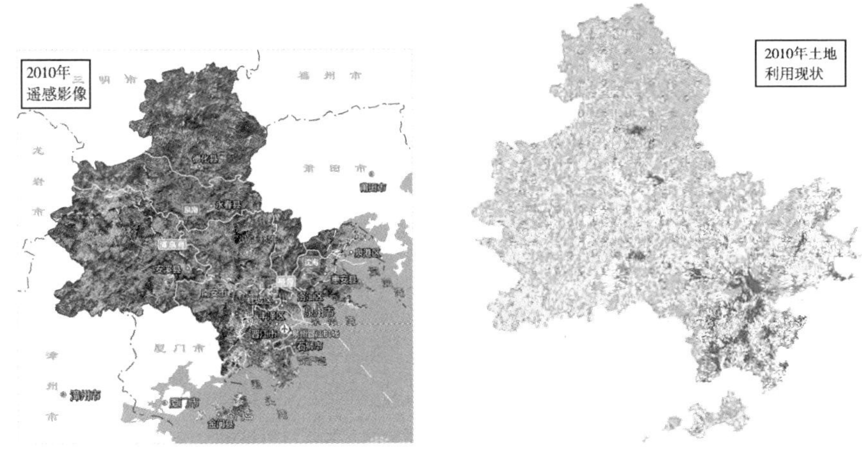

图3-7　泉州2010年遥感影像与土地利用现状对照

表3-3　论文研究中遥感分类系统及具体地类界定

地类	包含的具体地类
耕地	旱地、水田、菜地等
建设用地	城镇用地、农村居民点、工矿用地、交通用地等
林地	林地、草地、果园、城市景观绿地等
水域	河流、湖泊、坑塘水面等
未利用地	裸地、沙地、沼泽、滩涂等

第四章

泉州市建设用地和耕地时空变化及驱动因素分析

第一节　泉州市建设用地时空变化及驱动因素分析

一、泉州市建设用地时空变化特征分析

（一）建设用地变化的测度方法及指标建立

1978 年，我国开始实行改革开放，泉州市是改革开放的前沿阵地，社会经济发展，城镇化、工业化不断加速，城镇建设用地需求量大增，建设占用了大量耕地，建设用地与耕地之间矛盾凸显。为测度研究区建设用地变化，本书采用定量分析，选择扩张速度指数、扩张强度指数和扩张系数进行研究。

第一，扩张速度指数（expansion velocity index，EVI）：表示建设用地面积在研究时段内年均增长率，反映城镇用地扩张的速度和趋势。

$$\mathrm{EVI} = \frac{S_t - S_0}{\Delta_t \times S_0} \times 100\% \tag{4-1}$$

式中，S_t 为第 t 年建设用地面积；S_0 为起始年建设用地的面积；Δt 为研究的时段。

第二，扩张强度指数（expansion intensity index，EII）：是用各空间单元的土地面积来对其年平均扩张速度进行标准化处理，从而使不同时期建设用地扩张速度具有可比性。

$$\text{EII} = \frac{S_t - S_0}{\Delta_t \times S} \times 100\% \tag{4-2}$$

式中，S_t 为第 t 年建设用地面积；S_0 为起始年建设用地的面积；Δt 为研究的时段；S 为研究区面积。

第三，扩张系数（expansion index，EI）：表示建设用地扩张速度与城镇人口增长之间的关系，反映建设用地扩张规模合理与否。

$$\text{EI} = \frac{\text{EVI}}{\Delta P} \times 100\% \tag{4-3}$$

式中，EVI 为扩张速度指数；ΔP 为城镇人口年均增长速度。

（二）建设用地变化时间方面的分析

从《土地利用现状分类》（GB/T 21010—2017）国家标准来看，建设用地包括城镇村及工矿用地、交通运输用地和水域及水利设施用地主要三类，其中城镇村及工矿用地包括城市、建制镇、村庄和采矿用地；交通运输用地包括铁路用地、公路用地、农村道路、机场用地、港口码头用地和管道运输用地；水域及水利设施用地包括河流水面、湖泊水面、水库水面、坑塘水面、沿海滩涂、内陆滩涂、沟渠、水工建筑用地、冰川及永久积雪。而根据原来的三大类（农用地、建设用地和未利用土地）来看，水域及水利设施用地只有水库水面和水工建筑物用地这两类属于建设用地，河流水面、湖泊水面、沿海水面、内陆滩涂和冰川及永久积雪属于未利用地。本书为研究的方便，也采用原来的三大类分类方式；另外根据 1980 年、1990 年、2000 年、2006 年、2010 年的遥感数据解译栅格图，也很难辨识出湖泊水面、水库水面、水工建筑物地物、沿海滩涂、内陆滩涂等。

2005—2016 年泉州市建筑用地数据见表 4-1，其规模变化趋势如图 4-1 所示。

表 4-1　泉州市建设用地数据（2005—2016 年）

单位：万亩

年份	建设用地	城镇村及工矿用地					交通运输用地							水域及水利设施用地
	合计	小计	城市	建制镇	村庄	采矿用地	小计	铁路用地	公路用地	农村道路	机场用地	港口码头用地	管道运输用地	水工建筑用地
2005	232.40	194.40	20.40	33.50	133.40	7.10	36.40	1.30	16.50	18.00	0.30	0.30	0.00	1.60
2006	243.34	204.84	21.40	34.10	142.34	7.00	36.80	1.30	16.80	18.10	0.30	0.30	0.00	1.70
2007	249.24	210.54	22.10	35.70	145.74	7.00	37.00	1.30	17.00	18.10	0.30	0.30	0.00	1.70
2008	260.18	220.88	22.80	36.40	154.78	6.90	37.50	1.30	17.40	18.20	0.30	0.30	0.00	1.80
2009	267.50	227.60	23.10	37.60	120.10	6.90	38.10	1.30	17.80	18.30	0.30	0.40	0.00	1.80
2010	273.70	232.20	23.70	38.30	122.00	6.90	39.80	1.30	19.20	18.30	0.40	0.60	0.00	1.70
2011	281.20	237.50	24.10	39.10	123.60	7.00	42.00	1.30	21.20	18.30	0.30	0.90	0.00	1.70
2012	286.80	241.70	24.40	39.60	125.70	6.90	43.40	1.30	22.70	18.20	0.30	0.90	0.00	1.70
2013	292.40	246.20	24.70	42.50	126.00	6.80	44.50	1.40	23.80	18.10	0.30	0.90	0.00	1.70
2014	298.50	250.70	25.00	45.00	126.20	6.80	46.10	1.40	25.40	18.00	0.30	0.90	0.00	1.70
2015	302.80	254.00	25.30	46.90	126.30	6.80	47.00	1.40	26.20	18.00	0.30	1.00	0.00	1.80
2016	305.50	256.00	25.30	48.10	126.40	6.70	47.70	1.40	27.00	18.00	0.30	1.00	0.00	1.80

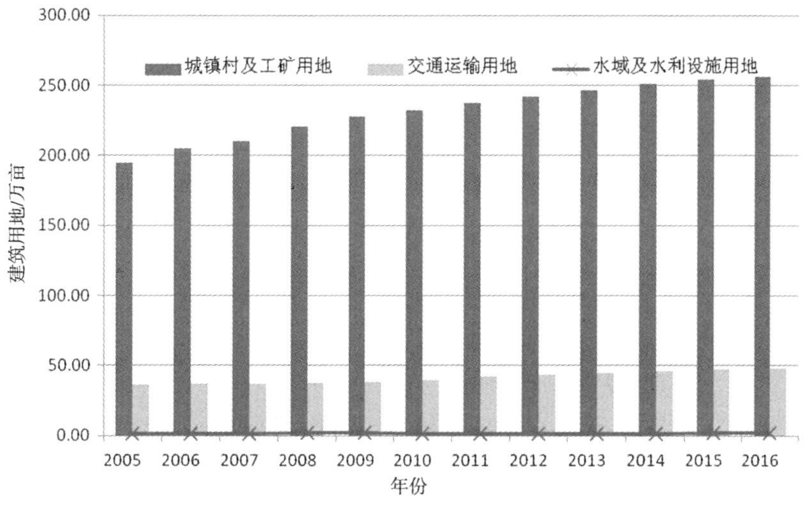

图 4-1　泉州市建设用地规模变化趋势（2005—2016 年）

首先，分析建设用地的扩张速度指数（EVI），如图 4-2 所示。总体来看，全市建设用地扩张速度指数（EVI）基本都维持在 0.0300 左右，12 年间，只有 2016 年的建设用地面积的扩张速度指数（EVI）低于 0.0300；说明该市建设用地规模基本维持稳定，反映了该市的城镇用地扩张的速度平稳，其趋势较为一致。从具体年份来看，该市的建设用地面积扩张速度指数（EVI）2006 年最大，为 0.0471，之后再也没有超过这个数值的年份了，也反映了从 2006 年之后，建设用地的扩张速度处于较为稳定的水平，并且有下降的趋势。

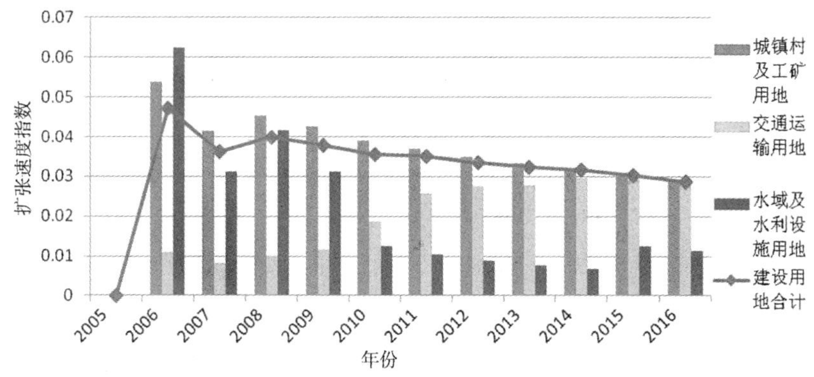

图 4-2　泉州市建设用地扩张速度指数（EVI）（2005—2016 年）

从建设用地具体构成的地类来看，总体上城镇村及工矿用地的扩张速度指数（EVI）要大于交通运输用地和水域及水利设施用地，说明该市建设用地中的城镇村和工矿用地扩张速度指数（EVI）比其他建设用地要大，水域及水利设施用地的扩张速度指数最小。从城镇村及工矿用地来看，由于城镇村及工矿用地占建设用地的比重维持在84%左右，其比重比较大（表4-2）,其扩张速度指数由2006年的0.0537，逐渐变成2007年的0.04151、2008年的0.0454、2009年的0.0427、2010年的0.03889、2011年的0.0369、2012年的0.0347、2013年的0.0333、2014年的0.0321、2015年的0.0306和2016年的0.0288，其趋势是逐渐下降的，反映了该市的城镇村及工矿用地扩张速度比较平稳，并呈现下降的趋势。

表4-2　泉州市建设用地规模及比重（2005—2016年）

年份		2005	2006	2007	2008	2009	2010	2011	2012	2013	2014	2015	2016
建设用地合计/万亩		232.40	243.34	249.24	260.18	267.50	273.70	281.20	286.80	292.40	298.50	302.80	305.50
城镇村及工矿用地	规模/万亩	194.40	204.84	210.54	220.88	227.60	232.20	237.50	241.70	246.20	250.70	254.00	256.00
	比例/%	83.65	84.18	84.47	84.90	85.08	84.84	84.46	84.27	84.20	83.99	83.88	83.80
交通运输用地	规模/万亩	36.40	36.80	37.00	37.50	38.10	39.80	42.00	43.40	44.50	46.10	47.00	47.70
	比例/%	15.66	15.12	14.85	14.41	14.24	14.54	14.94	15.13	15.22	15.44	15.52	15.61
水域及水利设施用地	规模/万亩	1.60	1.70	1.70	1.80	1.80	1.70	1.70	1.70	1.70	1.70	1.80	1.80
	比例/%	0.69	0.70	0.68	0.69	0.67	0.62	0.60	0.59	0.58	0.57	0.59	0.59

交通运输用地其占全部建设用地规模较少，大概为15%，其扩张指数呈现增加的趋势，由2006年的0.0109，变为2007年的0.0082，之后逐年增加，2008年为0.0100，2009年为0.0116，2010年为0.0186，2011年为0.0256，2012年为0.0274，2013年为0.0278，2014年为0.0296，2015年为0.0291，2016年为0.0282，反映了该市的交通运输用地规模在增加，交通设施在不断完善。水域及水利设施用地，占总的建设用地规模最小，大概为0.60%；其扩张指数趋势在减少，由2006年的0.0625，变成2007年的

0.0313，再变成 2008 年的 0.0417，2009 年的 0.0313，2010 年的 0.0125，2011 年的 0.0104，2012 年的 0.0089，2013 年的 0.0078，2014 年的 0.0069，2015 年的 0.0125，和 2016 年的 0.0114。

其次，分析建设用地的扩张强度指数（EII）。全市土地总面积 1686.75 万亩，总体上，建设用地的扩张强度在逐渐降低，由 2006 年的 0.006485846，变成 2007 年的 0.004991848，2008 年的 0.005489847，2009 年的 0.005202312，2010 年的 0.004896991，2011 年的 0.004821896，2012 年的 0.004607339，2013 年的 0.004446421，2014 年的 0.004354199，2015 年的 0.004173707，2016 年的 0.003939798。

全市 12 年的建设用地扩张强度基本维持在 0.004 上下，反映该市的建设用地在全市土地面积的标准化下，基本维持稳定，并有下降的趋势，特别是 2016 年已经开始下降。

从构成建设用地的二级地类来看，三大类用地的扩张强度指数如图 4-3 所示。

城镇村及工矿用地的扩张强度在 2006 年、2007 年和 2008 年三年中逐渐下降，由 2006 年的-0.00000344，变成 2007 年的-0.00000533 和 2008 年的-0.00000880；之后 8 年增加，但其数值越来越小，由 2009 年的-0.00001107,变成 2010 年的-0.00001264，2011 年的-0.0001446，2012 年的-0.00001590，2013 年的-0.00001746，2014 年的-0.00001903，2015 年的-0.00002018，2016 年的-0.00002088。

从交通运输用地来看，它的扩张强度明显在减弱，由 2006 年的-0.00000012,变成 2007 年的-0.00000018，2008 年的-0.00000033，2009 年的-0.00000051，2010 年的-0.00000103，2011 年的-0.00000169，2012 年的-0.00000212，2013 年的-0.00000245，2014 年的-0.00000294，2015 年的-0.00000321 和 2016 年的-0.00000342，反映了交通运输用地的扩张强度增长在下降。

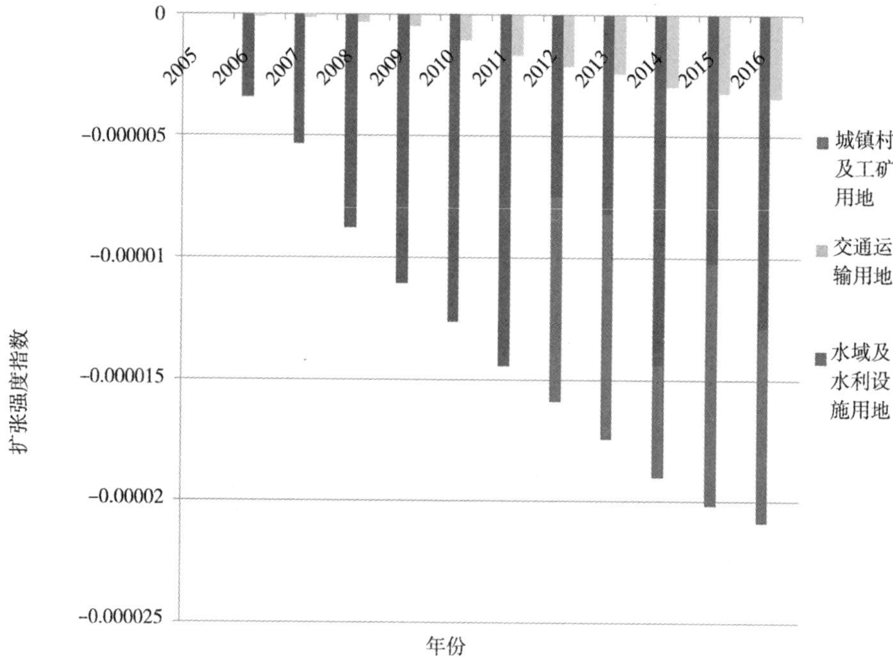

图 4-3　泉州市建设用地扩张强度指数（EII）（2005—2016 年）

从水域及水利设施用地的扩张强度来看，基本维持在-0.00000002 和-0.00000005 这两个数值中，其中 2006 年、2007 年、2010 年、2011 年、2012 年、2013 年、2014 年这 7 年其扩张强度指数都是-0.00000002，剩余年份的扩张强度指数都是-0.00000005，因此总体来说，全市的水域及水利设施用地的扩张强度基本稳定。

最后，分析建设用地的扩张系数（EI）。整体上，泉州市建设用地总规模的扩张系数与人口增长呈反比（图 4-4）。2007 年建设用地扩张系数为 4.048364888，人口为 783 万；2008 年扩张系数为 1.340874055，人口为 797 万；2009 年扩张系数为 0.859553761，人口为 808 万；2010 年扩张系数为 0.687740964，人口为 814 万；2011 年扩张系数为 0.576335738，人口为 821 万；2012 年扩张系数为 0.470590339，人口为 829 万；2013 年扩张系数为 0.402878796，人口为 836 万；2014 年扩张系数为 0.349434473，人口为 844 万；2015 年扩张系数为 0.304499631，人口为 851 万；2016 年扩张系数为 0.26348157，人口为 858 万。从年份来看，2006 年的建设用地总规模扩张

系数最大，为4.048364888，之后年份数值逐年降低，说明该市的建设用地扩张在减弱。另外从扩张系数和人口之间关系来看，随着人口增加，泉州市的扩张系数反而在减少，从这个方面也可看出，城市建设规模维持低水平扩张，其扩张速度和系数都没有受到人口增长因素的影响，也说明该市在内涵式发展。

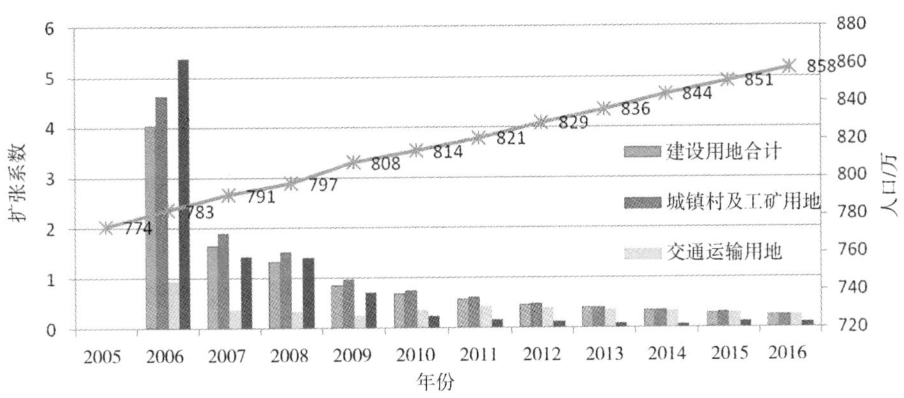

图4-4　泉州市建设用地的扩张系数（EI）（2005—2016年）

从构成建设用地的地类来看，城镇村及工矿用地扩张系数（EI）也在逐年减弱，由2006年的4.618518519，变成2007年的1.89003268，2008的1.527965647，2009年的0.971949891，2010年的0.7525，2011年的0.608517205，2012年的0.489153439，2013年的0.415807945，2014年的0.355805409，2015年的0.308177008，2016年的0.265432099，反映了该市的城镇村及工矿用地扩张强度在减弱。

从交通运输用地来看，其扩张系数由2006年的0.945054945，变成2007年的0.375242405，2008年的0.3389871，2009年的0.265796703，2010年的0.361483516，2011年的0.422258592，2012年的0.386613387，2013年的0.347250532，2014年的0.327394035，2015年的0.292721564，2016年的0.260043528，说明该市的交通运输用地扩张系数在下降。

从水域及水利设施用地的扩张系数来看，2006年的系数最大，为5.375，之后年份都在下降，变成了2007年的1.422794118，2008年的1.402173913，2009年的0.711397059，2010年的0.241875，2011年的

0.171542553，2012年的0.125649351，2013年的0.097530242，2014年的0.076785714，2015年的0.125649351，2016年的0.104707792，也说明了该市的水域及水利设施用地扩张系数在下降。

分析泉州市建设用地的扩张速度指数（EVI）、扩张强度指数（EII）和扩张系数（EI）可知，该市的建设用地扩张速度、强度和系数都在下降，特别是随着人口增加，其扩张系数反而下降，说明其建设用地不是追求规模，而是在进行土地节约集约利用，实行内涵式发展。首先，该市严格控制建设用地总量，实现全市新增建设用地规模逐步减少。其中，到2016年左右，单位建设用地二、三产业增加值比2005年翻一番，单位固定资产投资建设用地面积下降80%，城市新区平均容积率比现城区提高30%以上。其次，实施土地内涵挖掘和整治再开发战略，“十二五”和“十三五”期间，累计完成城镇低效用地再开发1万亩左右、农村建设用地整治1万亩、历史遗留工矿废弃地复垦利用1万亩左右。再次，严格控制城乡建设用地规模，实行城乡建设用地总量控制制度，逐步减少新增建设用地规模。该市特别优化开发的城市和建制镇用地，主要以盘活存量为主，率先压减新增建设用地规模。在国家相关政策的指引下，适度增加城区人口100万~300万的大城市新增建设用地。最后，该市着力盘活存量建设用地，提高存量建设用地在土地供应总量中的比重，对其下辖的市、县、区，着重保障国家重点项目和民生项目用地指标。

（三）建设用地变化的空间方面分析

泉州市城市建设用地从改革开放之后，发生了巨大变换。改革开放40多年来，泉州“东进、西拓、南下、北上”，这座历史文化名城发生了翻天覆地的变化。1986年，泉州市正式成立。20世纪90年代，原来的鲤城区“一分为三”，析出丰泽区、洛江区。20世纪90年代初，泉州市委、市政府提出大泉州概念，提出大泉州要向东、向南发展，规划整个大泉州的发展蓝图，而不是只着眼于原来的中心城市（当时的鲤城区）。泉州做了大泉州发展规划，国民经济发展等各方面都遵循这个思路，城市规划也不断完善。由此规划，泉州城市核心区发展每年以1~2平方千米在推进。20世纪80年代初，泉州市区主要道路有中山路、东西街、新门街等10多条。324国道

（现温陵路）于 80 年代中期改建成东大路，作为城市道路使用。90 年代，中心市区向东扩展，新建了泉秀路、田安路、刺桐路、宝洲街、丰泽街等主干道。再后来，中心城区再东扩，城东片区、东海片区的道路逐步完善；向西北扩展，则建有站前大道、南北大道、江滨南路等。

20 世纪 90 年代地改市后，随新城区向城东、东北、东南和桥南拓展，中心片区新建的主干道有温陵路、泉秀路、田安路、刺桐路、坪山路、少林路、宝洲路与丰泽街、东湖街、湖心街、津淮街等，构成市中心五纵六横加环城路的主干交通格局。1992 年，泉州计划投资 15 亿元的漳泉铁路湖（头）泉（州）肖（厝）段得到国务院批准。1998 年，安溪湖头至肖厝段建成通车，泉州人实现了铁路梦。2001 年，漳泉肖铁路正式通过国家验收，实现全线贯通。该铁路西起鹰厦线漳平，东至湄洲湾南岸的肖厝港，全长 243. 876 千米，共设货站 19 个，客货兼营。到 2000 年城市建设进展较快，这时中心市区着力推进交通道路、排水排涝、环保绿化、市场设施、居住小区等建设项目，进一步改善了城市环境，中心城市建成区面积达 43. 85 平方千米（含泉港区）。

市政基础设施得到较大改善，市区建成区新增园林绿地 419 公顷，总绿地面积达 1109. 2 公顷，绿地率为 27. 7%；绿化覆盖面积 1241. 2 公顷，绿化覆盖率为 31. 0%；年末公共绿地面积达 204. 05 公顷，人均公共绿地面积为 6. 69 平方米；市区公交路线增至 29 条，营运车辆 365 部；年末实有铺装道路面积 360. 60 万平方米，城市排水管道总长度 297 千米，全年自来水供水总量 6770 万立方米，用水人口 41. 50 万人；津淮街、坪山路、迎宾路和新门街二期拓改等市区道路建设项目相继完成；浦西污水泵、芳草园二期工程、宝洲污水处理厂、室仔前垃圾填埋场和江南市民广场一期等市政设施陆续建成；市区排洪排涝整治工程如期实现主体工程完工通水的目标。重点乡镇的规划和建设有所加快，旧村改造和新村建设继续推进。2000 年投入改旧建新资金 12. 3 亿元，拆除旧房 117. 69 万平方米，新建住房 203. 76 万平方米，完成道路硬化 1047. 84 千米，绿化面积 119. 96 万平方米。交通基础设施不断发展，综合运输能力进一步提高。全年新建改建公路 940 千米，其中，新建公路 160 千米，建成二级以上公路 67 千米，铺设高级次高级路面780千米，年末，公路通车里程达到9450千米，平均公路密度达87千米/平方千米，其中二级及二级以上高等级公路里程1500千米，高级次高级路面5400千米，增长12.8%。城市建设的发展，使得以鲤城区、丰泽区为主的中心城区得到快速发展，其建设用地规模增大，由1980年的100万亩左右，增加到1990的150万亩，再到2000年的180多万亩，与1980年相比，1990年、2000年的增长率分别为50%、80%。

从建设用地的空间发展格局来看，1980—2000年，泉州市建设用地主要集中在鲤城和丰泽两区，其次，就是晋江市、南安市、石狮市、惠安县等周边市县，最后才是安溪、永春、德化比较偏远的县。20世纪80年代，泉州市行政区划进行调整，首先是鲤城区进行分割，分出丰泽区、洛江区，形成了鲤城、丰泽和洛江三区的中心城区格局，此时城市进行大规模建设，建设用地规模剧增，2000年，市中心城区范围继续往外面扩张。

在2001—2010年这10年间，泉州市社会经济发展更为迅猛。2010年是“十一五”规划的收官之年。年末环湾区域建成区面积达150平方千米。中心市区建成区新增园林绿地191公顷，总绿地面积达3418.7公顷，绿化覆盖面积3730公顷，绿化覆盖率为40.48%，人均公共绿地面积为10.55平方米；市区公交运营线路长度为1090千米，营运车辆904部；年末实有铺装道路面积1013.2万平方米。全年中心市区自来水供水总量8826万立方米，自来水供水中居民家庭用水量4816万立方米，用水人口100万人。至年末共铺装天然气管道267.71千米；天然气用户数1.46万户。全年共新建、改建公路334.72千米。全市公路通车总里程达14252.95千米，比上年增加122.64千米；其中：二级及二级以上高级公路里程1951.88千米，高速公路里程215千米；公路密度达131.2千米/百平方千米。从福建首条高速公路泉厦高速1994年开建，1997年通车至今，泉州高速公路历经20多年的建设历程，目前已建成13条（段）高速公路，通车总里程达653千米，高速出入口总数达50个，占福建省总数的近1/6。如今，泉州城市发展从沿江向环湾推进，城市建设的“北上南下，东进西拓”的战略蓝图也在高歌猛进，基本形成中心市区田字形路网结构，形成城东片区、东海片区、北峰片区三大片区的市政路网格局，市区主次干道共89条（段），总

长约 172 千米。泉州已实现“县县通高速”，形成“一环两纵三横+联络线”高速公路主骨架，泉州环城高速“中环”“小环”已闭合，各城镇通过二级以上公路与高速公路连接，绝大多数乡镇在半小时内、个别偏远乡镇在 1 小时内可上高速公路。2010 年 4 月，泉州铁路实现新跨越，拥有了第一条高速铁路，福厦动车组让泉州铁路迈入“高速时代”。此时，泉州市城市建设基本完成。

至此，泉州积极构建“一区、两翼、多支点”的市域城镇空间结构。以各级中心为节点，快速交通体系为依托，形成复合交融、时序协调、地域开放的城镇体系。逐步引导二、三产业向“一区两翼”多极集聚，在此之外，形成开阔的一产发展空间。“一区”：指环泉州湾核心区（主要包括泉州中心城区、晋江中心城区和石狮中心城区）；“两翼”：指北翼湄洲湾南岸区域（主要包括泉港和惠安）和南翼环围头湾区域（主要包括安海水头组合）。“多支点”：指南安、安溪、水春、德化等城镇支点。其中，晋江优先发展区包括中心城区、城镇密集区。中心城区主要由青阳、梅岭、西园、罗山、新塘、灵源六街道组成，城镇密集区包括晋北组团（池店、磁灶）、晋西组团（安海镇、内坑镇、东石镇）和晋南组团（金井镇、深沪镇、英林镇、龙湖镇）。石狮优先发展区包括主城区和三个重点发展节点城镇。主城区由城市中心区和滨海组团组成，三个重点发展节点镇是指北部的蚶江镇、东北部的祥芝镇、鸡山镇、锦尚镇和东南部的水宁镇。惠安县优先发展县域中心城区、三大次中心城区。中心城区主要由螺城、螺阳两镇组成，三大次中心城区是指洛秀、斗尾、崇武。南安优先发展区包括市区和三个次中心、六大片中心。市区包括城南、城北、城东、城西四个组团；三个次中心为水头镇、官桥镇、石井镇；六个片中心为洪濑镇、诗山镇、丰州镇、英都镇、仑苍镇。安溪引导发展区包括主城区、辅城区、三个重点中心镇。主城区为中心组团、东翼组团、西翼组三大组团，辅城区为官桥、龙美、龙门三大组团，三个重点中心镇为湖头镇、蓬莱镇、长坑镇。永春引导发展区包括县城、一个次中心城镇、三个重点镇。县城由中心商贸区、城东片区、城西片区、岵山片区组成，次中心城镇为蓬壶镇，三个重点镇为达埔镇、下洋镇、湖洋镇。德化引导发展区包括中心城区、次中心城镇、重点镇。中心城区由城北区、城南区、城西区、城东区组成，次中心城镇为上涌镇，重点镇为水口、葛坑两镇（图 4-5）。

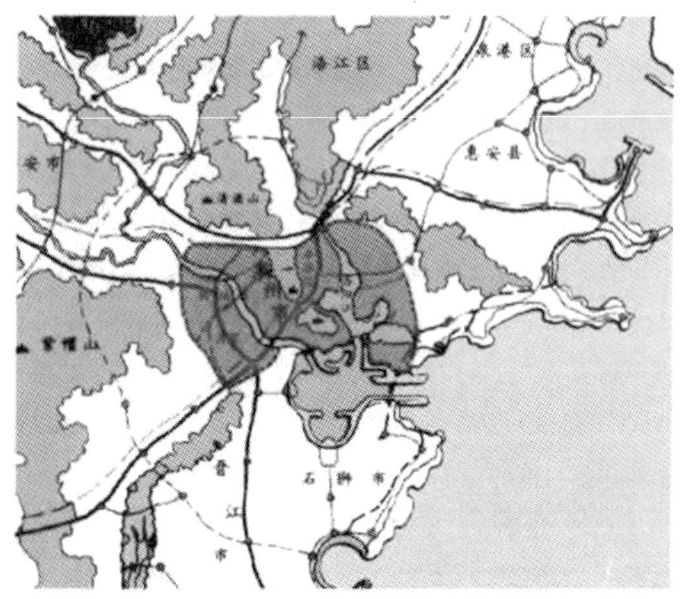

图 4-5　泉州市城市建成区（2001 年）

资料来源：中国泉州国际“花园城市”申报文本

总之，1980 年至 2010 年，泉州城市建设面积整体上表现出速度持续增快的趋势。近 20 年来，泉州中心城区扩展速率非常快，从 1987 年的建成区面积仅为 9. 1 平方千米到 2012 年的泉州主城区建成面积达 161. 5 平方千米，年平均速率达 6. 09 平方千米，扩展的趋势以老城区为中心向外蔓延和沿道路（河流）带状扩展相结合，其中泉州的带状扩展趋势比较明显。在新一轮规划中，泉州中心城区规划面积 980 平方千米，可供发展空间较大，对城市空间扩张奠定了坚实的基础。

二、泉州市建设用地变化驱动因素分析

建设用地的扩张必定受到研究区的自然地理环境、社会经济发展共同作用的影响，是区域内人类活动与自然因素相互作用的必然，即人地关系作用下形成的结果。总体来看，泉州市建设用地的扩张首先源于社会经济

的发展，急需进行各项建设，这是建设用地扩张变化的决定性影响；其次是国家相关政策引导和调控；再次受制于区域的地理环境中进行建设用地的空间方向选择，后两个因素是次要作用。

（一）自然地理环境决定和影响城市建设用地布局

从自然地理环境来看，泉州市的地理环境在很大程度决定和影响城市空间形态。泉州市拥有青山碧水的自然景观、源远流长的历史人文景观、功能互补的城市布局、强劲增长的社会经济、日益完善的城市建设和朴素良好的社会风气六方面优势，使得泉州中心城市能够构建山水城市，泉州中心城市枕山面海，东朝“一湾”——泉州湾，坐拥“两江”——晋江、洛阳江蜿蜒流淌市区，环抱“四山”——清源山、桃花山、紫帽山、大坪山环状拱卫城市。“四山两江一湾”奠定了泉州天然形胜的山水城市格局（图 4-6）。城市

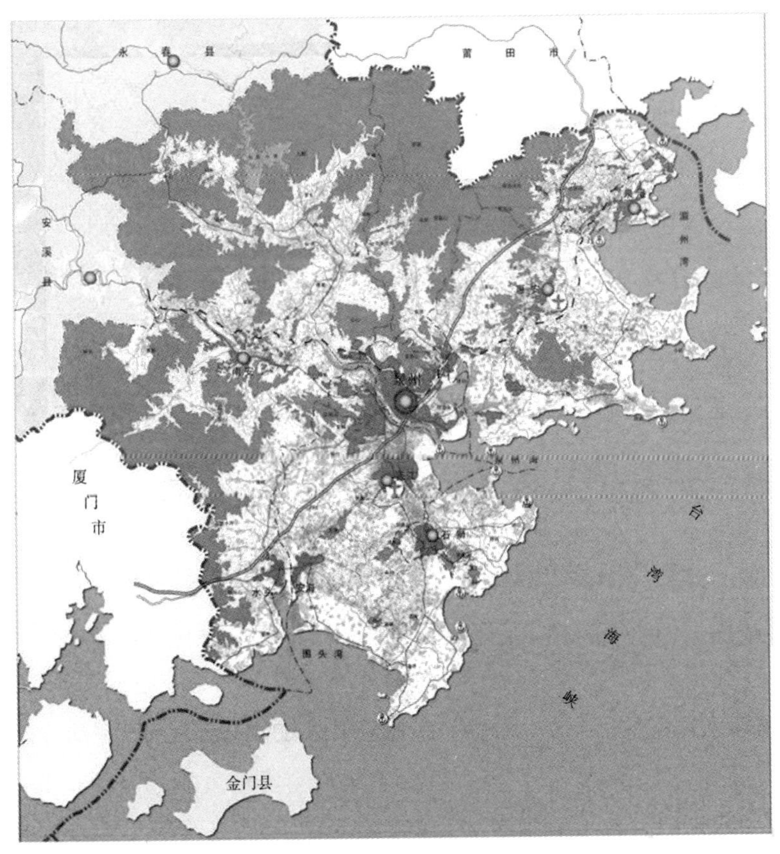

图 4-6　泉州市中心城区城市格局

占有着广阔的自然空间，在泉州城市的形成过程中，地理环境作为一个基本的立地条件深深地影响着城市的生成与发展。泉州中心城区拥有完整的山水格局，空间扩展将依托于泉州湾、晋江和洛江，形成环泉州湾组团式空间扩展。从经济社会发展的现实需要来看，经济发展促进城市空间扩张，这也是城市空间扩张主要和强劲的动力来源。近年来，泉州城市经济实力快速增长，经济总量由改革开放前全省第五位跃升为全省第一位，综合经济实力显著提高：全市人均生产总值由 1987 年的 778 元增至 2012 年的 57014 元，第二产业占地方生产总值的比重由 1987 年的 47.40%上升到 2012 年的 62.21%，呈不断上升的趋势。泉州市目前仍处于工业化中期阶段，主要以劳动密集型加工行业为主，由此吸引了大量人口就业，并带动城市基础设施建设和配套服务功能的跟进，从而影响城市空间结构的演变，加速泉州市的建成区面积的迅速扩张。可见，经济发展的空间需求是城市空间快速扩张的基本动力因素之一。

人口变化引起城市空间扩张。从城市的发展历程来看，人口一直以来都是城市空间扩张的驱动力之一。人口的增加将强化城市居民对住房、工作场所、游憩场所与交通设施等的需求。1987—2012 年市区人口从 45 万人增加到 89 万人，人口的急速增加导致了住房紧张、交通拥挤、环境恶劣等负面影响。为了改善人居环境，促使人口向外迁移，1987—2012 年中心城区建成区面积从 9.1 平方千米增加到 161.5 平方千米，可见，人口增长会引起城市用地规模扩大，人口迁移引起城市空间扩张。

（二）新开发区建设带来城市空间的扩张

泉州市从建市开始就不断进行新区的建设，如洛江区、台商投资区、泉港区等。特别是国家级经济技术开发区，其开发范围包括清濛园区、国家级泉州出口加工区（图 4-7）。一定规模的经济技术开发区必须配有齐全的道路、通信、供水、供电、排污、排水、宽带网、有线电视等基础设施。泉州的经济技术开发区的规划面积包括已开发的清蒙园区 29 平方千米以及洛秀园区 83 平方千米，同时洛江区随着泉州湾经济发展战略的调整，将成为泉州工业发展的重要空间载体。泉州经济技术开发区充分发挥国家级开发区的品牌效应，围绕转变提升和做大做强的目标，大力实施园区功能再

造工程，推动扩区发展和产业升级，努力构建城镇与产业一体开发、先进制造业与高端服务业融合发展的现代化产业新城。经济技术开发区首先使得工业率先得到发展，产业结构发生了变化，区域内的部分土地利用性质逐渐转换变更，部分耕地开始在有规律、有计划的安排下转向工业用地和城镇建设用地以及居民点和商业用地，致使城市空间不断扩展，在一定程度上无序蔓延。因此区域社会、经济的变化是通过城市郊区化即许多工业开发区、经济技术开发区的建立促进城市空间的迅速变化。

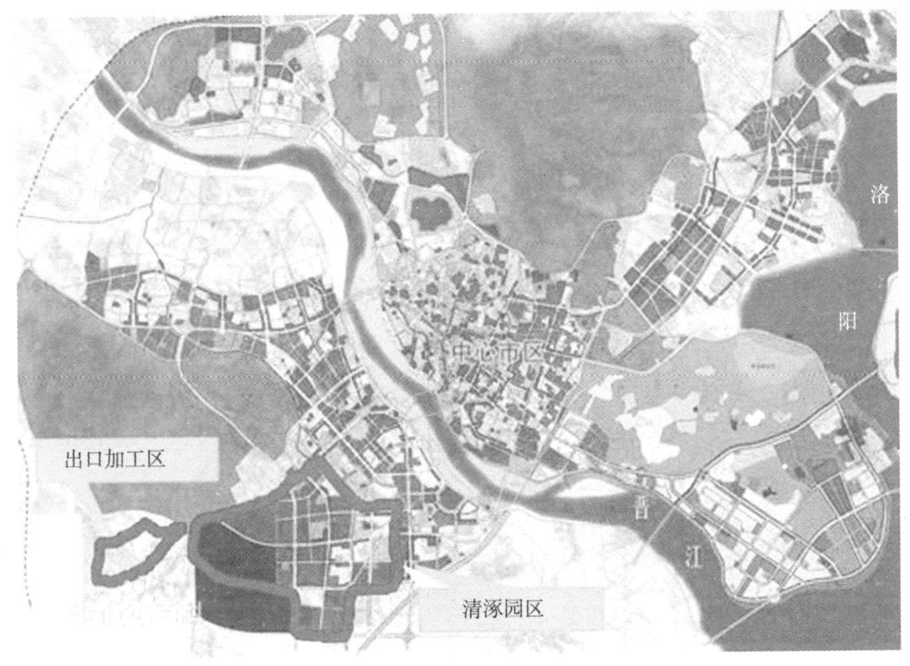

图 4-7　泉州经济技术开发区

（三）交通网络体系建设导致城市空间形态变化

城市交通与城市形成发展之间有密切的关系，城市交通自始至终贯穿于城市的形成与发展过程中。交通会改变人们的时间和空间观念，会影响到人们对城市规划的行为，这将在一定程度上引导着城市的空间布局。随着泉州中心城区道路系统的不断完善，如江滨路由原先的二车道变成四车道再到八车道，宝洲路由原先的双向行驶变成单向行驶，泉州半小时城市图到一小时城市图演变，沿海大通道的通行等，不仅促进沿线土地开发利用，而且改变了城市景观，使城市空间形态发生了变化。

以科学配置交通资源和发展绿色交通为目的，以加快推进交通基础设施建设为重点，以公共交通引领城市布局优化、交通结构优化为主线，以科技进步和机制创新为保障，构建泉州一体化的现代综合交通体系，形成“30 分钟生活圈、45 分钟通勤圈、1 小时都市圈、一体化商务圈”四大交通服务系统（图 4-8）。

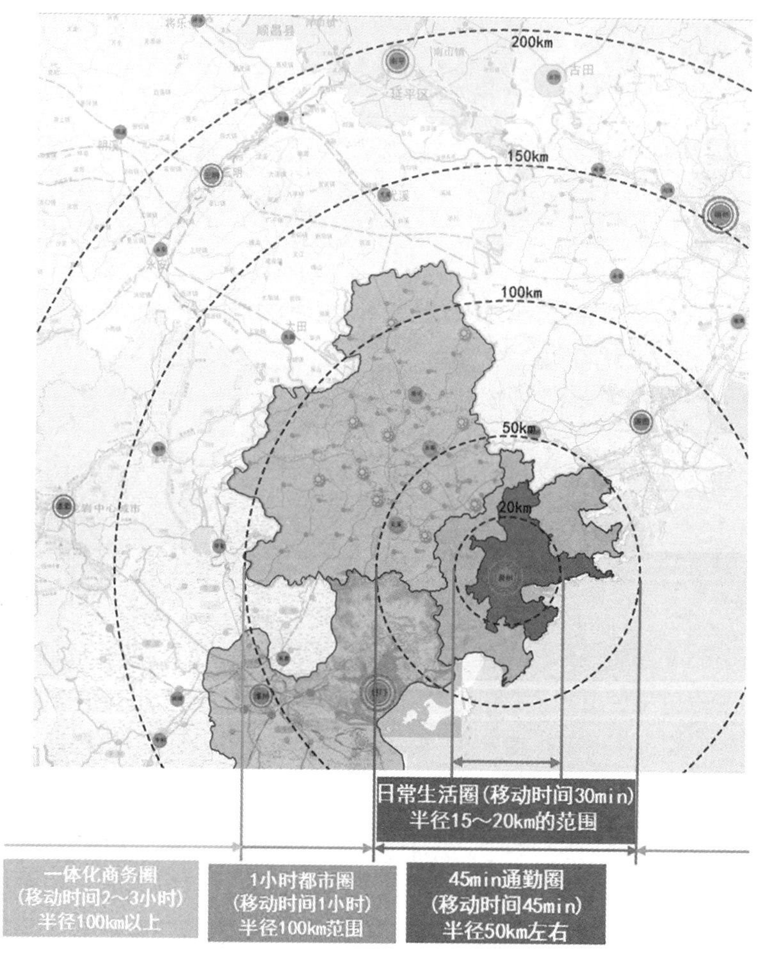

图 4-8　泉州交通圈层示意图

构建国家级区域交通枢纽都市。把握国家“一带一路”建设机遇，面向国际、融入沿海、辐射内陆，构建海港、空港、陆港、信息港四港合一

的国家级区域交通枢纽，支撑与引领泉州成为21世纪海上丝绸之路的战略支点和先行区，推进厦漳泉都市圈一体化，提升泉州核心竞争力与区域影响力。一是加快海空港发展，培养面向国际的运输能力。优化机场布局，将泉州机场打造为4E级干线机场和国际机场；整合港口功能，将泉州港发展为东南沿海地区性重要港口，大宗散货和集装箱运输相协调的主枢纽港（图4-9）。二是提升铁路服务，强化沟通沿海辐射内陆能力。打造与邻近城市群的4小时交通圈，全面实现铁路跨越式发展；促进厦漳泉同城化，形成多方式多通道联系。规划形成“三高速三普铁三快轨”铁路网络，形成“三主两辅多点”的铁路客运站布局方案和“两主多点”的铁路货运站布局方案（图4-10）。三是完善高等级公路，形成多通道高密度公路网络。规划形成“四纵四横一环五支”高速公路网布局和“三纵三横”市域快速通道。并分离过境交通，完善“客内货外”网络布局。利用公路形成对外与过境货运通道，利用城市干路形成城市内部货运通道，实现客货分离。

图4-9　泉州都市圈机场布局图

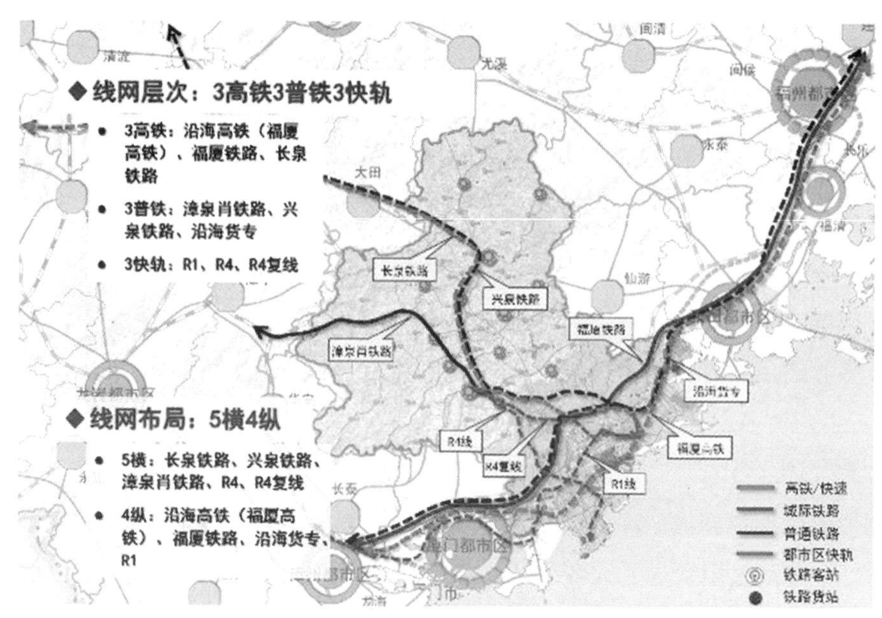

图 4-10　泉州铁路网图

构建国内一流水准的公交都市。在大泉州层面突出 TOD（以公共交通为导向的开发 transit-oriented development，TOD）的发展模式，构建全国一流水准的公交都市，快速推进快速路网建设，形成快、主、次、支的多级道路网络，支撑与引导大泉州和环湾一体化紧凑集约的城市空间结构与土地开发。一是实施公交优先战略，构建多层次公交体系。构建大中运量公交为主导、多级公交网络合一、换乘便捷高效的公交体系，实现中心城区 2030 年公交分担率不低于 25%、客流通道公交分担率不低于 50% 的目标，形成“公交+慢行”为主导的客运交通模式。二是支撑环湾一体化发展，构建大中运量公交骨架。轨道交通形成“两纵一横”的骨架线和“一环一横一纵”的加密线以及“四射”的预留线，并布设 8 条放射状中运量公交线路。三是强化交通与用地互动，构建一体化客运枢纽体系。根据“四主四辅多点”的综合枢纽布局方案，市内形成 5 处中心型和 9 处社区型换乘枢纽。并加强公交专用道和站场等基础设施规划建设，保障公交服务水平。

构建彰显山水人文特色的品质都市。在中心城区层面秉承“以人为本”交通发展理念，建设体系完备、功能完善、服务均等的健康型综合交通体

系，实现慢行友好、方式多元、彰显泉州山水人文特征的高品质交通模式。一是支撑大泉州空间结构，构建环湾+放射快速路网。规划形成“三湾七射四连”的快速路布局，实现“10、15、30”服务目标。二是支撑多组团布局，构建“放射+方格”高密度干路网。三是实施需求调控，推进停车设施差异化配置。四是打造人本交通，构建公交+慢行的客运主导模式，构筑“日常网、休闲网、换乘网”的高品质慢行系统（图4-11、图4-12）。

图4-11　泉州中运量公交线网图

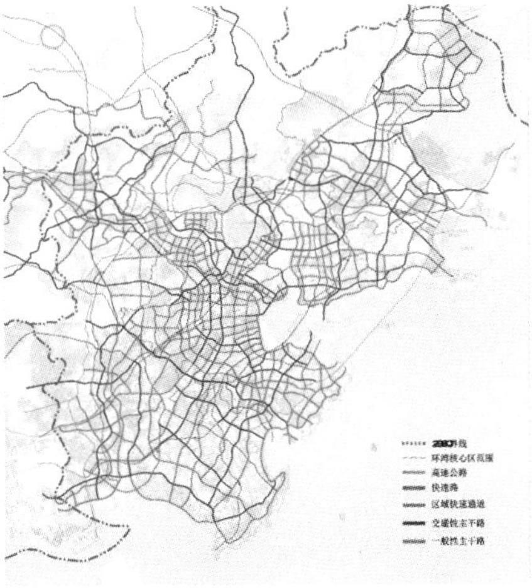

图4-12　泉州主干路网布局图

丰富区域规划层次，形成面向国土、海西城市群、厦漳泉都市圈、市域的多层级一体化对外交通体系，支撑泉州区域中心城市辐射能力的提升。一是立足国土乃至国际视野，将泉州打造成“一带一路”建设的主要支点城市与重要衔接枢纽。支撑海空港发展，培养面向国际的运输能力。空港重点是优化布局，大力提升泉州机场的能级；海港重点是功能整合，积极推动港口国际化发展。提升铁路服务，强化沟通沿海辐射内陆能力。打造与邻近城市群的4小时交通圈，全面实现铁路跨越式发展。二是依托开放的对外交通网络，构建国家级区域交通枢纽都市，提升区域辐射能力。通过区域交通网络的完善，实现与省域、海西主要城市的多通道多方式联系。三是充分整合区域交通与城市交通，构建内外一体化的四级交通圈层与交通体系。

泉州交通设施完善，拥有泉州都市圈机场、铁路网、公交线网，不同层次的主干路网布局，综合的交通设施布局，使得泉州市的城市空间形态不断变化，最明显的就是区域建设用地不断增加，建设用地在空间中分布扩大，交通网络在区域空间结构中成为联结区域核心与外围地域及城市系统的纽带和桥梁，也是与其他经济地域进行联系的纽带，促使城市住宅、工矿仓储等建设用地围绕着这些交通网络进行布置，使得城市建设用地空间不断扩张（图 4-13）。

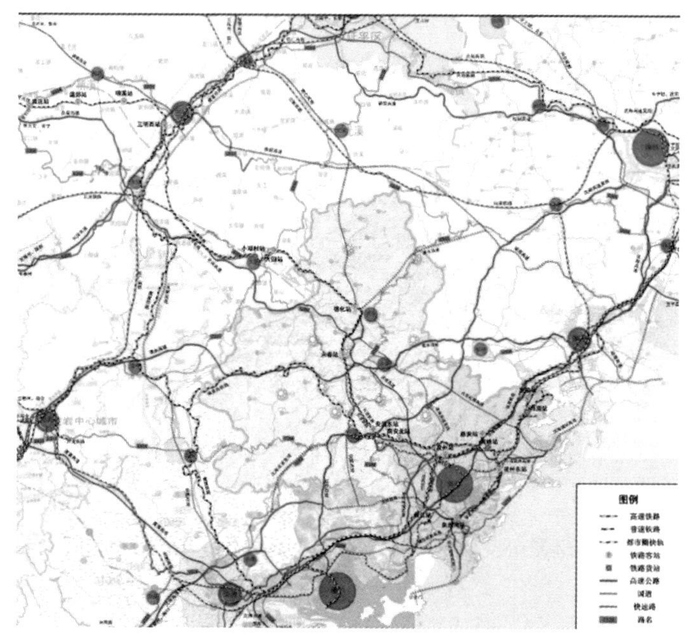

图 4-13　泉州区域综合交通设施布局图

（四）行政区划与城市规划引起城市空间扩张

城市规划是人类为了在城市的发展中维持公共生活的空间秩序而做的未来空间安排，以满足社会经济发展和生态保护的需要。

1985 年，经国务院批准，泉州进行行政体制改革，撤销晋江地区，报设立地级市，从此形成“一市一区”的格局。至 1997 年 6 月 3 日，根据泉州发展规划的需要，国务院批准泉州市增设丰泽、洛江 2 个区，同年 9 月 29 日，鲤城、丰泽、洛江 3 个区人民政府正式挂牌办公，此时宣告泉州“一市一区”时代的终结。调整后的 3 个区被赋予了不同功能，鲤城区仍是未来泉州中心城市的核心部分，将成为保护历史文化名城和发展科、工、

贸的综合中心城区。具体来看，丰泽区是中心城市重点建设和发展的新城区，重点发展对外海陆交通、内外经贸、科技教育、社会文化体育，以及金融、房地产等第三产业；洛江区则重点发展蔬菜、水果等副食品，作为中心城市的“菜篮子”基地和“农业、工业高科技园区”。可见，行政区划和城市规划对城市空间扩张具有一定的宏观导向作用，在一定程度上政府的这些行为能决定城市发展的过程，能引导城市发展的方向和范围。

泉州市外延式发展是城市空间扩张的主要原因，也是泉州在利用行政区划和城市规划两种手段，使得泉州突破老城区的限制。1995 年以来，泉州市不断加大中心城市建设力度，采取“东进、南下、西拓”的发展战略，基本形成“六横五纵”的城市道路网络。1997 年 6 月，从鲤城区析出丰泽区、洛江区。至 2012 年年底，泉州市主城区建成区面积 1615 平方米，城市人口达 829 万，全市城镇化程度达 60. 4%，一座以中心城市为核心，沿海次中心城市为骨干，沿公路、铁路、高速公路连接重点城镇的具有闽南侨乡特色的环湾城市已现雏形。

总之，自然地理环境决定和影响城市建设用地布局、城市新开发区建设带来城市空间的扩张、完善的交通网络体系建设导致城市空间形态变化、不断调整行政区划与实施城市规划引起城市空间扩张，使得泉州建设用地规模和空间都不断增加和扩张。从 1987 年至 2012 年，泉州城市建设面积整体上速度持续增快。20 多年来，泉州中心城区扩展速率非常快，从 1987 年的建成区面积仅为 9. 1 平方千米到 2012 年的泉州主城区建成面积达 161. 5 平方千米，年平均速率达 6. 09 平方千米，扩展的趋势以老城区为中心向外蔓延和沿道路（河流）带状扩展相结合。其中泉州的带状扩展趋势比较明显（图 4-14）。在新一轮规划中，泉州中心城区规划面积 980km^2，可供发展空间较大，对城市空间扩张奠定了坚实的基础，这也导致了区域建设用地规模在不断增加，空间布局上更加的扩散。

图 4-14　泉州市行政组团及交通布局

第二节　泉州市耕地时空变化及驱动因素分析

一、泉州市耕地时空变化特征分析

（一）泉州市耕地数量变化特征分析

耕地是我们人类赖以生存和发展的物质基础与条件。泉州由于受地形地貌影响，地质构造以火山岩为主，地势西北高东南低，境内重峦叠嶂，丘陵、低山、河谷、盆地、平原交错其间，高山、谷地、丘陵占土地总面积 4/5，导致其耕地分布多在丘陵、河谷之间和盆地、平原内，规模小，形状各异。其中，泉州平原为福建第四大平原。泉州平原又叫晋江中下游平原，面积 345 平方千米，东北侧以清源山断裂为界，西南侧以亭店断裂为界，是开口呈箕状的平原。

总体上泉州耕地少，土地质量较差，以中低产田为主，人均耕地 240 平方米，远低于全国人均水平。在现有耕地中，中低产田占 70%多，面积约为 10.27 万公顷，高产稳产田不到 30%，面积约 4.4 万公顷。

泉州耕地包括水田、水浇地和旱地，其中水田面积最大，其次是旱地，水浇地面积最小。水田大致占耕地面积的 68%，从 2005 年的 157.80 万亩，占当年耕地面积的 66.97%，逐渐减少到 2006 年的 156.40 万亩，到 2007 年的 155.90 万亩，到 2010 年的 155 万亩，达到峰值，之后年份逐渐减少，到 2016 年的 149.30 万亩，占当年耕地规模的 68.75%。旱地大致占耕地面积的 24%，从 2005 年的 59.52 万亩逐渐减少，到 2009 年的 52.50 万亩，再到 2010 年的 52.40 万亩，之后旱地数量有所增加，到 2011 年的 53.40 万亩，之后基本维持 54 万亩左右。水浇地面积较小，占耕地规模的 6%左右，从 2005 年的 18.30 万亩，持续减少，到 2006 年的 17.80 万亩，到 2007 年的 16.7 万亩，到 2008 年的 15.90 万亩，到 2010 年的 14.80 万亩，到 2013 年的 13.80 万亩，最后到 2016 年的 13.30 万亩（表 4-3、图 4-15）。

表 4-3 泉州市耕地数量情况（2005—2016 年）

单位：万亩

年份		2005	2006	2007	2008	2009	2010	2011	2012	2013	2014	2015	2016
耕地	水田	157.8	156.4	155.9	155.7	154.9	154	152.7	151.5	150.5	149.6	149.4	149.3
	水浇地	18.3	17.8	16.7	15.9	15.3	14.8	14.4	14.2	13.8	13.6	13.4	13.3
	旱地	59.52	56.23	55.15	54.07	52.5	52.4	53.4	54.4	54.9	54.8	54.9	54.6
小计		235.62	230.43	227.75	225.67	222.7	221.2	220.5	220.1	219.2	218	217.7	217.3

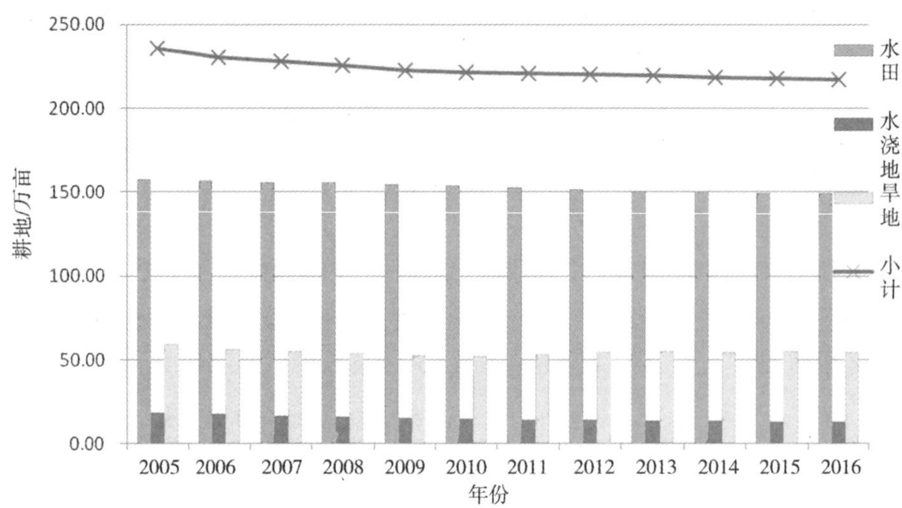

图 4-15　泉州市耕地数量变化趋势（2005—2016 年）

（二）泉州市耕地空间格局分析

泉州市耕地主要分布在东南部平原以及山区的河谷盆地，主要集中在南安、安溪、惠安和晋江 4 个县（市），按 2017 年底耕地面积来看，其合计面积为 9.91 万公顷（148.65 万亩），占全市耕地总量 70.38%。

由于地质构造的影响，泉州市耕地分布比较分散，面积较小，还有很多分布山间和山坡之上，形成了山垅田，又称坑田，系山丘受流水侵蚀成谷地，被泥沙堆积和填高后，经农民垦辟种植水稻而形成的山谷水田。这种山垅田主要是农民在坡度较缓的山坡上，顺着山坡地势开出来的地，不少是梯田形式的，当地农民也称为角山田或叫梯田（图 4-16）。山垅田在泉州山区耕地面积中的占比很高，该类耕地占全部耕地面积的 15%左右。该类耕地耕作历史悠久，潜在肥力较好，基本没有受到工业污染，可以称得上一片净土，但是山区的山垅田比较分散。很多山垅田基础设施差，有的甚至仍维持在 20 世纪 70 年代的水平，大雨来时无法防洪，大旱来时无法灌溉，抛荒不可避免。不少通往山垅田的机耕道路年久失修，有的甚至没有机耕道路，增加了农业生产成本和劳动力投入，影响了农民耕作的积极性，加之农村人口外流多，山垅田全年抛荒、杂草丛生的现象随处可见。

图 4-16　山垅田（坑田、角山田或梯田）

具体区域分布来看，2005 年全市耕地面积最大的是南安市，其规模为 3.45 万公顷，占全市耕地面积的 21.96%。其次是安溪县，面积为 3.16 万公顷，占全市耕地面积的 20.11%。中心城区的四个区耕地面积都比较小，鲤城区面积为 0.05 万公顷，占全市耕地面积的 0.32%；丰泽区面积为 0.08 万公顷，占全市耕地面积的 0.51%；洛江区面积为 0.42 万公顷，占全市耕地面积的 2.67%；泉港区耕地面积为 0.63 万公顷，占全市耕地面积的 4.01%。2010 年全市耕地面积中，南安市规模最大，为 3.33 万公顷，其次是安溪县，为 3.14 万公顷，再次是晋江市，规模为 1.99 万公顷。到 2017 年，全市耕地面积最大的是安溪县，规模为 3.09 万公顷，占全市耕地面积的 21.95%，其次是南安市，耕地面积为 3.06 万公顷，占全市耕地面积的 21.73%，再次是晋江市，面积为 1.79 万公顷，占全市耕地面积的 12.71%（表 4-4）。

表 4-4 泉州市各区县市耕地分布情况（2005 年、2010 年、2017 年）

行政区	2005 年耕地基数		耕地保有量				基本农田	
			2010 年		2017 年			
	万公顷	万亩	万公顷	万亩	万公顷	万亩	万公顷	万亩
全　市	15.71	235.62	15.11	226.59	14.08	211.22	12.43	186.41
鲤城区	0.05	0.68	0.01	0.19	0.01	0.08	0.0007	0.01
丰泽区	0.08	1.13	0.02	0.33	0.002	0.03	0.01	0.18
洛江区	0.42	6.34	0.36	5.44	0.33	4.90	0.35	5.21
泉港区	0.63	9.48	0.58	8.77	0.56	8.34	0.44	6.56
晋江市	2.07	31.12	1.99	29.87	1.79	26.90	0.99	14.89
石狮市	0.37	5.53	0.33	5.00	0.24	3.59	0.15	2.22
南安市	3.45	51.74	3.33	49.91	3.06	45.88	2.86	42.88
惠安县	2.21	33.11	2.10	31.56	1.97	29.48	1.57	23.52
安溪县	3.16	47.35	3.14	47.15	3.09	46.42	2.84	42.57
永春县	1.92	28.87	1.88	28.17	1.74	26.03	1.73	25.99
德化县	1.35	20.28	1.35	20.20	1.30	19.57	1.49	22.38

资料来源：泉州市国土统计数据整理

从 2005 到 2017 年全市的耕地面积在减少，由 2005 年的 15.71 万公顷，降到 2010 年的 15.11 万公顷，再降到 2017 年的 14.08 万公顷。总体来看，全市的耕地面积集中在南安市、安溪县、晋江等县（区、市）。

另外，从补充耕地来看，补充耕地来源于土地整治、高标准农田建设等项目所补充和改造的耕地。这些方式得到的耕地资源，是在一定的技术经济条件下，可能转化为耕地的非耕地资源。补充耕地是指对未开垦、产量低、损坏的土地，以物理、生物、化学等工程手段进行改造增加的土地，土地来源含由于青壮年外出务工被抛荒的农田、菜园，因采掘、发电、冶金、建材等各项生产建设过程中损毁和压占的废弃土地，自然灾害损毁的农田等，被临时占用建猪圈、厕所等的土地。泉州市耕地后备资源大多数零散破碎。

2016—2018 年耕地补充来看，全市要补充耕地合计 36800 亩，补充水田合计 50900 亩；从具体区县来看，区域中安溪、永春和德化三县面积最大，规模为 21160 亩，占全市补充等地规模的 57.50%；面积最小的洛江区，为 720 亩，而中心城区中的鲤城区和丰泽区由于后备耕地少，导致其没有补充耕地任务量。耕地中补充的水田，安溪总量最大，为 10110 亩，占全市规模的 19.86%，其次是南安市，为 8915 亩，再是永春和德化，分别为 7425 亩和 7035 亩，规模最小是石狮市，为 1385 亩（表 4-5）。

表 4-5　泉州市 2016—2018 年补充耕地任务

单位：亩

行政区	2016 年补充耕地任务		2017 年补充耕地任务		2018 年补充耕地任务		三年补充耕地合计	三年补充水田合计
	总任务		总任务		总任务			
		其中：补充水田任务		其中：补充水田任务		其中：补充水田任务		
洛江区	300	1260	210	105	210	95	720	1460
泉港区	500	1810	450	225	310	165	1260	2200
石狮市	550	1080	350	175	310	130	1210	1385
晋江市	1950	4120	1420	710	1390	645	4760	5475
南安市	1600	7680	1120	560	1100	675	3820	8915
惠安县	1100	4360	800	400	880	440	2780	5200
安溪县	3000	8080	2100	1050	1960	980	7060	10110
永春县	3000	5330	2100	1050	1990	1045	7090	7425
德化县	3000	4930	2100	1050	1910	1055	7010	7035
台商投资区	400	1350	350	175	340	170	1090	1695
合计	15400	40000	11000	5500	10400	5400	36800	50900

资料来源：泉州市人民政府办公室关于下达 2016 年、2017 年、2018 年补充耕地和高标准农田建设任务的通知，作者整理

二、泉州市耕地变化驱动因素分析

在社会经济不断发展的过程中，人们正在快速和高强度两方面改变并改造着耕地的利用方式，社会经济发展、人口、国家政策、科学技术、环境等因素共同作用于耕地，使得耕地发生变化。

（一）社会经济因素

经济的发展直接决定着土地利用方式的改变，特别是在城镇化和工业化、信息化阶段，经济建设使得各个利益主体开始追求经济利益，区域土地利用方式和土地地类发生改变，如建设项目占用耕地，使得区域区位条件良好的城市郊区和接合部，原本生产粮食产品或农产品的区域，变为工业园区或建设项目用地，耕地面积减少，也迫使耕地向着更远的地方布置和安排，耕地分布的区位和面积发生改变。

（二）人口因素

人口变化也会导致耕地发生变化，一方面，人口增加使得人们改造自然等活动强度增强，也使得耕地面积增加，另一方面，经济发展带来了人口增加，使得耕地被占用，也带来了新技术，使得耕地集约化经营，经济发展促进了二、三产业发展，从而也保障了人类生存和生活必需的各种产品，这两者导致耕地资源在人口和经济的双重作用下，不断发生调整和变化。

2018 年泉州市共有户籍人口 7551224 人，比 2017 年增加 127936 人，和 2017 年的户籍人口增幅相比，2018 年泉州人口多增长了 27657 人。2018 年，人口增加最多的是晋江、南安、丰泽（表 4-6）。

表 4-6　泉州市人口（2017 年、2018 年）

单位：人

行政区	2017 年 户籍人口	2017 年 人口增幅	2018 年 户籍人口	2018 年 人口增幅	2018—2017 年
安溪县	1214636	14180	1219532	4896	-9284
德化县	341318	4944	348644	7326	2382
永春县	601450	4299	605478	4028	-271
南安市	1635006	21788	1655240	20234	-1554
洛江区	196891	6521	202067	5176	-1345
鲤城区	258563	5259	265611	7048	1789
丰泽区	256877	12197	272218	15341	3144
惠安县	802007	5653	816183	14176	8523
石狮市	337068	5048	345500	8432	3384
晋江市	1147136	14831	1176326	29190	14359
泉港区	412082	5404	420724	8642	3238
台商投资区	220254	155	223701	3447	3292
全市	7423288	100279	7551224	127936	27657

资料来源：泉州市统计局发布的 2017 年、2018 年《统计年鉴》和《统计手册》

（三）政策因素

土地本身就是在特定的社会环境、经济制度和国家政策的共同作用下形成的，土地利用类型和利用结构深受国家社会制度、政策的影响和制约。社会制度是最重要的因素，资本主义和社会主义对于土地制度的规定是不同的，而政策对土地利用影响也十分显著。如在十九大报告中，我国明确指出，保持土地承包关系稳定并长久不变，第二轮土地承包到期后再延长三十年。党中央和国务院都认为耕地是我国最为宝贵的资源。我国人多地少的基本国情，决定了我们必须把关系十几亿人吃饭大事的耕地保护好，绝不能有闪失。要实行最严格的耕地保护制度，依法依规做好耕地占补平衡，规范有序推进农村土地流转，像保护大熊猫一样保护耕地。

（四）科学技术

科技对耕地资源利用有着重要的积极意义。管理方面，管理也是一种技术，系统地加强对耕地资源的管理，建立合理科学的管理制度、进行科学规范的农业区划，采用新技术对耕地进行管理，依靠法律和税收来完善耕地的管理，提高占用和滥用耕地的使用成本，这都是在利用科技。信息方面，科技信息服务可以帮助人们对耕地使用状况有更好的了解，信息有助于农户的沟通，便于农户做出相应决策。通过信息技术，农民可了解土壤的构成，根据不同农作物对不同土、光、温、气、水、肥等的要求，结合区域经济信息，有效利用耕地资源。高技术的迅猛发展也为耕地资源可持续利用中信息服务赋予了新的内涵。土地整治技术方面，对于农田水利，加强灌溉技术的使用，对田、水、路、林、村的改造，可提高土地产出率，使得耕地质量提高。

（五）采用主成分分析方法进行分析

综上所述，影响泉州市耕地资源变化的因素很多，为了进一步探讨耕地动态变化的主要因素，本书采用定量分析探求耕地变化的影响因素。Y 为耕地面积（ha），选取人口因素 X1、城镇化因素 X2、GDP 为 X3、工业生产总值 X4、全社会固定资产投资额 X5、第二、三产业占国民生产总值的比重（%）X6，城镇面积（km^2）X7、粮食播种面积单产（kg/ha）X8、农业机械化水平（%）X9、耕地灌溉保证率（%）X10。为避免不同指标的差异性，对统计数据进行标准化，采用 SPSS 软件描述统计功能，其标准化公式为

$$X_i^* = \frac{X_i - \bar{X}}{\sqrt{\frac{1}{n-1}\sum_{i=1}^{n}(X_i - \bar{X})^2}} \tag{4-4}$$

式中，X_i* 为指标标准化值；X_i 为指标原始值；$\bar{X}$ 为指标原始的平均值，n 为指标数。

本书采用主成分分析方法，使用 FACTOR 过程，对所选的 10 个指标进行分析，分别得到影响耕地变化的相关系数矩阵、特征值、主成分贡献率和累计贡献率（表 4-7、表 4-8）。

表 4-7　耕地变化影响因子相关系数矩阵

	X1	X2	X3	X4	X5	X6	X7	X8	X9	X10
X1	1.000									
X2	0.854	1.000								
X3	0.782	0.841	1.000							
X4	0.942	0.862	0.744	1.000						
X5	0.756	0.847	0.864	0.624	1.000					
X6	0.657	0.624	0.642	0.785	0.756	1.000				
X7	0.887	0.954	0.632	0.524	0.425	0.521	1.000			
X8	0.421	0.324	0.426	0.421	0.242	0.252	0.234	1.000		
X9	0.120	0.242	0.541	0.745	0.442	0.624	0.124	0.675	1.000	
X10	0.124	-0.145	0.521	0.103	0.012	0.025	0.001	0.689	0.452	1.000

表 4-8　特征值及主成分方差贡献率

主成分	特征值	贡献率/%	累计贡献率/%
1	9.574	75.213	75.213
2	1.542	16.545	91.758
3	5.511	5.511	97.269
4	0.521	0.305	97.574
5	1.849	0.256	97.83
6	1.874	0.307	98.137
7	1.965	0.295	98.432
8	3.541	0.295	98.727
9	6.510	0.275	99.002
10	2.854	0.998	100

从表 4-7 可以看出，影响泉州市耕地变化的 10 个相关因子之间存在着不同程度的相关，这说明这些指标之间有着因果必然性，从而也说明了进行主成分分析的必要性。由表 4-8 可看出，前 3 个特征根大于 1 的主成分其

累计贡献率已达到97.269%，说明前3个主成分已经覆盖了原始数据10个指标中所能表达的足够信息。为了获得简单结构，以帮助解释因子和更清楚地反映变量之间的关系，对分析结果进行方差极大（varimax）旋转，得到了旋转后的因子载荷矩阵（表4-9）。

表4-9　主成分载荷矩阵

变量	第一主成分	第二主成分
X1	0.91	-0.332
X2	0.984	0.135
X3	0.964	0.25
X4	0.955	-0.25
X5	0.986	0.147
X6	0.965	0.058
X7	0.952	-0.321
X8	0.942	-0.632
X9	0.821	0.788
X10	0.914	0.521

由表4-9可知，在第一主成分中，X1、X2、X3、X4、X5、X6、X7、X8、X9和X10载荷的绝对值较大，这10个指标主要表现为经济发展尤其是第二三产业的发展，人口增长，由非农业人口比例、城镇发展所体现出的社会进步，因此概括为经济发展与人口增长因素。第二主成分中，X8、X9、X10荷载的绝对值也很大，它主要反映农业科技发展情况，概括为农业科技进步因素。因此，泉州市耕地资源变化的驱动力主要是社会经济因素，其中经济发展尤其是第三产业的发展、人口增长以及由非农业人口比例、农业科技发展等反映出的社会进步起主导作用，对耕地资源的变化产生了重要驱动作用。

由于政策因素无法进行定量分析，因此没有选取政策指标来分析其对泉州市耕地变化的影响，但是在上述指标中也间接地体现出了它对耕地变化的驱动作用。

第五章

泉州市建设用地与耕地资源的功能冲突识别与强度诊断

第一节　研究思路

一个地区国民经济发展，综合实力增强，人们生活逐步改善，用地区生产总值是最能反映这些变化的，而地区生产总值内部的不同产业构成，直接与土地利用类型、结构密切联系，因此从经济角度，构建建设用地与耕地资源冲突评价模型，分析这两种地类的冲突程度，有助于我们了解冲突的机理和冲突程度。

土地本身就一种天然的自然景观。这种景观反映了土地及土地上的空间和物质所构成的综合体，是复杂的自然过程和人类活动在大地上的烙印。生态学上景观是指由相互作用的各个拼块或生态系统组成，以相似的形式重复出现的一个空间异质性区域，是具有分类含义的自然综合体。而土地本身就是一种景观，这种景观受到生态系统的作用，也会影响生态系统，因此可以借鉴土地生态风险来评价建设用地和耕地资源，土地生态风险由风险源、风险受体和风险效应三部分组成，从三方面构建土地生态风险性评价指标进行测度。在实践中根据对因一种或多种内部或外界因素导致的不利区域生态影响所进行的评估，就构成了生态风险性评价。因此本书先从经济、景观生态学两方面来分析泉州市建设用地与耕地资源的冲突，再探究两者之间冲突的机制和程度。

第二节 从经济角度分析泉州市建设用地与耕地资源的冲突

由于土地位置的固定性和先天禀赋不同，在一定的生产技术、管理等条件下，不同的土地所有者或使用者会根据自己目的和土地利用的比较效益来确定土地的利用方式，从而使得区域土地具有竞争性，这种竞争性往往导致效益低的土地利用方式被效益高的所代替，使得土地类型发生改变。在现实中，建设用地由于其能获得巨大的经济效益，而耕地的效益较小，使得农业和非农业用地在经济效益方面呈现巨大差距，农业用地（耕地）在竞争中处于弱势地位，建设占用耕地已成为它们之间的冲突已成为人们关注的焦点之一。为摸清建设用地与耕地资源的竞争关系，本书构建了建设用地与耕地的资源竞争指数（resource competition index，RCI）。其数值越大说明建设用地与耕地之间的利用效率差距越大，表明建设用地与耕地之间发生潜在冲突的可能性就越大。本书二、三产业与第一产业的资源竞争来说明泉州市建设用地与耕地之间的竞争程度。

$$RCI=\frac{OV_{二三产业}}{OV_{一产业}} \tag{5-1}$$

式中，RCI 为建设用地与耕地间资源竞争指数；$OV_{二三产业}$为单位土地面积第二、三产业和第一产业产值。这是从侧面角度，即经济效益上来表示建设用地与耕地利用效率，反映了在一定程度上非农业（以工业、服务业为代表的建设方面）与农业（以农业种植为代表的耕地方面）的土地资源利用效率的差距，反映了两者冲突可能性大小。

通过图 5-1 可知，泉州市 2006—2010 年建设占用耕地 5876 公顷，2017 年

为1193公顷，其中惠安县规模最大，为300公顷/年；晋江市其次，基本维持在250公顷/年；规模最小的是永春县和德化县，平均每年40公顷左右。

依据相关指标计算建设用地与耕地之间的资源竞争指数，从总体来看，全市都在增加，由2006年的19.192206增加到2017年的37.12112，11年间增长了近2倍；从具体的各个区县市来看，鲤城区增长最为迅猛，由2006年的385.672878增长到2017年的3521.416667，11年间增长9倍多；这最主要的原因是鲤城区是泉州市最早的市辖区和中心城区，其发展历史悠久，区位条件非常优越，2017年纯粹的农村都基本改造为社区，成为城市的组成部分，原有的耕地可以很容易通过征收等方式变成建设用地，导致其建设占用耕地资源规模和速度都很大；变化最小的是安溪县，2006年资源竞争指数为9.9807923，2017年为11.3427781，11年间增加了1.3619858，其原因是安溪素以农业为主，其境内山多地少，有"八山一水一分田"之说。农作物以水稻为主，甘薯次之，是中国乌龙茶主产县，名茶铁观音的故乡。到2017年全县茶园面积20多万亩，茶叶产量10023吨，居全省首位，为全县的支柱产业；年向国家提供出口乌龙茶4000多吨，是畅销世界五大洲39个国家和地区的拳头商品，年创汇1500多万美元，成为全省农业创汇大户；变化不太大的还有永春县和德化县。

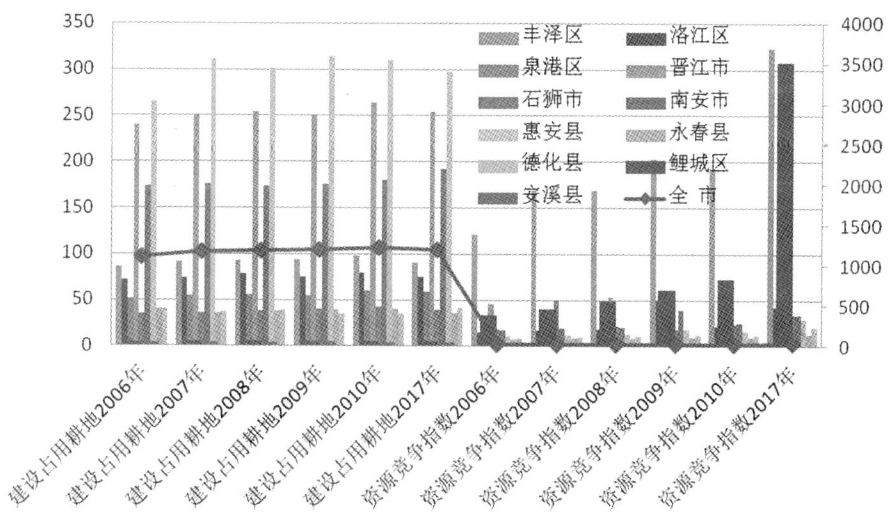

图5-1　泉州市2006—2017年建设占用耕地及资源竞争指数

可以用建设用地与耕地为主要的土地资源竞争指数的变化说明2006—2017年泉州市非农用地（建设用地）的扩张与农用地（耕地）冲突的可能性的变化，实际上这种冲突在这些地类已成为事实。本书以建设占用耕地数量来说明非农业与农业土地资源的利用冲突；建设占用耕地数量的变化基本上与RCI值的变化一致，说明随着建设用地与耕地比较效益逐渐拉大，建设用地与耕地之间的潜在冲突性增大，耕地被占用数量增多，而这种情况与泉州市实际基本相符。总之，非农建设用地的经济效益显著高于农用地（耕地），从而形成对农业土地资源的有力竞争，而竞争难免发生冲突进而影响土地利用方式。另外，具体分析城镇发展与耕地资源之间的冲突可知，城镇的拓展与耕地保护的矛盾非常尖锐，耕地保护的压力加大。城市扩展所占土地主要是城市周围最好的地，也是光、水、热条件比较好的耕地，所以在这些地方城市的快速扩展和农用地资源的保护之间矛盾非常突出。一些城市在进行城市（城镇）规划时不切实际地把城市（城镇）做大做强，盲目扩大建设用地，有些城市城镇土地的利用效率低而粗放。据调查数据显示，目前泉州城市中3.4%左右的土地属于闲置建设用地，另外低效利用的土地更多，一些城市城镇化的区域不协调，造成了宏观土地利用的失调。

第三节　从景观学角度分析泉州市建设用地与耕地资源的冲突

总体来看，建设用地与耕地需求之间的冲突、生态环境建设与社会经济发展的冲突、农户个人收益与社会效益的冲突等是土地利用冲突的直接表现，这些冲突直接导致矛盾，这将直接影响和改变地球上的生物、化学物质循环以及生态系统结构，诱发荒漠化、水土流失、水体污染、生物多样性减少等生态环境问题，给人类及生产、生活发展造成威胁。①② 目前有

① 于伯华，吕昌河．土地利用冲突分析：概念与方法［J］．地理科学进展，2006，35（3）：106-114

② 彭佳捷．基于生态安全的长株潭城市群空间冲突测度研究［J］．长沙：湖南师范大学，2011.

关土地利用冲突的研究方法有定性和定量两种①：定性方法，根据土地冲突这种社会现象，探讨土地资源冲突所具有的属性和在冲突运动中的矛盾变化，从土地资源利用内在规定性来研究资源在利用中的冲突和矛盾。进行定性研究，要依据一定的理论与经验，直接抓住土地资源利用中存在矛盾等事物特征的主要方面，将同质性在数量上的差异暂时略去。在土地资源冲突研究中通过实地走访调查，定性分析确定区域土地利用冲突的类型，马学广通过对广州市旧城改造、工业搬迁进行调查研究，分析了广州市城市空间重构进程中土地利用冲突的类型及其影响因素②，许学工等分析了山东半岛海岸带快速城市化的土地资源冲突与协调。③ 定量方法，是对社会现象的数量特征、数量关系与数量变化进行分析的方法，这种方法通过数理模型对区域土地利用强度和冲突特征进行分析，彭佳捷等从生态安全角度对长株潭城市群的空间冲突进行了测度分析。④

景观生态学是研究一个相当大的区域，由许多不同生态系统所组成的整体（景观）的空间结构、相互作用、协调功能及动态变化的一门生态学新分支。景观生态学给生态学带来新的思想和新的研究方法，它已成为当今北美生态学的前沿学科之一。景观生态学是在较大的空间和时间尺度上来研究生态系统的空间格局和生态过程。本书站在宏观角度，利用景观生态学和生态风险理论构建土地利用冲突模型，定量研究泉州市建设用地与耕地从1980年以来的冲突情况。

土地是地球陆域生态的主要塑造者，地球上用于城市地区的土地份额大幅度增加，现代化、集约化的农业也使土地得到进一步利用，这种土地利用是一个完整的生态系统。土地生态是以陆地土壤、地形、水文和大气

---

① 杨永芳，朱连奇．土地利用冲突的理论与诊断方法［J］．资源科学，2012，34（6）：1134-1141.

② 马学广．城市空间重构进程中的土地利用冲突研究——以广州市为例［J］．人文地理，2010，113（3）：72-77

③ 许学工，彭慧芳，徐勤政，等．海岸带快速城市化的土地资源冲突与协调——以山东半岛为例［J］．北京大学学报（自然科学版），2006，42（4）：527-533.

④ 彭佳捷，周国华，唐承丽，等．基于生态安全的快速城市化地区空间冲突测度——以长株潭城市群为例［J］．自然资源学报，2012（9）：1507-1519.

为环境介质和相应的生物群落组成的一个紧密实体的生态系统，也称陆地生态系统，该系统是一个由土地、自然环境、技术、政策、人等生态因子组合而成的有机整体，系统中的任何一种因子的变化都会使自然界原有的土地生态平衡被打破，尽管土地生态系统自身具有一定的恢复功能，但这个功能是有它自身的限度的，超过了这个限度将不能恢复。因此人们在社会实践中进行各种土地利用，产生了土地利用冲突，这种土地利用冲突与区域生态安全关系密切①②，土地资源开发利用对区域生态的负面影响越小，即土地利用变化所引发的生态风险越小，土地利用冲突的强度则越小，反之亦然。因此，土地利用冲突强度可以应用土地生态风险性评价进行测度。在实践中根据对因一种或多种内部或外界因素导致的不利区域生态影响所进行的评估，就是生态风险性评价。土地生态风险由风险源、风险受体和风险效应三部分组成。其中风险源是指研究区域可能面临的生态风险压力，选取与土地利用开发相关的空间外部压力因子作为土地生态风险源指标；风险受体是指生态风险的承受体或载体，选取反映土地受到风险压力时潜在的风险发生可能性的脆弱性指标作为风险受体指标；风险效应指基于评价目标和评价终点的不同风险受体对风险源的效应表征，选取土地单元的稳定性因子作为风险效应指标③④。土地评价单元所受的外部压力越大，脆弱性越高，稳定性越低，则其生态风险越大，土地利用冲突强度也就越强。因此，土地利用冲突强度这样表示：**土地利用冲突强度=外部压力+脆弱性-稳定性**。由于本书研究的是建设用地与耕地之间的土地资源冲突，因此先整体分析，再选取建设用地和耕地两个地类（或建设用地系统、耕地系统）进行详细剖析。

---

① 张慧霞，娄全胜，李艳．基于景观格局的广州市边缘区生态压力研究——以番禺区为例［J］．热带地理，2010，30（3）：221-226.

② 邬建国．景观生态学：格局、过程、尺度与等级［M］．北京：高等教育出版社，2000.

③ 吴次芳，徐保根．土地生态学［M］．北京：中国大地出版社，2003.

④ 李景刚，何春阳，李晓兵．快速城市化地区自然/半自然景观空间生态风险评价研究——以北京为例［J］．自然资源学报，2008，23（1）：35-49.

一、评价指标

（一）土地系统的生态风险源

从原始的土地利用、自给的土地利用、掠夺式的土地利用，到未来可持续的土地利用，土地在利用过程中，会形成不同利用格局。土地生态格局是景观异质结构在水平面上的投影。实质上是区域土地的水系、山体等地学背景和人为土地利用相结合的土地生态的鸟瞰图示。首先，不同比例尺的土地制图及不同比例尺的遥感影像所反映格局的宏观结构和格局内的细节是有层阶差异的，正如土地类型分级系统及其相应生态学位划分所表述的那样；其次，土地生态格局基本上反映了一定区域的地学背景、土地利用现状及其相应的土地生态单位，对土地评价和合理地利用规划中的地学与生态分析具有指导意义。这种在利用过程中形成的生态格局，也就是土地系统在人们利用过程中受到不同的外部压力而形成的。其测算方法可以从研究区领域内的土地景观影响状况来考虑。① 景观生态学中的面积加权平均分维数（AWMPFD）可以用来测量景观斑块的空间形状复杂性，它表征邻域景观对景观单元的生态干扰影响程度，反映了景观格局的整体特征以及人类活动对景观格局的影响②，AWMIPFD 称为面积加权的平均拼块分形指数，无单位，其取值范围为［1-2］。AWMPFD 运用了分维理论来测量拼块和景观的空间形状复杂性。AWMPFD 值为 1，代表形状最简单的正方形或圆形，AWMPFD 值为 2，代表周长最复杂的拼块类型，通常其值的可能上限为 1.5。AWMPFD 是反映景观格局总体特征的重要指标，它在一定程度上也反映了人类活动对景观格局的影响。一般来说，受人类活动干扰小的自然景观的分数维值高，而受人类活动影响大的人为景观的分数维值低。在使用过程中，尽管分维数指标被越来越多地运于景观生态学的研究，但由于该指标的计算结果严重依赖于空间尺度和格网分率，因而我们在利用 AWMIPFD 指标来分析景观结构及其功能时要更为审慎。为方便计算，将结果

① 张慧霞，娄全胜，李艳．基于景观格局的广州市边缘区生态压力研究——以番禺区为例［J］．热带地理，2010，30（3）：221-226.

② 邬建国．景观生态学：格局、过程、尺度与等级［M］．北京：高等教育出版社，2000.

标准化到0~1，得到区域土地系统的外部压力值。而对于建设用地和耕地来说，其极易受到人类活动的干扰，景观结构的分维数值较低。

$$\text{AWMPFD} = \sum_{i=1}^{m}\sum_{j=1}^{n}\left[\frac{2\ln(0.25P_{ij}}{1\text{n}a_{ij}}(\frac{a_{ij}}{A})\right] \tag{5-2}$$

式中，P_{ij}为建设用地、耕地斑块周长；a_{ij}为建设用地、耕地斑块面积；A 为区域景观总面积。

（二）土地系统的生态风险受体

不同土地利用类型作为风险受体，其对外界干扰的抵抗能力不同。咨询相关专家，分别对五种土地利用类型进行脆弱度赋值：城乡建设用地=5，未利用地=4，水域=3，耕地=2，林地=1，以此计算区域土地利用系统的脆弱性，并进行标准化，将结果值整理到0~1，得到建设用地和耕地的脆弱度指数 Ei。

$$Ei = \sum Fi \times \frac{ai}{S} \tag{5-3}$$

式中，Fi 为各类景观（建设用地、耕地）的脆弱度赋值；ai 为区域评价单元内各类景观面积；S 为区域评价单元总面积。

（三）土地系统的生态稳定性

土地系统的生态稳定性是指在外在的干扰条件下土地生态系统的不同反应，即生态系统的恢复性和抗性。如果把土地生态系统看作干扰的产物，那么可以认为土地生态系统之所以稳定，是因为建立了与干扰相适应的机制。不同的干扰频度和规律下形成的土地生态系统的稳定性不同。它包括两方面：一是土地生态系统要素的稳定性，由于土地生态系统由气候、地质地貌、水文、土壤、植被、道路、房屋等不同的要素构成，土地生态系统的整体稳定性是由组成其各要素的稳定性所决定的；二是土地生态系统稳定性的尺度问题，土地生态系统的稳定是相对的，不稳定是绝对的，即土地生态系统的动态变化是绝对的，这与土地生态系统稳定性的尺度有关。土地生态系统稳定性的尺度有时间尺度、空间尺度两个方面。[①] 土地生态系统稳定性一般通过破碎度指标来反映，依据景观生态学理论，区域景观破

① 吴次芳，陈美球．土地生态系统的复杂性研究［J］．应用生态学报，2002（6）：753-756.

碎度越大，其稳定性越差，风险效应越大，冲突作用越强。对于研究区域内的建设用地和耕地而言，耕地首先受到地形、坡度等影响较大，而后又受到建设用地的挤压，在自然和社会经济的双重压力下，其稳定性更加脆弱，风险效应更明显，其冲突作用效果更明显。因此选取了斑块密度（PD，n/100ha）来代表区域的风险效应。PD 值越大，说明空间破碎化程度越高，而其空间景观单元稳定性越低，对应区域生态系统稳定性越低，发生生态风险效应越大。最后将 PD 标准化到 0~1，并取相反数，使其数值为正，得出风险效应值 Si。

$$PD=\frac{n_i}{S} \tag{5-4}$$

式中，n_i 为评价单元内建设用地、耕地斑块数目；S 为区域评价单元面积。

首先，获取遥感数据，即 1980 年、1990 年、2000 年、2006 年、2010 年五期遥感影像，以泉州市的行政区划图作为辅助，在 ENVI 4.7 软件平台下，对遥感影像进行几何校正、大气校正、裁剪等预处理。其次，结合研究区域土地利用情况以及遥感影像的特征，将土地划分为耕地、林地、城乡建设用地、水域和未利用地五种，利用监督分类和人工目视判读相结合的方法，解译出泉州市 1980 年、1990 年、2000 年、2006 年、2010 年的土地利用分类图。最后根据原始影像的目视判读对上述五期遥感分类结果进行精度评定，利用 kappa 系数进行。kappa 系数是一种衡量分类精度的指标，它通过把所有地表真实分类中的像元总数（N）乘以混淆矩阵对角线（Xkk）的和，再减去某一类地表真实像元总数与该类中被分类像元总数之积对所有类别求和的结果，再除以总像元数的平方减去某一类地表真实像元总数与该类中被分类像元总数之积对所有类别求和的结果得到；kappa 计算结果为-1~1，但通常 kappa 值分布在 0~1，可分为五组来表示不同级别的一致性：0.0~0.20 极低的一致性（slight）、0.21~0.40 一般的一致性（fair）、0.41~0.60 中等的一致性（moderate）、0.61~0.80 高度的一致性（substantial）和 0.81~1 几乎完全一致（almost perfect）。[①] 通过计算，得到 1980 年、

① 唐万，胡俊，张晖，等. Kappa 系数：一种衡量评估者间一致性的常用方法（英文）[J]. 上海精神医学（Shanghai Archives of Psychiatry），2015（1）：62-67.

1990 年、2000 年、2006 年和 2010 年这 5 年的 Kappa 系数分别为 0.65、0.67、0.71、0.69、0.75，基本满足分析泉州市土地利用景观格局特征的要求。

本研究测度土地利用冲突强度是在 ArcGIS 10.2 软件和景观指数计算软件 Fragstats 3.3 平台下进行的。

在具体对数据进行分析和处理中，为避免整个区域的空间过于破碎化，考虑到研究尺度、研究范围以及研究所用的数据类型、空间斑块状况、空间分辨率以及数据量等因素，选择 2500m×2500m 的方格作为冲突评估的空间单元，来计算各空间单元内的相关生态景观指数，以定量评估其空间冲突水平。

二、研究结果分析

（一）泉州市建设用地与耕地资源的土地利用冲突强度

依据上述指标分别对泉州市及各区、县、市的建设用地和耕地的风险源、风险受体和风险效应进行测度，最后得出土地利用中建设用地和耕地冲突强度（表 5-1）。

从建设用地和耕地的风险源来看。首先，从市域范围来看，分维数（AWMPFD）是景观中建设用地、耕地单个斑块的分维数以斑块面积为基准进行加权平均得到的值，从数值来看，全市整体的风险源强度在逐渐增强，其中，建设用地由 1980 年的 1.02 增涨到 1990 年的 1.18，2000 年的 1.22，2006 年的 1.25，2010 年的 1.33，30 年间分维数（AWMPFD）增加了 30.39%，其变化量较大；耕地由 1980 年的 1.21，变成 1990 年的 1.22，2000 年的 1.21，2006 年的 1.22，2010 年的 1.24，30 年间分维数（AWMPFD）增加了 2.48%，其变化量不大；分维数（AWMPFD）说明建设用地和耕地的不规则程度和破碎程度，分维数越大，建设用地和耕地形

表 5-1　泉州市下辖各区县市建设用地与耕地利用冲突测度结果

年份	指标	项目	全市	鲤城区	丰泽区	洛江区	泉港区	晋江市	石狮市	南安市	惠安县	安溪县	永春县	德化县
1980	分维数（AWMPFD）	建设用地	1.02	1.21	1.23	—	—	1.14	—	1.06	1.17	1.01	1	1.02
		耕地	1.21	1.02	1.02			1.02		1.02	1.02	1	1	1
	脆弱度指数（Ei）	建设用地	2.52	2.89	2.87	—	—	3.56	—	2.84	2.78	2.54	2.64	2.45
		耕地	2.22	2.05	2.04			2.25		2.13	2.03	2	2	2
	斑块密度（PD）	建设用地	23.51	23.47	23.85	—	—	26.84	—	25.08	26.84	25.54	23.94	25.45
		耕地	21.1	20.2	20.1			20.3		20.3	20	20	20	20
	土地利用冲突强度	建设用地	0.5	0.48	0.49	—	—	0.51	—	0.46	0.45	0.33	0.3	0.3
		耕地	0.45	0.32	0.31			0.35	—	0.32	0.21	0.21	0.2	0.2
1990	分维数（AWMPFD）	建设用地	1.18	1.34	1.25	—	—	1.17	—	1.25	1.18	1.15	1.06	1.04
		耕地	1.22	1.05	1.04			1.06	—	1.05	1.03	1.02	1.02	1.02
	脆弱度指数（Ei）	建设用地	2.54	2.84	2.92	—	—	3.87	—	2.68	2.98	2.98	2.67	2.45
		耕地	2.26	2.1	2.09			2.3	—	2.23	2.05	2.03	2.03	2.03
	斑块密度（PD）	建设用地	24.78	26.57	27.62	—	—	30.02	—	24.88	26.98	24.95	23.98	26.1
		耕地	21.89	20.26	20.31			20.43	—	20.45	20.1	20.1	20.12	20.11
	土地利用冲突强度	建设用地	0.52	0.51	0.53	—	—	0.56	—	0.49	0.47	0.39	0.34	0.31
		耕地	0.51	0.5	0.52	—	—	0.5	—	0.45	0.45	0.35	0.3	0.3

续表

年份	指标	项目	全市	鲤城区	丰泽区	洛江区	泉港区	晋江市	石狮市	南安市	惠安县	安溪县	永春县	德化县
2000	分维数（AWMPFD）	建设用地	1.22	1.35	1.24	1.25	1.22	1.18	1.28	1.26	1.28	1.19	1.16	1.15
		耕地	1.21	1.1	1.05	1	1	1.05	1	1.03	1.01	1.02	1.01	1.01
	脆弱度指数（Ei）	建设用地	2.86	3.04	3.01	2.98	2.48	3.89	3.01	3.05	3.01	2.64	2.89	2.35
		耕地	2.29	2.19	2.18	2.13	2.14	2.34	2.35	2.24	2.04	2.02	2.02	2.02
	斑块密度（PD）	建设用地	26.84	28.47	28.04	24.95	23.54	29.97	29.84	26.65	26.99	25.61	24.94	25.98
		耕地	22.08	20.27	20.16	20.15	20.14	20.31	20.32	20.34	20.12	20.12	20.13	20.13
	土地利用冲突强度	建设用地	0.64	0.58	0.57	0.45	0.42	0.64	0.54	0.5	0.49	0.42	0.38	0.32
		耕地	0.5	0.51	0.51	0.42	0.41	0.45	0.43	0.41	0.41	0.41	0.41	0.41
2006	分维数（AWMPFD）	建设用地	1.25	1.36	1.31	1.29	1.24	1.27	1.3	1.25	1.28	1.2	1.22	1.18
		耕地	1.22	1.11	1.1	1	1	1	1	1.02	1.02	1.1	1.1	1.1
	脆弱度指数（Ei）	建设用地	3.98	4.52	4.68	3.84	2.87	3.19	3.14	3.17	3.25	2.48	3.1	2.65
		耕地	2.3	2.21	2.17	2.13	2.13	2.3	2.31	2.21	2.12	2.1	2.1	2.1
	斑块密度（PD）	建设用地	34.51	30.85	30.98	26.64	27.64	30.86	31.87	26.87	28.96	26.51	28.45	27.54
		耕地	22.12	20.26	20.25	20.2	20.15	20.3	20.3	20.31	20.13	20.14	20.12	20.12
	土地利用冲突强度	建设用地	0.86	0.67	0.75	0.57	0.53	0.7	0.78	0.54	0.59	0.49	0.44	0.35
		耕地	0.51	0.5	0.51	0.43	0.42	0.43	0.44	0.42	0.42	0.42	0.42	0.42

续表

年份	指标	项目	全市	鲤城区	丰泽区	洛江区	泉港区	晋江市	石狮市	南安市	惠安县	安溪县	永春县	德化县
2010	分维数（AWMPFD）	建设用地	1.33	1.38	1.36	1.29	1.24	1.32	1.35	1.27	1.3	1.22	1.23	1.19
		耕地	1.24	1.12	1.13	1.1	1.1	1.1	1.1	1.15	1.12	1.15	1.15	1.14
	脆弱度指数（Ei）	建设用地	4.56	4.68	4.24	3.66	3.37	4.57	4.52	3.89	3.68	3.14	3.58	3.14
		耕地	2.24	2.28	2.27	2.18	2.16	2.42	2.35	2.34	2.34	2.32	2.33	2.32
	斑块密度（PD）	建设用地	35.87	34.97	32.54	26.78	30.51	31.57	30.14	29.82	28.86	25.41	27.46	26.54
		耕地	21.25	21.13	21.13	21.12	21.13	21.12	21.12	21.14	21.12	21.16	21.16	21.16
	土地利用冲突强度	建设用地	1	0.84	0.98	0.64	0.41	0.78	0.84	0.79	0.64	0.52	0.43	0.34
		耕地	0.52	0.52	0.51	0.44	0.42	0.43	0.44	0.41	0.41	0.42	0.42	0.42

注：表中“—”表示由于行政区划原因，暂不考虑，洛江区是1997年6月泉州市区划调整时在原鲤城区北郊乡镇基础上成立的市辖区；泉港区1996年之前属于惠安惠北一带，2000年从惠安县划出，单独分立一个区；石狮市于1987年12月自晋江县析置；因此为了和行政区划事实相吻合，研究时考虑此情况。

状越不规则，越破碎。其次从具体区、县、市来看，从风险源强度来看，建设用地的分维数（AWMPFD）中，1980 年丰泽区、鲤城区两区的面积加权分维数最大，为 1. 23 和 1. 21，惠安县和晋江市不规则较大，随着社会经济发展，晋江市和石狮市的分维数逐渐增大，到了 2010 年，晋江市分维数（AWMPFD）为 1. 32，在 30 年间内，增长 15. 79%；石狮市为 1. 35，在 20 年间增长了 5. 47%；其他区县市分维数都增加了许多；从耕地来看，1980 年鲤城区、丰泽区和晋江市、南安市分维数（AWMPFD）为 1. 02，安溪县、永春县、德化县为 1，到了 2010 年，安溪县、永春县、南安县变成了 1. 15，晋江市变成了 31. 1，30 年间分别增加了 15%和 12%，变化量还不是很大。

由此可知，建设用地的面临的外部压力要大于耕地，耕地的分维数都在 1. 15 左右，外部压力差别不大。

从风险受体上看。全市建设用地脆弱度指数从 1980 年的 2. 52，到 1990 年的 2. 54，2000 年的 2. 86，2006 年的 3. 98，2010 年的 4. 56，30 年间脆弱度指数 Ei 增加了 80. 95%；耕地脆弱度指数从 1980 年的 2. 22，到 1990 年的 2. 26，2000 年的 2. 29，2006 年的 2. 3，2010 年的 2. 24，30 年间脆弱度指数 Ei 增加了 0. 9%。从此可以看出，耕地的脆弱度指数变化率要小于建设用地的变化率，说明建设用地更易受到外界压力的影响。再从区域来看，建设用地中，1980 年晋江市的脆弱度指数最大为 3. 56，1990 年为 3. 87，2000 年为 3. 89，2006 年为 3. 19，2010 年为 4. 57，30 年间增加了 28. 37%；鲤城区和丰泽区也发生了较大变化，分别由 1980 年的 2. 89 和 2. 87，变成 2010 年的 4. 68 和 4. 24，增长率分别为 61. 94%和 47. 74%；其他区县市中安溪县和德化县的脆弱度指数变化较小，变化率分别为 23. 62%和 28. 16%；2010 年鲤城区市的脆弱度指数最大，为 4. 68，变化率为 50. 17%，其发生变化较大。从耕地来看，全市的耕地脆弱度指数，从 1980 年的 2. 22，变成 1990 年的 2. 26，2000 年的 2. 29，2006 年的 2. 3，2010 年的 2. 24，变化率为 0. 90%，其变化率较少；从区县市来看，1980 年晋江市的耕地脆弱度指数为 2. 25，为全市最大，到 2010 年的 2. 42，这 30 年间的变化率为 7. 56%；其他 10 个区县市的 2010 年耕地脆弱度指数平均为 2. 24。

从风险效应，即斑块的生态稳定性来看。建设用地方面，1980 年全市

的斑块密度为 23.51，到 1990 年为 24.78，2000 年为 26.84，2006 年为 34.51，2010 年为 35.87，其 30 年间斑块变化率 52.57%，斑块稳定性已经发生较大改变，其稳定性变小；从各区县市来看，1980 年晋江市和惠安县最大，都为 26.84；到了 2010 年，各区县市基本稳定性，都在平均值 29.51 周围，斑块面积也在增加，其建设用地斑块越来越不稳定，说明随着时间的推移，建设用地量在增加，规模也在增加，导致了斑块的稳定性减弱。从全市耕地来看，1980 年耕地斑块密度为 21.1，1990 年为 21.89，2000 年为 22.08，2006 年为 22.12，2010 年为 21.25，其变化量为 0.71%，变化不太大，也从侧面说明耕地趋于稳定，但其斑块的面积越来越小了；从各区县市来看，1980 年惠安县、安溪县、永春县、德化县四县的斑块密度为 20.00，到了 1990 年分别为 20.10、20.10、20.12 和 20.11，到 2000 年分别为 20.12、20.12、20.13、20.13，2006 年分别为 20.13、20.14、20.12 和 20.12，2010 年分别为 21.12、21.16、21.16 和 21.16，其变化分别为 5.6%、5.8%、5.8%和 5.8%。说明各区县市的耕地基本较为稳定，面积已经发生变化，变小了，较为稳定。总之，从风险效应来看，泉州市的建设用地斑块的生态稳定性较弱，耕地斑块的生态稳定性较稳定，其中的原因是随着社会经济发展，建设用日益增加，其斑块也在增加，导致其稳定性较差，而对于泉州来说，受限地形地貌的影响，大地构造位于华南褶皱系的东南部，闽东火山断拗带的中南段。构造带均呈北东-南西方向展布。境内 4/5 以上的面积分布为中生代火山岩系和侵入岩，两者出露面积约各占一半，从西北往东南侵入岩分布面积增多成为主体。闽中大山带中段戴云山脉主干呈北东-南西方向展布，横卧西北部德化境内，规模庞大，主峰海拔 1856 米，为福建省第二高峰。其支脉和余脉向东南、南部绵延，地势西北高，往东南呈阶梯状下降，构成由中低山向丘陵、台地至平原递变的多层状地形地貌景观。这种地形地貌直接影响了全市的土地分布。全市坡度小于 15 度的土地面积仅 38.37 万公顷（575.58 万亩），占土地总面积 34.12%，但分布着全市 60.53%的耕地和 82.67%的建设用地，生产、生活和各项建设用地高度集中。从未来发展和规划来看，坡度小于 15 度的土地仍然是城镇化、工业化发展的主要承载空间，同时也是农业主产区，保障

发展和保护耕地的任务十分艰巨。

从泉州市建设用地和耕地资源利用冲突强度来看。根据**土地利用冲突强度=外部压力+脆弱性-稳定性**可知，全市的建设用地利用冲突强度从大到小排列为2010年（值为1）>2006年（值为0.86）>2000年（值为0.64）>1990年（值为0.52）>1980年（值为0.5），也就是随着时间发展，建设用地的面积、利用强度增加，使其利用冲突也增强。从各区县市建设用地利用冲突强度来看，鲤城区、丰泽区两区的2010年冲突指数分别为0.84和0.98，比1980年增加了62.5%和64.52%，南安市增加了37.5%，晋江市增加了22.85%；从大到小排列为鲤城区、丰泽区、南安市、晋江市、惠安县、安溪县、永春县、德化县、石狮市、洛江区、泉港区。这种冲突导致全市建设用地总量大，城乡建设用地比较散乱。全市土地总面积占全省土地总面积9.07%，而2010年建设用地规模占全省建设用地总规模22.01%。全市建设用地总规模占土地总面积的比例为11.53%，高于全省4.75%的平均水平。全市人均城乡建设用地、人均城镇工矿用地、人均农村居民点用地分别为140平方米、125平方米、152平方米，高于全省120平方米、99平方米、139平方米的平均水平。在建设用地规模不断扩张的同时，城乡建设用地比较散乱。“十二五”期间，全市地区生产总值每增加1亿元，建设用地增加23.87公顷，高于全省18.13公顷的平均增加量。部分城市职能定位和城市建设未充分体现比较优势和分工协作，城市发展方向存在缺乏协调现象，边界地区存在争夺空间资源现象。全市现有1个国家级开发区和10个省级开发区，部分开发区土地利用效率不高，平均投资强度和容积率低。沿海地区农村居民点用地散乱，近郊村庄与城镇建设、工业区混杂，“城中村”“空心村”和一户多宅现象较突出。

从耕地资源来看，全市1980年耕地利用冲突为0.45，1990年为0.51，2000年为0.5，2006年为0.51，2010年为0.52，变化不算大；从各区县市来看，鲤城区、丰泽区两区变化最大，鲤城1980年为0.32，1990年为0.5，2000年为0.51，2006年0.5，2010年为0.52，增加了62.5%；丰泽区1980年为0.31，1990年为0.52，2000年为0.51，2006年为0.51，2010年为0.51，30年间中增加了64.52%，其他区县市都在发生相应变化，特别是安

溪县、永春县、德化县三县，耕地资源利用冲突最大，从1980年的0.21、0.20、0.20变化为2010年的0.42，增加了110%左右。

总体来看，泉州市的建设用地在30年间的利用冲突越来越明显，其冲突的作用力比耕地更为猛烈，“八山一水一分田”中的“一分田”为代表的耕地由于受到地质构造、地形的影响，其稳定性经过一系列的作用后，稳定性较为平稳，利用冲突逐渐平稳。

（二）泉州市建设用地与耕地资源的土地利用冲突等级划分

根据表5-1泉州市下辖各区县市建设用地与耕地利用冲突测度结果，建设用地和耕地冲突演变轨迹（图5-2）及各可控性级别冲突的相关分析结果，将建设用地冲突度划分为（0.0，0.30）、［0.30，0.60）、［0.60，0.80）、［0.80，1.0）4个区段，耕地冲突度划分为（0.0，0.30）、［0.30，0.50）、［0.50，0.60）、［0.60，1.0）4个区段，分别作为冲突的稳定可控、基本可控、基本失控和严重失控四个级别的划分标准。以此标准对泉州市各区的建设用地和耕地土地利用冲突等级进行划分，结果如图5-2所示。由此可见，泉州市大部分区县市的建设用地和耕地均属于基本可控和稳定可控型两个冲突等级，鲤城区和丰泽区情况较为严重，1990年和之后耕地属于基本失控等级，建设用地2006年以及之后年份属于基本失控和严重失控。

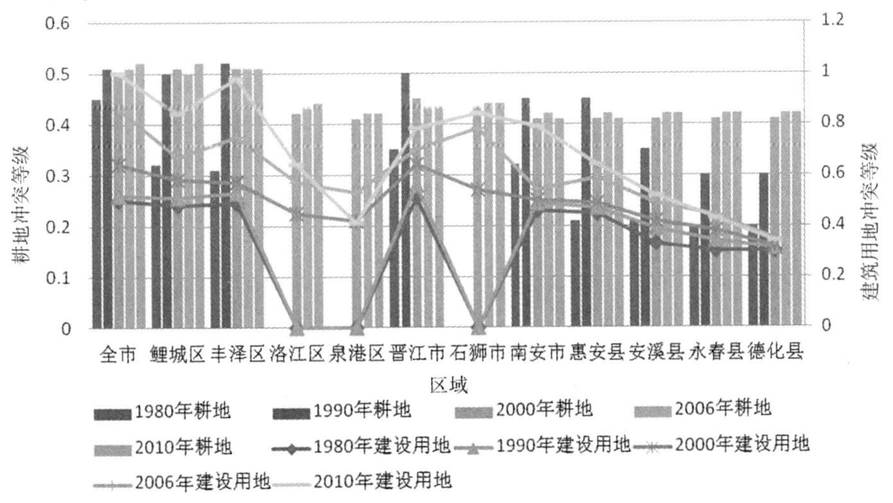

图5-2　泉州市建设用地与耕地冲突等级

鲤城区和丰泽区是泉州市建设用地和耕地利用冲突最严重的地区。这两区建成才 20 多年，但却在经济建设与社会发展方面取得重大成就，鲤城区是泉州市中心城区之一，因古城形似鲤鱼得名，陆域面积 53. 74 平方千米，地势西高东低，平坦开阔。经济的快速发展进一步激化了人地矛盾，土地利用冲突也十分严重，首先，鲤城区和丰泽区是泉州市经济和人口发展历史最悠久的中心城区，鲤城区 2010 年常住人口 36. 80 万；2010 年，鲤城区地区生产总值 237. 54 亿元（含泉州开发区），比上年增长 12%；三次产业比重为 0. 1 ∶ 61. 1 ∶ 38. 8；财政总收入 14. 22 亿元，增长 20. 03%；财政支出 6. 76 亿元，增长 21. 06%，区级财政收入 7. 23 亿元，增长 18%；全社会固定资产投资 55. 06 亿元，增长 33%。丰泽区现代服务业繁荣发达，先后引进国内外大型知名商贸企业，整合培育丰泽金融街、津淮品牌服饰街等一批专业街市，区域消费购物中心地位凸显，2010 年常住人口 53. 84 万。两个城区流动人口达到 329724 人，给土地资源造成了重大的压力。其次，在快速城市化进程中，农业用地和非农业用地互相切割，互相包围，你中有我，我中有你，造成农村包围城市、城市包围农村的混杂局面，土地利用结构不合理。另外，工业文明的快速发展带来了一系列环境问题，土地污染日趋严重，土地生产力下降明显。因此，鲤城区和丰泽区成为泉州市建设用地和耕地资源利用冲突强度最大的区域。

除了两个最主要的中心城区以外，其他市县区也发展较快，如晋江市，1980—2010 年，晋江市建设用地增长迅猛，由 1980 年的基本可控（建设用地利用冲突程度值 0. 51）到 2010 年的基本失控（建设用地利用冲突程度值 0. 78），其建设用地面积平均每年增加 250 公顷左右，其社会经济发展飞速，全年实现地区生产总值 908. 74 亿元，按可比价格计算，比上年增长 11. 9%。其中，第一产业增加值 15. 45 亿元，增长 6. 4%；第二产业增加值 596. 69 亿元，增长 14. 8%，对经济增长的贡献率为 82. 1%，拉动地方生产总值增长 9. 8 个百分点；第三产业增加值 296. 60 亿元，增长 6. 2%，对经济增长的贡献率为 17. 1%，拉动地方生产总值增长 2. 0 个百分点。

泉州市 1980 年、1990 年、2000 年、2006 年和 2010 年耕地和建设用地利用冲突程度如图 5-3~图 5-12 所示。

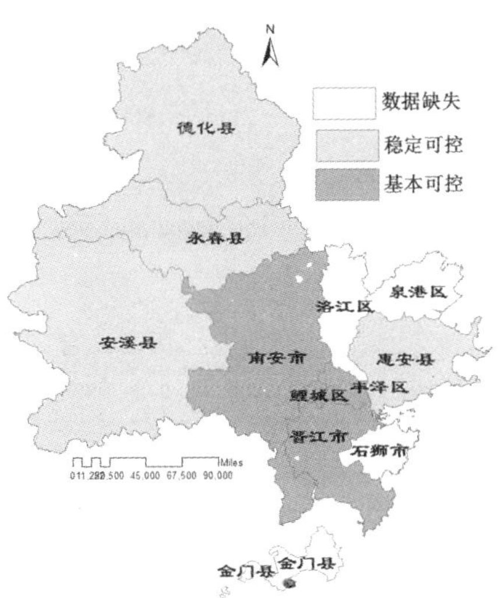

图 5-3 泉州市耕地利用冲突程度（1980 年）

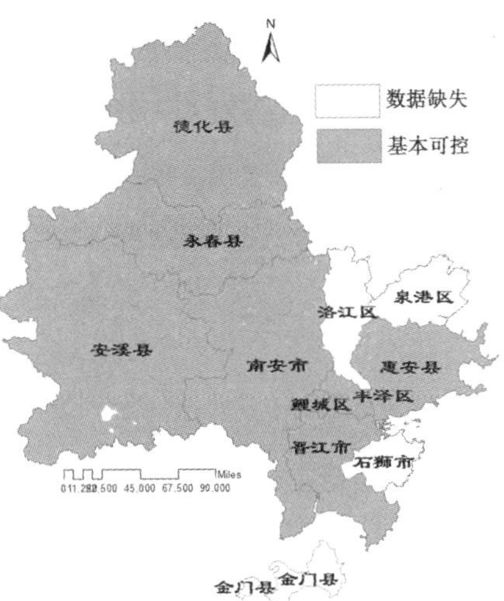

图 5-4 泉州市建设用地利用冲突程度（1980 年）

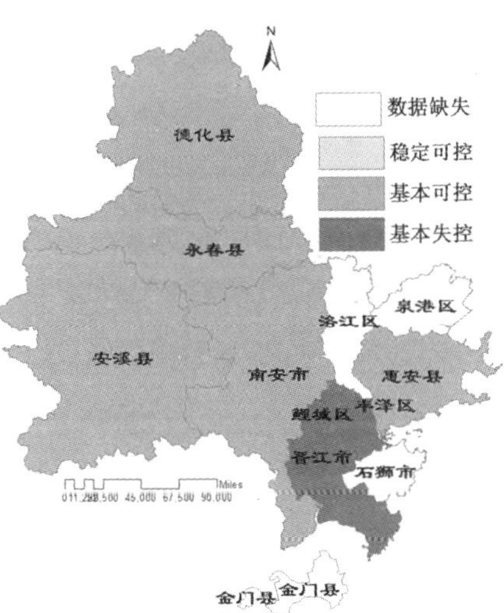

图 5-5 泉州市耕地利用冲突程度（1990 年）

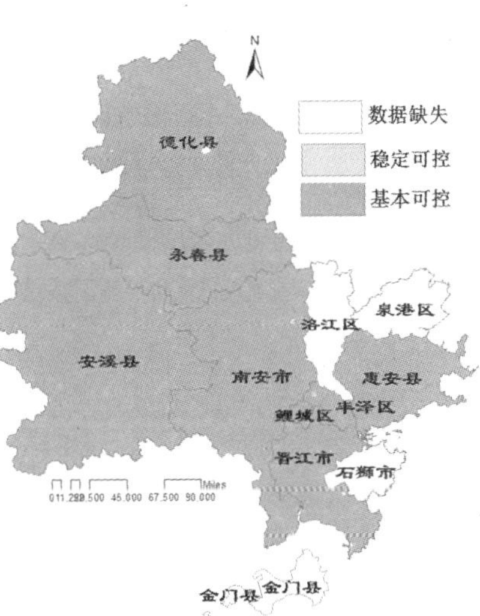

图 5-6 泉州市建设用地利用冲突程度（1990 年）

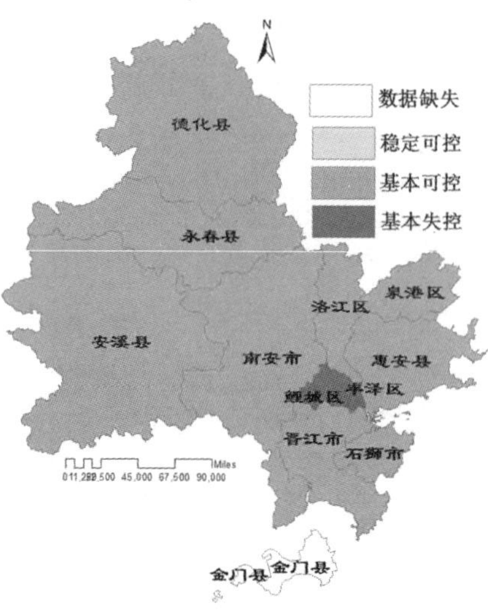

图 5-7　泉州市耕地利用冲突程度（2000 年）

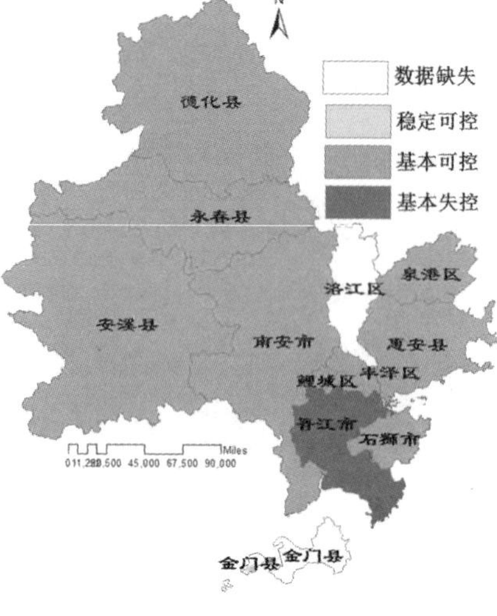

图 5-8　泉州市建设用地利用冲突程度（2000 年）

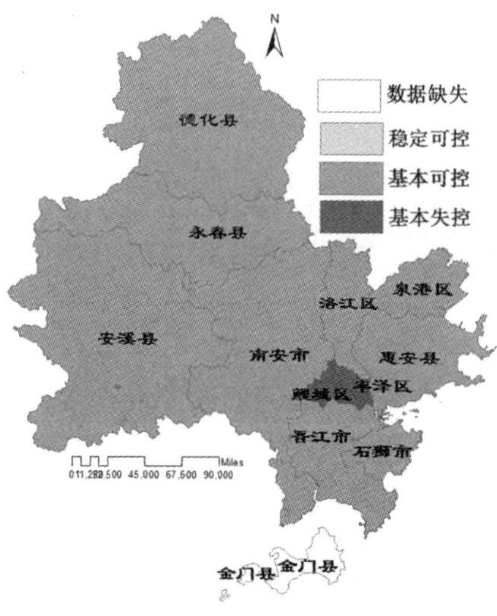

图 5-9　泉州市耕地利用冲突程度（2006 年）

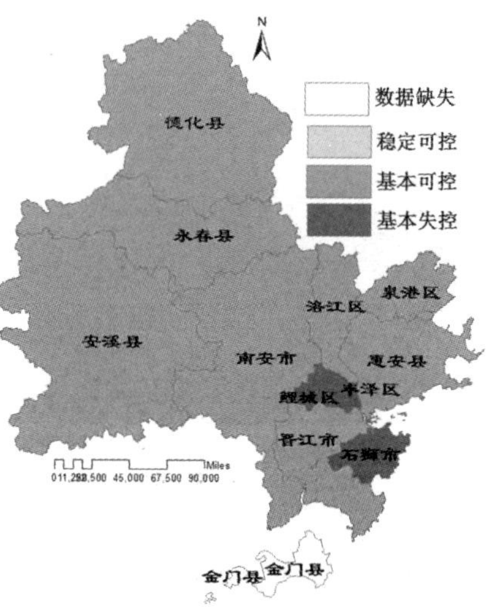

图 5-10　泉州市建设用地利用冲突程度（2006 年）

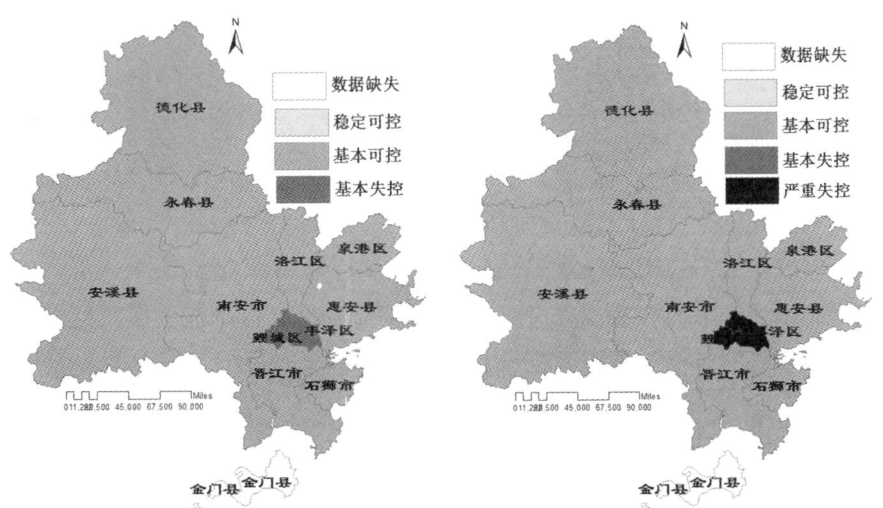

图 5-11　泉州市耕地利用冲突程度（2010 年）

图 5-12　泉州市建设用地利用冲突程度（2010 年）

（三）泉州市建设用地与耕地资源冲突的机制

在社会经济实践中，建设用地与耕地资源在利用过程中，存在着各要素之间的结构关系和运行方式，这就是土地利用系统整体的构造、功能及其相互关系。要处理建设用地和耕地之间冲突和矛盾，必须要在正视事物各个部分的存在的前提下，协调各个部分之间关系，才能形成良好的缓解建设用地与耕地资源冲突的互动机制。

1918 年，我国开始改革开放，泉州作为改革开放的前沿阵地，也是福建省三大中心城市之一，经济非常发达。改革开放以来，泉州的轻工业的发展最为迅猛。服装、鞋帽、电子、树脂艺品等产业已经成为泉州的优势支柱产业，并呈区域化发展。泉州下属的石狮市是“中国休闲服装名城”，晋江市是“中国鞋都”，丰泽区是“中国树脂工艺品之乡”。21 世纪头 20 年是泉州市全面推进海峡西岸经济区现代化工贸港口城市建设的重要时期，经济社会发展和生态环境保护对土地利用管理提出了更高的要求，但人多地少、耕地后备资源匮乏和土地利用空间有限的基本市情，以及土地利用和管理中出现的新情况、新问题，使土地利用中的深层次压力进一步显现。

1. 耕地保护压力

近年来建设用地统计数据显示，全市年均建设占用耕地需 0. 22 万公顷（3. 30 万亩）。受耕地后备资源匮乏、生态环境保护等因素的制约，全市补充耕地潜力十分有限，而全市建设占用耕地需求量大，今后辖区内很难实现占一补一。与此同时，受台风、暴雨等自然灾害影响，全市耕地灾毁经常发生，近年来年均灾毁耕地约 0. 008 万公顷（0. 12 万亩）以上；现代农业发展和市场经济的客观要求，也需要调整部分耕地；违法占用耕地现象时有发生。受上述多方面因素影响，未来发展和规划时全市耕地保护形势严峻。

2. 建设用地供需压力

全市正处于城镇化、工业化快速发展阶段，规划期间将做大做强中心城市，基本形成特大城市框架，并推进产业结构优化升级，加快培育石油化工、修船造船、汽车及配件、电子信息、生物医药等新兴产业，加速重化工业进程，基本建设成全省乃至全国重要的现代制造业基地，形成全国重要的石化工业基地、纺织服装基地、鞋业基地、建材基地，城镇工矿用地需求量将在相当长时期内保持较高水平；推进城乡统筹和区域一体化发展，将拉动区域性基础设施用地的进一步增长；建设社会主义新农村，还将需要一定规模的新增建设用地作为支撑。但是，随着耕地保护和生态建设力度的加大，全市可用作新增建设用地的空间十分有限，各项建设用地的供给面临前所未有的压力。根据建设用地总量与 GDP 指标的关系做趋势外推，未来发展和规划时，全市需新增建设用地 6. 47 万 ~ 7. 81 万公顷（96. 98 万 ~ 117. 15 万亩）。按照 1997—2005 年年均新增建设用地 0. 29 万公顷（4. 41 万亩）测算，预计全市需新增建设用地规模 4. 41 万公顷（66. 15 万亩）。今后建设用地需求与实际可供给量缺口较大，必须进一步转变土地利用方式。

3. 统筹区域土地利用压力

实施海峡西岸经济区现代化工贸港口城市发展战略和建设资源节约型、环境友好型社会，实现城镇内部空间协调整合、城市与区域协调发展、城乡统筹，对调整区域土地利用结构和布局提出了更高要求。经济社会的加

快发展和人民日益丰富的物质生活，对基础设施和民生项目用地需求日益增长。而各行业、各区域土地利用目标的多元化，加大了调整和优化行业、区域土地利用结构与布局的难度。沿海地区生态保护与经济发展的矛盾日益加剧，协调土地利用与生态建设难度加大，统筹区域土地利用的任务日益繁重。

在建设用地与耕地的冲突和矛盾加深情况下，泉州市土地利用和管理面临压力和挑战。泉州市坚持经济发展与耕地保护并重、统筹协调和集约挖潜并举的可持续发展土地利用总体战略，结合泉州市人多地少，建设用地供需矛盾突出，资源、环境约束加剧的客观条件，泉州市建设用地与耕地变化的互动机制为（图 5-13）：首先是社会经济发展，建设需要土地（耕地）做支撑，使得建设用地变化对耕地产生双重影响；其次是耕地对建设用地的反馈作用。

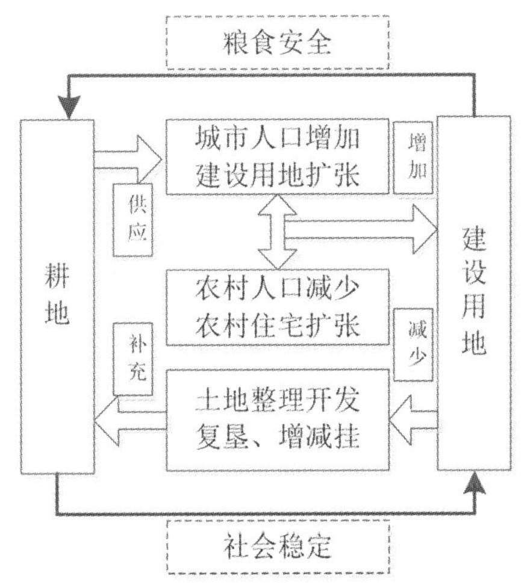

图 5-13　建设用地与耕地资源冲突的互动机制

（1）主要方面——建设用地变化对耕地的双重影响

泉州市建设用地与耕地利用之间冲突，主要是社会发展对土地（占用耕地）造成了极大的需求，其影响包括两个方面：一是随着社会、经济和城市发展，建设用地规模增大，大量占用耕地，导致耕地面积减少；二是比较科学合理地利用建设用地，释放了一定量的闲置建设用地，采用开发复垦整理等方式进行补充耕地，在一定程度上缓解人地矛盾。

1980—2010 年，30 年间泉州城市发展迅速，建设用地扩张主要是以外延式方式为主。城市规模的扩大、农村人口向城镇转移，城镇人口增加，相应地，居住用地、城市基础设施用地（包括交通、水利等）都会增加。

首先，城市规模扩大和功能完善。泉州中心城区的建设用地范围逐渐扩大，在此前确定的八大组团基础上，增加环泉州湾的周边乡镇（不涉及周边县市的城区部分），范围为 980 平方千米。晋江、洛阳江似二龙戏珠一般连着泉州湾，将泉州中心城区自然分隔，为组团式城市布局奠定了坚实的生态基底。针对城市内部，从规模向效率型发展模式转化，从分散向整合型的空间发展模式转换。针对区域，培育高端服务中心，满足企业转型需求，提升区域中心地位，扩大辐射带动作用。针对可持续发展，积极保护和合理利用生态景观及人文景观。泉州市公共布局逐步向泉州湾口位移，中心城区以“一湾四山两江”为依托，形成“多中心、多组团”的空间布局模式，组团之间以水体、山体间隔，使每个组团具有良好的近山和亲水性，促进人与自然的交融。同时，组团公共服务设施布局的中心逐步向规划区核心地带泉州湾口位移，打造区域服务中心。①中心组团：由泉州古城和古城东部平原区域组成。对泉州古城进行整体保护和合理利用；搬迁中心片区工业项目，大力发展第三产业，疏散古城人口；进一步完善古城东部的市级商业服务功能和旅游服务功能。②北峰丰州组团：围绕福厦高铁泉州站，加快建设现代物流、生活居住、娱乐休闲等设施。③东海组团：重点完善市级行政服务功能，积极发展商业、文化、商务办公、生产性服务等综合功能。④城东双阳组团：依托华侨大学，提升科研、教育服务职能，借助海峡体育中心带动作用，完善医疗、生活服务设施，打造高品质生活居住区；逐步对工业用地进行置换，大力发展与传统产业相配套的职业教育。⑤江南池店组团：江南浮桥一带，依托江南高新技术电子信息产业园区，发展轻污染的相关产业，同时建设滨江生活区与沿江景观走廊。池店镇一带，沿晋江南岸建设生活居住、综合服务等设施；依托泉州开发区，继续发展电子信息、生物医药、轻纺化纤、体育用品、工艺礼品等产业。紫帽一带，依托出口加工区，精心配置经济辐射力强、科技含量高、

优势突出的产业集群，吸引出口型大企业、大项目入驻，培育服务全市产业升级、产品出口的功能。⑥仙石西滨组团：在内环快速路以东的环湾核心区域，承担未来高端金融信息服务、商务办公等区域职能。近期重点深度开发建设江滨片区，远期逐步向西滨一带拓展。西部的新店一带，重点建设环境优美、功能完善、具有现代气息的综合性生活设施。⑦蚶江祥芝组团：在石湖路以北的蚶江镇区环湾一带，承担大型市场和物流等职能，预留未来会展发展空间。石湖路以南的工业区一带，依托石湖作业区，大力发展临港型工业、保税仓储和物流园区；祥芝一带，依托国家一级渔港，建设海洋科技园、国家级渔业基地和区域性水产品批发市场。⑧洛秀张坂组团：坚持高起点、高标准、高品位，充分发挥区位、资源、产业和政策体制等综合优势，打造海西中部台商投资聚集区、对台综合配套改革示范区、先进制造业基地，港口物流业和区域产业创新中心。⑨河市马甲组团：作为泉州的后花园和生态屏障，坚持低密度、生态化开发原则，发挥仰恩大学培育教育科研功能作用，重点发展高新技术、高等教育、生态观光农业、高档住宅，禁止其他一切产业进入该区域。⑩崇武山霞组团：依托崇武古城和滨海资源，加强公共服务配套设施架设，重点培育旅游服务职能，培育综合性功能。⑪黄塘组团：以台商创业基地开发建设为契机，引进科技型台资项目，同时配套建设生活服务设施，培育综合性的功能。⑫磁灶组团：围绕建材陶瓷产业发展与提升，完善城镇生活、服务等设施，培育综合服务功能。从泉州城市空间结构来看，全市形成一湾四区多组团，中心城区以“多中心、组团式”的空间布局模式，形成“一湾四区、多组团”的空间布局结构，实现沿江发展、跨江发展，走向面海环湾。“一湾”即在环泉州湾地区精心打造面向区域的高端服务职能中心，重点发展金融保险、现代物流、国际商务、技术研发、信息咨询、文化创意、中介服务等现代服务业，打造区域性服务中心。主体是环湾的五大区域性功能中心（东海行政中心、洛秀科技创新中心、仙石企业决策中心、西滨生产服务中心、蚶江商贸会展中心）和市域商业中心。城市规模扩大，功能完善，使得建设用地必然增加，这就导致建设必然占用一些耕地，使得两者发生冲突和矛盾。

其次，农村人口流动，农村建设用地增加。农村人口生活在城市，为城市提供了大量的劳动力，促进城市经济发展，特别是二三产业的发展和产业的扩大同样需要用地为支撑，也就进一步为建设用地占用耕地造成了压力，另外，随着进城务工的农民收入增加，农村新建或者扩建的宅基地也在大幅增长，近年来规模小、数量多、居住分散、随意滥占乱用的“路边店”“空心村”“独家院”在农村随处可见。2017 年泉州中心城区常住城镇人口规模约为 250 万人。泉州中心城区人均建设用地标准约为 99. 7 平方米，建设用地规模约为 250 平方千米。截至 2014 年年末，泉州市常住人口为 844 万人，比上年末增加 8 万人，人口数量位居全省之首。65 岁及以上老年人占 6. 65%。人口出生率 13. 7%，死亡率为 6. 2%，自然增长率为 7. 5%。全市城镇化水平为 62. 9%。据泉州市 2013 年统计资料显示，泉州市耕地面积 146869. 17 公顷，2013 年末人口 693. 1611 万人，人均耕地 0. 0021 亩，仅是联合国粮农组织制定的人均耕地警戒值 0. 053hm^2的一半。

随着城镇化进程的加快，城市人口增加，城镇土地利用方式由粗放型逐步转变为集约型，逐渐提高城镇土地集约节约利用程度；另外，城市人口增加就意味着部分农村人口向城镇转移，如此一来就释放了农村建设用地，可以通过农地整理、宅基地复垦等方式让建设用地转为耕地，并且农业人口减少，有利于耕地的规模化经营以及农业生产能力的提高；城镇化水平的提高还会带来先进的科学技术手段，合理科学地开垦荒地，整理、复垦废弃工矿用地，也能增加部分耕地。根据相关数据统计可知，全市 2006—2010 年补充耕地 0. 27 万公顷（4. 1 万亩），其中惠安县补充耕地规模最大，为 0. 07 万公顷（1. 06 万亩），其次是南安市，补充耕地 0. 04 万公顷（0. 67 万亩），而鲤城区和丰泽区由于耕地资源匮乏，没有后备的耕地资源，因此其建设用地与耕地之间冲突更为严重，城市要发展、社会要进步、经济要向前，根本没有发展的空间，严重制约了中心城区的发展。其他区县市的建设与耕地之间矛盾也比较严重，如石狮市，该市在近 5 年来建设占用耕地面积为 1000 公顷，而其耕地保有量为 2200 公顷（33900 亩），近 5 年来土地开发整理近 360 公顷，因此建设用地与耕地利用矛盾较为激烈（表 5-2）。

表 5-2　泉州市 2006—2010 年补充耕地数量

行政区	2006—2010 年补充耕地指标	
	万公顷	万亩
全　市	**0.27**	**4.1**
鲤城区	0	0
丰泽区	0	0
洛江区	0.01	0.18
泉港区	0.03	0.39
晋江市	0.04	0.65
石狮市	0.01	0.08
南安市	0.04	0.67
惠安县	0.07	1.06
安溪县	0.02	0.35
永春县	0.03	0.42
德化县	0.02	0.3

（2）次要方面——耕地对建设用地变化的反馈机制

农业是中国保持经济发展和社会稳定的基础，而耕地是土地的精华，是农业生产最基本的生产资料，建设用地大量占用耕地，耕地面积的减少，直接影响我国的粮食安全。中国 13 亿人口的吃饭问题始终是我国的一件头等大事，要想维护国家社会稳定，保证国家粮食安全，最根本的就是要保护耕地。

在 21 世纪，保障粮食安全是中国农业现代化的首要任务。人口与耕地、粮食矛盾是农业资源优化配置的最大障碍。中国在相当长的时间内，粮食生产将仍然是农业的主体，农业现代化进程包含着粮食安全水平的提高，粮食安全水平的提高是农业现代化的重要组成部分。在中国，没有国家粮食安全及其水平的提高，就不可能实现农业现代化。粮食安全水平是衡量中国农业现代化的重要标志。严格保护耕地是提高粮食综合生产能力的前提。党的十六届三中全会指出，要实行最严格的耕地保护制度，保证国家粮食安全。要保护、提高粮食综合生产能力，必须以稳定一定数量的耕地为保障。耕地是人类获取食物的重要基地，维护耕地数量与质量，对农业可持续发展至关重要。中国明确规定“珍惜和合理利用每一寸土地，切实保护耕地”是基本国策，要求在有限时间内，建立耕地保护制度，保护基本农田。基本农田是耕地中的精华，是维护国家粮食安全最基本的依靠。耕地得到了有效保护，粮食生产就会出现重大转机，对防止通货膨胀、保障人民生活、保持社会稳定可发挥重要作用，只有社会稳定协调可持续地发展，才能促进建设用地的理性增长，适度合理开发利用建设用地，缓解用地矛盾。

（四）构建建设用地与耕地资源的功能冲突权衡研究

建设用地与耕地资源是城市生态系统的重要组成部分。城市生态系统是以社会经济为主，自然为辅的复合人工生态系统，是人类生存和生产的核心场所，也是生态系统中最为复杂的类型。稳定性是生态系统的重要特征之一。与自然生态系统相比，城市生态系统容量大、流量多、运转快。由于物种多样性减少，食物链简化，自我调节能力下降，城市生态系统独立性差、依赖性能强、生态功能脆弱。随着城镇化进程的加快，自然资源的大量消耗以及各种污染物的大量产出，城市生态系统稳定性受到威胁，如何保持城市生态系统的稳定性，维护建设用地与耕地之间平衡关系成为人们关注的重点。

目前耕地后备资源匮乏，补充耕地难度大。全市国家级耕地后备资源总量仅有 0.73 万公顷（11.00 万亩），主要是可开垦荒草地和可开垦滩涂。可开垦荒草地分布零散，集中连片少，开发利用受到地形坡度和水资源的制约；滩涂围垦投资成本高，存在生态环境保护等政策方面的制约。全市补充耕地潜力主要来源于土地整理，土地整理又受到成本不断提高、难度不断加大、新增耕地率低等方面的制约。生态保护与经济发展矛盾逐步显化，协调难度大。泉州市是全省水土流失较为严重的地区之一，全市水土流失面积占土地总面积 16.36%，水土流失率居全省首位。部分区域产业以传统产业为主，高新技术产业、环保型产业发展不快，区域性行业污染严

重。东部沿海地区经济增长速度较快，但生态环境脆弱，生态保护与经济发展的矛盾加剧。

正确处理冲突维度之间的辩证关系，权衡不同冲突维度间满意的结合点、平衡点，是功能冲突和解的重要方法。要在研究区——泉州市建设用地与耕地资源的功能冲突分析的基础上，提出功能冲突的权衡理论框架和模型方法，就必须要定义冲突权衡内涵，对其具体内容等进行考虑。

建设用地与耕地资源的功能冲突权衡就是要实现城市社会经济发展，从区域土地的生产、生活、生态三个方面来考虑建设用地和耕地两者之间关系，维护城市生态系统稳定性、生态系统平衡和资源管理的权衡关系。

具体来说，要实现区域建设用地与耕地资源的功能冲突权衡，我们必须从数量、空间结构和生态三方面来考虑两者之间的冲突权衡。

在耕地面积萎缩、建设用地面积增加的情况下，耕地生态系统的总服务功能价值处于下降趋势，在这种情况下，我们可以这样进行思考。

1. 在实现社会经济发展的前提下，必须保证一定的耕地保有量

为了保障国家粮食安全和区域粮食自给自足的需要，泉州市耕地必须保持一定面积。根据区域实际情况，到 2010 年和 2020 年，全市耕地保有量分别不低于 15. 11 万公顷（226. 59 万亩）和 14. 08 万公顷（211. 22 万亩）。2020 年前，确保 12. 43 万公顷（186. 41 万亩）基本农田面积不减少，质量不降低。在全市内积极进行土地开发整理复垦，其补充耕地面积不低于 0. 78 万公顷（11. 70 万亩），其中，近 5 年内，通过土地开发整理复垦补充耕地面积不低于 0. 27 万公顷（4. 10 万亩）。

2. 严格执行建设用地控制目标，集约利用土地

在严格控制建设用地总量的前提下，有效保障科学发展用地。到 2010 年和 2020 年，全市建设用地总量分别控制在 14. 03 万公顷（210. 46 万亩）和 16. 15 万公顷（242. 24 万亩）以内，其中：城乡建设用地分别控制在 11. 43 万公顷（171. 52 万亩）以内和 13. 20 万公顷（198. 00 万亩）以内；交通、水利及其他建设用地分别增加到 2. 60 万公顷（38. 94 万亩）和 2. 95 万公顷（44. 24 万亩）。规划期内，新增建设用地总量控制在 3. 21 万公顷（48. 09 万亩）以内，其中：新增建设占用农用地在 3. 19 万公顷（47. 89 万

亩）以内；新增建设占用耕地控制在 2. 01 万公顷（30. 20 万亩）以内。

农用地利用规模化、集约化、产业化不断推进，产出效益显著提高，努力实现土地集约利用目标。城乡建设用地结构不断优化，闲置和低效建设用地得到充分利用，城市每平方千米地区生产总值和人口密度明显提高，建设用地就业容纳力和经济产出率不断提高。到 2010 年和 2020 年，人均城镇工矿用地分别控制在 120 平方米以内和 119 平方米以内。城镇工矿用地占城乡建设用地的比例由 2005 年的 42%左右调整到 2020 年的 53%左右。

3. 确保实现土地生态环境保护目标

从生态安全考虑，耕地对区域及整个地区的生态安全都具有重要影响，耕地面积减小、功能退化都将降低区域生态安全水平。因此耕地面积占区域面积的比例越高，对区域生态安全越有利。如果单从生态系统服务功能价值来看，要达到系统的生态服务功能价值最大，耕地面积越大越好，即建设用地与耕地的面积比例关系保持在 1∶5 为最佳。

全面推进生态市建设，完善生态安全保障，保持森林覆盖率基本稳定，促进生态效益型经济形成规模，力争全市生态和环境质量进入全省、全国地级市先进行列。“十一五”期间，全市森林覆盖率维持在 58. 7%，治理水土流失面积 100 平方千米。

第六章

基于生态位的泉州市建设用地与耕地资源的功能冲突研究

第一节　研究背景及意义

一、研究背景

土地功能是指土地在人类生产、生活、生态中所承载的功效和职能。土地功能是多样性的，即若干社会经济功能集中或联合在同一块土地上，使得同一土地承担着不同的功能。从内容来看，土地功能大致可以分为三类：一是作为建设用地，为工业和城镇建设提供空间载体；二是农业用地，为维持我们生产生活提供粮食等；三是作为生态用地，为我们生产生活承担区域屏障功能。土地多宜性，使得土地具有多功能性。一般而言，具有良好自然条件的土地，其在利用过程中，开发成本较低，人们会使其自身适宜性与利用经济适宜性，导致其利用方式会在空间选择中趋于一致，即分布空间与利用方式、利用区域相符合。由于土地功能多宜，各个利用者在实际利用中其利用方式也呈多样性，以自身利益为导向，往往会倾向对土地利用相对最优的空间选择，从而产生了对土地利用的竞争和博弈，强势的土地利用者会挤占同一区域内的其他利益者的空间，使得弱势者利益受损，出现了不同土地利用者在土地利用过程中的土地功能冲突，有时这种冲突会引起社会动荡等严重后果。

随着社会进展加快，全球范围内的人口急剧增加，经济迅猛发展，资源环境进一步恶化，此时人口、经济与资源环境发展严重失衡，人类对于资源环境的无限需求与其有限性之间矛盾日益突出。人类绝大部分的生产生活都是以土地为主要的承载来进行的，土地提供了人类社会生活和经济发展的最基本的保障。土地功能的多宜性和土地资源规模的有限性之间存在矛盾，人们对于土地资源需求的无限性与土地资源利用方式的唯一性之间存在矛盾，导致土地资源在利用过程中存在冲突，如建设用地的主要功能是承载功能、区位功能、生产功能、增值功能，而耕地的主要功能是养育功能（生产出社会需要的农产品）、社会保障功能等，两者会在不同区域上发生冲突。土地利用冲突问题已成为社会经济发展不可避免的一个重要问题，越来越受到人们的重视，吸引着众多的学者和专家对其展开研究。

二、研究意义

从城市系统内部矛盾对立统一性角度考虑，建设用地与耕地资源存在功能冲突，冲突维度间不是一种尖锐的对立关系，而是相互依存、此消彼长的关系，要解决这种冲突既要满足它们之间的条件，又要寻求各自发展的“度”。正确处理冲突维度之间的辩证关系，权衡不同冲突维度间满意的结合点、平衡点，是功能冲突和解的重要方法。本书在对研究区建设用地与耕地资源的功能冲突分析的基础上，提出功能冲突的权衡理论框架和模型方法，为建设用地与耕地资源格局优化提供理论技术支撑。

（一）理论意义

本书利用生态位理论探讨建设用地与耕地资源的功能，界定建设用地与耕地资源的功能冲突权衡的概念，为达到土地为人类提供较为理想的多用途功能目标，可以适当地放弃或减少某土地类型竞争要素，从而获得更

多其他竞争要素的产品和信息，从而使城市生态系统整体最优。权衡的理论基础建立在城市生态系统稳定性理论、生态系统平衡理论和资源管理的权衡关系理论之上。

（二）实践意义

冲突权衡研究尚处于起步阶段，在借鉴前人相关研究的基础上，建立以生态位理论为基础的建设用地与耕地资源合理的功能冲突权衡的理论框架和方法，包括冲突的形式和内容的调查与分析结果、各类功能冲突之间的相互关联的作用因子和作用机制、建设用地与耕地资源功能冲突的利益相关者，以及研究区建设用地与耕地资源的功能冲突和解方案的建立与选择研究等。

第二节　国内外研究综述

一、土地利用冲突

18 世纪，马尔萨斯（Thomas Robert Malthus）就提出，人类针对土地资源的“牟利”与“生存”之间的需求存在着巨大的冲突。[①] 经济学家李嘉图（David Ricardo）认为土地租金的发生机制就是高质量的土地租金普遍较高，其根本原因是整体上土地数量是固定的，高质量的土地面积也是固定的[②]，此论述从侧面指出受制于土地资源面积的有限性和位置的固定性，人们对于同一土地利用方面的冲突会以地租的高低表现出来。

D. J. Campbell、H. Gichohi、A. Mwanbi、et al.；A. Von der Dunk、A. Gret-Regamey、T. Dalang、et al；Diress T. Alemu、Dickson M. Nyariki &

---

① 侯荣仙．重读马尔萨斯的《人口原理》［D］．开封：河南大学，2007.

② 孙德常．李嘉图及其《政治经济学及赋税原理》［J］．历史教学，1982：35-37.

Kassim O. Farah①②③ 对土地利用冲突的概念进行阐述，认为土地利用冲突是各种土地利用方式对于稀缺水土资源的竞争。国内一些专家也对土地冲突概念进行阐述，如于伯华等认为，土地冲突是土地资源利用者对土地利用的方式、数量等方面不一致、不和谐，以及各种土地利用方式与环境方面的矛盾状态。④

在土地利用冲突产生原因方面，Mccreery 从资源稀缺性方面，认为由于土地资源的稀缺性，直接导致了一些发展中国家土地利用冲突发生，这是土地利用冲突最根本和最直接的原因⑤；Moore 等、Prado 等人从资源分配角度，对津巴布韦、巴西等国家进行研究，认为这些国家土地利用冲突产生的最主要的原因就是由于土地资源分配的极度不均；特别分析了巴西在殖民者的统治之下，土地分配方式极度不公平，从而爆发严重的土地利用冲突问题⑥；Cynthia Simmons 团队对亚马孙河流域土地利用冲突进行研究，从时间和空间尺度探讨了该地区内部土地资源的竞争，认为这是亚马孙河流域出现的严重土地利用冲突的原因⑦；Mendoza 团队则从土地稀缺性和产权两方面进行探讨，认为在土地资源本身极度稀缺的前提下，如果土地产权界限不清，会为大规模的土地利用冲突埋下隐患。此外，Mungai 从土地使

---

① Campbell D J, Gichohi H, Mwanbi A, et al. Land use conflict in Kajiado District, Kenya [J]. Land use policy, 2000, 17 (4): 337-348.

② Von der Dunk A, Gret-Regamey A, Dalang T, et al. Defining a typology of peri-urban land use conflicts : A Case study from Switzerland [J]. landscape and Urban Planning , 2011, 101 (2): 149-156.

③ Diress T. Alemu, Dickson M. Nyariki & Kassim O. Farah. Changing Land-use Systems and Socio-economic Roles of Vegetation in Semi-arid Africa: The Case of the Afar and Tigrai of Ethiopia [J]. Journal of Social Sciences, 2017, Volume 4, 2000 - Issue 2-3: 199-206.

④ 于伯华，吕昌河．土地利用冲突分析：概念与方法 [J]. 地理科学进展，2006，25 (3)：106-115.

⑤ MCCREERY D. Land, Power and Poverty—Agrararian Transformation and Political-Conflict in Central-America-Brockettcd [J]. Hispanic American Historical Review, 1989 (69): 351.

⑥ Moore W. H. , Lindstrom R. , ORegan V. Land reform, political violence and the economic inequality political conflict nexus: A longitudinal analysis [J]. International Interactions, 1996 (21): 335-363.

⑦ Simmons C. S. The political economy of land conflict in the Eastern Brazilian Amazon [J]. Annals of the Association of American Geographers, 2004 (94): 183-206.

用的目的和意图方面分析，认为土地不同的使用者由于使用意图和目的不同，导致土地利用冲突现象出现。① 20 世纪 70 年代，美国学者 S. Lr. Carpenter 等认为过量利用自然资源必将产生复杂和严重的环境冲突。②

土地冲突分类方面，Warner M.，Jones 认为土地利用冲突包括微观、宏观内部的冲突，微观与宏观之间的冲突，微—宏观冲突三大类 19 小类③；Michael Warner（2000）de Janvry，Sadoulet（2000）认为土地冲突包括针对财产界限的冲突、与文件缺乏或者过时有关的土地冲突、未充分利用土地的入侵、权利的重叠、土著人口财产权的分歧、针对土地改革的土地冲突（合作社或前合作社）、法律规定在执行过程中的其他问题等七大类 34 小类；⑥Michael J. Brown 等认为圭地冲突包括对竞争性物权的争执以及对物权的理解差异、对他人合法拥有的财产的占有、边界争夺等三大类 21 小类；A. Von der Dunk 等介绍了瑞士郊区的土地使用冲突的类型，即六种有意义的城市周边土地使用冲突类型，即“噪声污染”“视觉枯萎”“健康危害”“自然保护”“过去的保存”和“社区的变化”，并认为冲突类型并非彼此独立存在，而是经常密切相关。④ 印度尼西亚国民报告（Country Report，2006）认为土地冲突包括庄园土地冲突、土地权属冲突、土地边界冲突、占有和（或）补偿社区土地引发的冲突、主张教会的土地权利引发的冲突、将一般土地转换成乡村雇员用作薪酬的土地引发的冲突以及其他诸如撂荒地和空地冲突 7 类。我国学者谭术魁探讨了我国土地冲突的分类方案，认为有以下几种分类方案：土地冲突发生的产权主体层次差异的分类、土地冲突发生时的产权态势差异的分类、土地冲突主要肇事者差异的分类、诱发

---

① Mungai D N，Ong C K，Kiteme B，et al. Lessons from twolong—term hydrological studies in Kenya and SriLanka［J］. Agriculture，Ecosystemsand Environment，2004（104）：135-143.

② Carpenter S L，Kennedy W J D. Environmental conflict management［J］. Environ. Prof，1980，2（1）：67-74.

③ Ricardo Rami rez. A Conceptual Map of Land Conflict Management：Organizing the Parts of twoPuzzles［EB/OL］.（2020-02-02）http：//www. fao. org/3/Y3932T/y3932t01. htm#TopOfPage.

④ Von der Dunk A，Gret-Regamey A，Dalang T，et al. Defining a typology of peri-urban land use conflicts：A Case study from Switzerland［J］. Landscape and Urban Planning，2011，101（2）：149-156.

土地冲突的深层次原因差异的分类、土地冲突所致后果的性质差异的分类、引发土地冲突的行为的合法性差异的分类、土地冲突涉及主体差异的分类、土地冲突目的差异的分类和土地冲突触发因子差异的分类等。①

土地冲突管理方面，Ricardo Ramirez 认为土地冲突管理中，组织是难题的主要方面②；Babette Wehrmarm 认为要解决非洲土地利用冲突，制度变迁和心理动机在土地冲突中的作用巨大，可以解决地籍本身无法解决的问题③；Jnd Olano 详细演绎了菲律宾的土地利用冲突的案例④；Sanna Ojalammi 对坦桑尼亚北部半干旱地区有争议的 Landsl 土地纠纷进行研究，并对 Ngorongoro 地区 Loliondo 和销售部门的案例进行详细阐述⑤；Grimble 等认为在土地利用冲突发生时，最重要的还是人的作用。⑥ Clarissa Fouri 等认为土地清查可以运用国土资源管理过程中的土地利用冲突管理。Michael J. Brown 等对危地马拉土地冲突进行评估，并且将研究报告提交美国国际开发署⑦；Lorne Owen 及其研究团队认为在土地冲突管理过程中，尤其是在对土地利用冲突发生地区的区限、面积以及冲突发生频次等进行管理之时，运用地理信息系统技术可以使土地利用冲突问题变得更加明晰，进而更加便于对土地利用冲突的监控分析。⑧

---

① 谭术魁．我国土地冲突的分类方案探讨［J］．中国农业资源与区划，2008，29（4）：27-30.

② RICARDO RAMIREZ. A Conceptual Map of Land Conflict Management：Organizing the Parts of Two Puzzles［EBOL］．（2007-01-20） http：//www. fao. org/sd/2002/IN0301a. _ en. htm.

③ BABETTE WEHRMARM. Cadastre in Itself Won't Solve the Problem：The Role of Institutional Change and Psychological Motivations in Land Conflicts-Cases from Africa［A］．Acera，Ghana，2007.

④ JND OLANO. Land Conflict Resolution：Case Studies in the Philippines［EBOL］．（2007-07-04） http：//www. iapad. org/applications/application_ 07. htm.

⑤ SANNA OJALAMMI. Contested Landsl Land Disputes in Semi - arid Parts of Northern Tanzania. Case Studies of the Loliondo and Sale Divisions in the Ngorongoro District［EBOL］． （2007 - 07 - 04） http：//ethesis. helsinki. fi/julkaisut/mat/maant/vk/ojalammi/conteste. pdf.

⑥ Grimble R.，Wellard K. Stakeholder methodologies in natura management：A review of principles，contexts，experiences and opportunities［J］．Agricultural Systems，1997（55）：173-193.

⑦ MICHAEL J. BROWN，JORGE DALY，KATIE HAMLIN. Guatemala Land Conflict Assessment. Report Submitted to the United States Agency for International Development［EBOL］． （2007 - 01 - 20） http：//pdf. dec. org/pdf_ docs/PNADC728. pdf.

⑧ Owen Lorne. Conflicts on over farming practices in Canada ：the role interactive conflict resolution approaches［J］．Journal of Rural Studies，2000（73）：475-483.

从国内来看，徐宗明针对土地利用冲突的管制问题进行研究，认为应从土地政策的制定和推行过程入手，分析土地利用过程中的利益相关人员，从利益和权益两个方面将土地利用冲突划分为四种不同的类型①；许学工等对海岸带快速城市化的土地资源冲突与协调进行研究，并以山东半岛为例，在研究中，对冲突的表现和实质进行分析，并提出协调土地资源冲突的思路与途径，以可持续发展的理念进行统筹和协调，实现海岸带的综合管理。② 刘巧芹等基于用地竞争力的潜在土地利用冲突识别研究，以北京大兴区为例，辨识出潜在土地利用冲突类型及其特点和预期土地利用变化趋势，将潜在土地划分为建设用地优势区、农地优势区和生态用地优势区。③

综上所述，由于每个国家发展的阶段不同，国情不同，在发展过程中遇到的问题也不同，因此对于土地利用冲突的研究，国外起步相对较早且成熟，而国内较晚，但是随着我国经济社会不断向前发展，土地利用冲突现象也频繁出现，已经引起学者和管理者的重视。目前来看，我国研究还处于较浅的阶段，没有分析土地利用冲突事件，也没有探究到如何解决土地利用冲突方法和管理经验等。

从国内外来看，学者主要从冲突内涵的界定、冲突分类、冲突影响因素和冲突管制与冲突解决等方面进行了深入探讨，但是没有对冲突的发展过程、发展阶段进行深入研究，尤其是在较大区域的土地冲突的诊断方面有所欠缺。

二、生态位理论综述

作为生态学最重要的一种基础理论，生态位是用来描述某一生物物种与其所处群落中的其他物种的联系和与其所处环境的相互作用，每个生物物种在长期不断的生存竞争中都获得了一个最适合自身生存的地理位置。

---

① 徐宗明．基于利益相关者理论的土地利用冲突管理研究［D］．杭州：浙江大学，2011.

② 许学工，彭慧芳，徐勤政．海岸带快速城市化的土地资源冲突与协调——以山东半岛为例［J］．北京大学学报（自然科学版），2006，42（4）．

③ 刘巧芹，赵华甫，吴克宁，等．基于用地竞争力的潜在土地利用冲突识别研究——以北京大兴区为例［J］．资源科学，2014，36（8）：1579-1589.

生态位的研究进展见表 6-1。

表 6-1　生态位的研究进展

境内外	时间、作者	主要内容
国外	J. Grinell (1917, 1924, 1928)①	首次提出生态位
	Charles Elton (1927)②、Cause (1934)、Lack (1947)、Dice (1952)、Clarke (1954)、G. E. Hutchinson (1957)③、E. P. Odum (1959)、Weatherly (1963)、Maguire (1967)、Macarthur (1970)、Vandemeer (1972)、Whittaker (1973)等④⑤	对生态位概念进行阐述
	Odling-Smee (1996)	从进化生态学的角度提出生态位构建的概念
	Shea 和 Chesson (2002)⑥	重新将生态位定义为物种对每个生态位空间点的反应和效应
	Tilman (2004)⑦	提出了随机生态位理论

① Grinnel J. The niche-relationship of the California Thrasher [J]. Auk, 1917 (34): 427-433.

② Grinnel J. Geography and evolution [J]. Ecology, 1924 (5): 225-229.

③ Hutchinson G E. Concluding remarks: cold spring harbor Symp. Quant [J]. Biology, 1957 (22): 415-427.

④ LEIBOLD M A. The niche concept revisited: mechanistic models and community context [J]. Ecology, 1995, 76 (5): 1371-1382.

⑤ 张光明，谢寿吕．生态位概念演变与展望 [J]. 生态学杂志，1997，16 (6): 46-51.

⑥ SHEA K, CHESSON P. Community ecology theory as a framework for biological invasions [J]. Trends in Ecolotry and Evolution, 2002, 17 (4): 170-176.

⑦ TILMAN D. Niche tradeoffs, neutrality and community structure: a stochastic theory of resource competition, invasion and community assembly [C]. Proceedings of the National Academy of Sciences, USA, 2004 (101): 10854-10861.

续表

境内外	时间、作者	主要内容
国外	Silver-towm（2004）①	强调生态位的优先占据原则和种间竞争效应
	Chase 和 Leibold（2003）	提出群落生态位研究中应该更加注重物种在大尺度时间和多维空间资源中的综合需求和影响
	生态学家 Odum（1983）②	把城市生态位理解为扩展的生态位理论
	Lichtenstein（1992）③	运用企业孵化器模拟企业生态因素，研究企业之间的关系和企业家身份
	Matthew A. Leibold（1995）④	用资源竞争模型和重点捕食者模型来说明生态位的需求和影响因素之间的区别
	R K Colwell，D J Futuyma（1971）⑤	研究了果蝇的生态位指标。基于各种权重因子（圆形、非圆形、绝对和相对）的生态位指标高度正相关
	B A Maurer（1982）⑥	提出了 mac-arthur 和 levins 首先提出的重叠测度的统计推断方法
国内	王刚等（1984）⑦、孙鸿良（1987）	分别提出了生态位定义的内在含义

① SILVER TOWN J. The ghost of competition past in the phylogeny of island endemic pants［J］. Journal of Ecolotry，2004（92）：168-173.

②［美］巴雷特．生态学基础［M］．陆健健，等译．北京：高等教育出版社，2009：1.

③ Lichtenstein，G Arnold. A case study of the ecology of enterprise in two business ineubators（Enterprise Eeology）. 1992 Volume53/OS.

④ Leibold M A. The niche concept revisited：mechanistic models and community context［J］. Ecology，1995，76（5）：1371-1382.

⑤ Colwell R K，Futuyma D J. On the measurement of niche breadth and overlap［J］. Ecology，1971（52）：567-576.

⑥ Maurer B A. Statistical inference for Mac Arthur-Levins niche overlap［J］. Ecology，1982，63（6）：1712-1719.

⑦ 王刚，赵松岭，张鹏百，等．关于生态位定义的探讨及生态位重叠计测公式改进的研究［J］．生态学报，1984，4（2）：119-127.

续表

境内外	时间、作者	主要内容
国内	刘建国、马世骏①	提出扩展的生态位理论
	李自珍等	提出了生态位适宜度的概念
	朱春全②	提出了生态位态势理论与扩充假说和生态位态势理论
	李德志等③	进行了生态位宽度和生态位重叠的新定义
	王如松、马世骏	将生态位理论应用于城市生态系统研究中
	罗小龙等④	将生态位态势理论引入城乡接合部研究中，分析了南京市城乡生态系统
	曹嵘等⑤	引入城市人口生态位和城市生态场势进行研究
	陈绍愿等⑥⑦、王永锋⑧	提出城市群落学的概念框架，并提出了城市竞争生态位的概念，运用生态位重叠理论和生态位强度理论提出了新的城市竞争对手辨识方法，并构建了城市基本竞争策略判别模型

① 刘建国，马世骏．扩展的生态位理论［M］．北京：科学出版社，1990：72-89.

② 朱春全．生态位态势理论与扩充假说［J］．生态学报，1997，17（3）：324-332.

③ 李德志，刘科轶，臧润国，等．现代生态位理论的发展及其主要代表流派［J］．林业科学，2006，42（8）：88-94.

④ 罗小龙，甄峰．生态位态势理论在城乡接合部应用的初步研究：以南京市为例［J］．经济地理，2000，20（5）：55-58.

⑤ 曹嵘，陈娟，白光润．生态位理论在我国城市发展中的应用［J］．地理与地理信息科学，2003，19（1）：62-65.

⑥ 陈绍愿，张虹鸥，林建平，等．城市群落学：城市群现象的生态学解读［J］．经济地理，2005，25（6）：810-813.

⑦ 陈绍愿，林建平，杨丽娟，等．基于生态位理论的城市竞争策略研究［J］．人文地理，2006，21（2）：72-76.

⑧ 王永锋．基于生态位的城市竞争理论与实证研究［D］．开封：河南大学，2007.

续表

境内外	时间、作者	主要内容
国内	李艳萍等①、丁圣彦等②、徐厚琴等③	分别构建城市生态位指标体系
	索贵彬④	总结了城市生态位态势理论，评价了环渤海经济圈相关城市的生态位状况
	欧阳志云等⑤	运用生态位适宜度理论对土地利用适宜性进行评价
	秦建成等⑥	运用了土地利用经济生态位模型，定量分析了重庆市山地城镇土地利用类型间相互作用的强度
	余艳等⑦	构建基于生态位适宜度的土地生态经济适宜性模型
	杨春玲等⑧	基于生态位理论对巩义市土地利用结构优化进行研究
	陈英⑨	构建了土地利用生态位理论，并实证研究

① 李艳萍，葛幼松．基于生态位理论探析江苏省沿江城市发展［J］．河北师范大学学报（自然科学版），2005，29（6）：631-636.

② 丁圣彦，李志恒．开封市的城市生态位变化分析［J］．地理学报，2006，61（7）：752-762.

③ 徐厚琴，方一平．西部干旱区省会城市生态经济位比较研究［J］．干旱区地理，2007，30（3）：426-430.

④ 索贵彬．环渤海经济圈城市生态位评价研究［J］．生态经济，2010（2）：138-140.

⑤ 欧阳志云，王如松，符贵南．生态位适宜度模型及其在土地利用适宜性评价中的应用［J］．生态学报，1996，14（2）：113-120.

⑥ 秦建成，高明．山地城镇土地利用的经济生态位分析及持续发展——以重庆市为例［J］．山地学报，2003，21（6）：702-706.

⑦ 余艳，何建华．基于生态位适宜度的土地生态经济适宜性评价［J］．农业工程学报，2008，24（1）：124-128.

⑧ 杨春玲，秦明周，闫艳．基于生态位理论的土地利用结构优化研究——以巩义市为例［J］．生态经济，2008，（10）：23-28.

⑨ 陈英．土地利用生态位理论构建与实证研究［D］．兰州：甘肃农业大学，2009.

续表

境内外	时间、作者	主要内容
国内	牛海鹏等①	提出耕地生态元和耕地生态位的概念
	李鑫等②	基于生态位理论的阿拉善盟土地利用结构多目标优化研究
	郭笑东等③	基于生态位理论的黄土丘陵区耕地整治优先度及模式研究
	朱传民等④	基于生态位理论的曲周县高标准基本农田建设研究

以上研究者从生态位的概念出发，详细阐述了生态位理论，并且从生态位涉及的生物群落、企业领域、城市领域、土地领域、旅游领域等多方面进行了详细研究，研究成果颇丰。而土地资源在生态系统中处于重要的地位，土地资源也是生态系统的一部分，其遵循着生态位的作用原理，因此本书利用生态位理论来研究区域土地系统中的具体地类相互之间关系，以便拓展生态位理论在实际的运用范围。

第三节　研究理论及数据来源

一、研究理论

（一）生态位理论

Grixmell 提出生态位（ecological niche）一词，认为生态位是“恰好被

---

① 牛海鹏，张安录．耕地数量生态位扩充压缩及其生态环境效应分析——以河南省焦作市为例［J］．生态经济，2008：37-44.

② 李鑫，欧名豪，陆宇．基于生态位理论的阿拉善盟土地利用结构多目标优化研究［J］．干旱区资源与环境，2012，26（8）：69-73.

③ 郭笑东，陈利根，毕如田，等．基于生态位理论的黄土丘陵区耕地整治优先度及模式研究［J］．水土保持通报，2019，39（1）：184-190

④ 朱传民，黄雅丹，姚治国，等．基于生态位理论的曲周县高标准基本农田建设研究［J］．北京师范大学学报（自然科学版），2018，54（3）：321-326.

一种或一个亚种所占据的最后单位”[1]；动物生态学家 Elton “认为一种动物的生态位表明它在生物环境中的地位及其与食物和天敌的关系”，由此强调生物有机体在群落中的功能作用，并给生态位定义为“物种在生物群落中的地位和角色”[2]；G. P. Odum 在研究过程中，阐述生态位即“为群落中某种生物所占的物理空间，所发挥的功能作用，及其在各种环境梯度的出现范围”[3]；在自然界的一定的空间内，生物与环境构成的统一整体，在这个统一整体中，生物与环境之间相互影响、相互制约，并在一定时期内处于相对稳定的动态平衡状态。生态系统的范围可大可小，相互交错，地球最大的生态系统是生物圈；最为复杂的生态系统是热带雨林生态系统，人类主要生活在以城市和农田为主的人工生态系统中。生态系统是开放系统，为了维系自身的稳定，生态系统需要不断输入能量，否则就有崩溃的危险；许多基础物质在生态系统中不断循环。在生态系统中，所有的生物组织层次是具有一定生态学结构和功能的单元，即是生态元（生态单元、生物单元），不同的生态元（生态单元、生物单元）在生态系统中具有不同的、相应的生态位。由于生态元（生态单元、生物单元）的完整度、协调度和优化度不同，它们的生态位就相应地有高有低，而且生态元（生态单元、生物单元）的级别不同，生态位宽度也不同。生态位综合反映某一生态元在生态系统中所处的地位、所具有的功能以及所发挥的作用。生态位的宽度越高，说明该生态元在生态系统中的地位越高，功能越强大，作用越明显，反之亦然。而生态位宽度的大小是由态和势从两个方面综合反映的。

生态位概念中包括两个基本属性，即从个体到生物圈，无论自然还是社会中的生态元（生态单元、生物单元）都具有态（ecostate）和势（ecoyole）两个方面的属性，态是生物单元的状态，是过去生长发育、学习、社会经济发展以及与环境相互作用积累的结果，如能量、数量、资源规模等；

---

① 李洁，朱金兆，朱清科．生态位理论及其测度研究进展［J］．北京林业大学学报，2003，25（1）：100-107.

② 林开敏，郭玉硕．生态位理论及其应用研究进展［J］．福建林学院学报，2001，21（3）：283-287.

③ 孙儒泳．动物生态学原理［M］．北京：北京师范大学出版社，1992：312-321.

势是生态元（生态单元、生物单元）对环境的现实影响能力或支配能力，如能量和物质变换的速率、生产力、增长率、经济增长率、占据新生境的能力。“态”是“势”发展变化的基础，“势”是促使“态”发生转化的能力。特定生态系统中某生物单元的生态位即该生物单元的态势与该生态系统中所研究的生物单元的态势总和的比值，体现了该生物单元的相对地位与作用。

在实际的生态系统中，由于现实生态位空间和需求生态位空间的不一致性，当两个生物单元利用同一单元资源或共同占有其他环境容量时，必然会产生竞争排斥作用。这种竞争排斥可用生物单元的邻体干扰度来反映。

（二）生态位理论在土地利用中的运用

随着经济社会发展，人们与土地资源的关系越来越紧密，生态位理论与土地资源利用之间关系越来越紧密。土地是生态系统的一部分，由于存在不同区域和尺度，土地或区域土地（土地单元）就是一个个的生态元（生态单元），它在区域中所处的位置和作用其实就是土地系统的生态位，由此我们可以借鉴生态理论对土地系统进行研究。

生态位综合反映了生态系统中的个体与种群在其系统中所占有的空间、所处的地位和所具有的功能，即表现了个体群体在整个种群中的综合实力/地位。因此，在一定尺度下，某一土地利用类型生态元（生态单元）在整个土地系统中所具有的功能和地位的综合就是土地利用生态位，其反映了某一土地利用类型生态元（生态单元）在区域发展中的综合实力，也反映了与其他土地利用类型生态元的相对关系。形成土地利用类型生态位的原因就是在长期的发展过程中，由于社会自然因素、社会条件、经济发展情况差异，不同的土地利用类型会形成不同的地位、功能和作用，从而形成与其他土地利用类型有高低之分的相对关系。一种土地利用类型生态元的生态位反映了这种土地利用方式在一定时期和区域范围内所占据的土地资源系统中的空间位置，也反映了该种利用方式在该区域土地利用中的位次。从整个社会经济发展系统来看，该土地利用类型生态元的生态位综合体现了该种土地利用类型在物质循环、能量流动和信息交流中的角色和区域社会经济发展中的地位，所以说，土地利用类型生态元生态位是一种综合表

现，是不同土地利用类型相互作用的结果，可以用来量化不同土地利用类型的冲突和竞争。

土地利用类型生态元的生态位是一个总体概念，土地利用生态位根据具体内容可以划分为自然方面、经济方面、社会方面三部分，即土地利用自然生态位、土地利用经济生态位和土地利用社会生态位；土地利用生态位根据土地利用类型可以划分为耕地生态位、建设用地生态位和未利用土地生态位等。

根据生态位理论，生态位有态和势两种，因此，土地利用生态位也包括“态”与“势”两个基本属性。其中，土地利用生态位的态是土地利用生态元的状态，是过去土地利用方式受区域经济社会发展其相互作用的结果；土地利用生态位的势是土地利用生态元受区域经济社会发展影响的发展趋势或能力。将土地利用生态位的“态”和“势”统一起来，就得到了土地利用的生态位，其综合反映了各土地利用类型在某一尺度和区域土地利用系统中所占有的空间、所处的地位和所具有的功能。

在量化方面，土地利用生态位的大小由土地利用生态位宽度来表示[①]，反映某类土地利用生态元在区域生态系统中与其他土地利用生态元的相对地位和作用。生态位宽度（niche breath）又称生态位广度（大小），是生态位特征的定量指标之一，生态位宽度是生态元（生物）在生长过程中综合利用资源的能力、多样化程度等，表述现实生态位超体积的限度。[②] 生态位宽度的大小反映了生态元（生物）在该系统中的地位和作用。一般来说，生态位宽度越大，其对环境的适应能力就越强，对自然资源的利用程度就越充分，而且在生态系统中往往处于较为优势地位。在自然生态系统中，生态位宽度反映了某个个体对多个环境生态因子的适应和利用的范围。如果某生物可以利用的资源较少，称该生物的生态位较窄，也说明该生物适应力弱；如果某生物可利用的资源较多，则称其生态位较宽，也说明该生

① 张光明．谢寿昌．哀牢山木果石栋群落优势种的生态位宽度与重叠［J］．云南植物研究，2000（4）：23-27.

② 杨效文，马继盛．生态位有关术语的定义及计算公式评述［J］．生态学杂志，1992，11（2）：44-49.

物适应力强。同样，生态位宽度也可对土地利用生态位进行度量。土地利用生态位宽度即是指土地生态元（生态单元）发展可利用的所有资源的总和，如土地数量、质量、土地利用强度、经济发展水平、区域环境等的总和，主要反映土地生态元对系统环境适应的状况和对资源的利用程度。如果某生态元的土地利用生态位处于土地系统前列，则其具有较宽的生态位；反之，则该生态元的生态位较窄。因此，在测定土地利用生态元的生态位宽度时，不仅要测定其状态（态），而且也要测定其对环境的影响力或支配力（势）。

生态位宽度（niche breadth），也称为生态位广度（niche width）或生态位大小（niche size）。由于对于生态位宽度的内涵认识不同，使得学者们对其测度也不同，如 Simpson（1949）模型、Levins（1968）模型、Schoener（1974）模型、Hurlbert（1978）模型、Crnvell 等（1971）模型、Petraitis（1979）模型、Feinsinger 等（1981）模型、Smith（1982）模型和 Pielou（1971）模型等。

土地利用生态位宽度计算公式如下：

$$B_i - Y_i^2/N_{ij}^2 = 1\Big/\sum_{j=1}^{R} P_{ij}^2 = (\sum_{j=1}^{R} N_{ij})^2 \Big/\sum_{j=1}^{R} N_{ij}^2 \tag{6-1}$$

式中，Bi 为某土地利用类型的生态位宽度；$j=1, 2, 3, \cdots R$，R 为不同土地利用类型；$P_{ij}=N_{ij}/Y_i$ 为某一土地利用类型 i 的状态个数占该土地利用类型个数总数的比例。

利用该模型我们就可以计算出不同土地利用类型的生态位宽度，通过比较它们的生态位宽度为土地利用结构的优化提供合理的依据。

土地利用生态位重叠理论：土地利用生态位重叠是指两种土地利用生态元在空间上的共同利用程度或功能上的相似程度。如有两种不同的土地利用方式利用同一块土地，根据土地利用分类标准，可能只划分为其中一种土地利用类型，但事实上是两种土地利用生态位重叠。土地利用生态位重叠值计算公式如下：

$$D_{ab} = \sum_{j=i}^{n} P_{bj} \cdot P_{aj} \Big/ \sqrt{\sum_{j=1}^{n} p_{bj}^2 \sum_{j=1}^{n} \cdot P_{aj}^2} \tag{6-2}$$

式中，D_{ab} 为案例地 a 和 b 之间的生态位重叠值；p_{aj} 和 p_{bj} 分别为案例地 a 和 b

的 Pj 值。

本书利用生态位理论来研究泉州市建设用地与耕地矛盾冲突。土地利用生态位分为自然生态位、经济生态位和社会生态位三类，其中自然生态位主要表现在土地数量、土地质量、污染程度、生态效益等方面，经济生态位主要表现在经济效益、利用方式、利用程度等方面，社会生态位主要表现在文化观念、政策法规、就业情况等方面；再根据耕地和建设用地两类分为耕地自然生态位、耕地经济生态位、耕地社会生态位以及建设用地自然生态位、建设用地经济生态位、建设用地社会生态位两大类六小类。

（三）土地利用数量生态位重心模型构建

为了探讨某一时期内建设用地和耕地资源在空间中发生位移情况，从而通过两种地类的移动轨迹，研究建设用地与耕地在空间中的冲突情况，本书建立土地利用数量生态位重心模型。这种模型是以土地利用数量生态位作为基础测算出的土地利用分布重心，称为土地利用数量生态位重心，重心坐标用地图经纬度表示。其构建过程如下：首先将研究区域按照一定的规则，分为若干个小区域，利用 ArcGIS 工具在大比例尺地图上确定每个小区的几何中心坐标以及县城所在地的坐标，然后再乘以该小区土地利用数量生态位，最后把乘积累加后除以各小区土地利用生态位的和。在计算土地利用数量生态位重心过程中，土地利用分布重心不以土地利用面积为依据，而是以各小区土地利用数量生态位计算，这主要是因为首先数量生态位本身表征了各小区内土地利用分布的优势度，其次土地利用生态位对其数量变化的反应敏感程度优于绝对面积。因此以各小区土地利用数量生态位确定土地利用分布重心更能反映出研究区域土地利用数量空间上的变化特征。土地利用数量生态位重心测算的模型为

$$Y_{i(t)} = \sum_{j=1}^{m} (N_{i(t)j} \times Y_j) \Big/ \sum_{j=1}^{m} n_{I(t)j} \tag{6-3}$$

$$X_{i(t)} = \sum_{j=1}^{m} (N_{i(t)j} \times X_j) \Big/ \sum_{j=1}^{m} N_{i(t)j} \tag{6-4}$$

式中，$X_{i(t)}$、$Y_{i(t)}$ 为第 t 年研究区域土地利用数量生态位重心的经纬度坐标；$N_{i(t)}$ 为第 i 个小区域第 t 年土地利用数量生态位；X_j，Y_j 为第 i 个小区域的几

何中心（或县城所在地）的经纬度坐标；m 为研究区内划分的小区域总个数。运用该模型可测算出研究时段内土地利用数量生态位重心坐标，并可解算出土地利用数量生态位重心移动的距离和迁移的方向。

（四）空间界面理论

物体与物体之间的接触面即界面（interface）。[①] 在物理、化学等领域，界面是指固体、液体、气体之间两相或三相之间的交界面、分界面或接触表面，一般分为固体—固体界面、液体—液体界面、气体—气体界面、固体—液体界面、固体—气体界面、液体—气体界面；在地理系统间也存在交界面，如海洋—大陆界面、海洋—河流界面；在社会经济系统中，也有城市—乡村交界面。因此以上这些系统与系统之间就是空间界面，即两种不同系统或物质在空间上形成的交界面。空间界面之所以形成，是因为首先存在两种异质性的系统或物质；其次是两种异质性的系统或物质在空间上能够接触或邻近。

根据界面形成机制，空间界面可以分为自然界面和人为界面，自然界面主要由地理和气候等因素差异在自然界中形成好演变的空间界面，而人为界面则是由人类经济社会对自然的改造以及活动中的异质性，如城乡界面、交通界面。

空间界面因其构成和活动机制的独特性，常显示出以下特点和效应。

（1）异质性：空间界面由异质性的系统相交接而构成，因此空间界面处的景观构成和活动机制较系统内部具有极强的异质性。

（2）过渡性：空间界面是两种不同系统的交界面，空间界面处的景观特征和活动机制常显示出两种异质性系统间的过渡性特征。

（3）复杂多样性：空间界面处因其构成的异质性，其内部存在复杂的要素构成和多样的活动类型。

（4）相对的稳定性：空间界面在两种异质性系统共同作用下处于动态平衡状态，具有制衡两种系统活动的相对稳定性，因此，在相对较短的时间段内，空间界面具有相对的稳定性。

---

① 《当代汉语词典》编委会．当代汉语词典［M］．北京：中华书局，2009.

（5）绝对的变化性：在较长时间段内，由于外界环境或系统内部日积月累的变化，空间界面处的动态平衡往往会被打破而发生演变，因此，空间界面又具有绝对的变化性。

在土地系统中，耕地资源和建设用地均为开放系统，在系统边界即城乡交错带上聚集着关于系统演化的重要特性。系统的复杂性主要是由系统与环境之间的相互作用关系产生的，这种关系决定了系统的结构、功能和行为的变化和发展。土地利用系统是一个全系统，它由系统、环境以及系统与环境之间的共同边界三部分组成，为了便于区分，称原系统为本体系统，并且把环境也看成一个系统，称为环境系统。

耕地与建设用地是土地系统内部要素及其关系的集合，建设用地和耕地是土地系统及其关系的集合，界面是表示位于耕地和建设用地"边界"上的要素及其关系的集合。当城市发展，建设用地就会占用耕地，原来的耕地和建设用地界面发生变化，建设用地的规模越来越大，耕地相应就减少了，使得耕地与建设用地发生界面冲突（图 6-1）。对于城乡土地全系统而言，城市土地系统中建设用地与耕地系统之间存在着感知反应关系，感知强度可以用要素的感知反应灵敏度来定义。

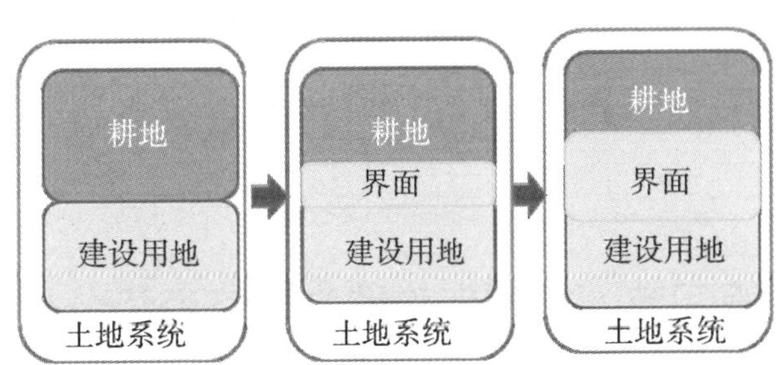

图 6-1　耕地资源与建设用地界面

二、数据来源与处理

（一）数据收集

本研究收集了泉州市 1980 年、1990 年、2000 年、2006 年、2010 年五期 Landsat 5 影像数据，2017 年土地利用变更数据、《泉州市土地利用总体规划（2006—2020年）》、《泉州市集中式饮用水源地水源保护区规划》、《泉州市“十三五”旅游业发展专项规划》、《泉州市统计年鉴（2018年）》、泉州市2016年地质灾害点现状分布图以及DEM数据等。

（二）数据处理

土地具有多功能性，具有养育、承载、文化景观、生态等多种功能。根据研究区土地资源实际，依据《土地利用现状分类》（GB/T 21010—2017）中的土地利用分类进行适当归并，具体将土地类型划分为耕地、园地、林地、城镇用地、村庄用地、交通运输用地、工矿旅游用地、其他建设用地、设施农用地、养殖水面、其他水面、其他用地12类，由于本书研究的是耕地资源与建设用地两者之间的功能冲突，故只分析耕地和建设用两类，其中耕地包括旱地和水田。

为了保证研究区域的每个评价单元地类的一致性，以及精准地反映研究区域土地利用的微尺度效应，利用ArcGIS的FISHNET，生成1000m×1000m的渔网，再与土地利用现状地类图斑层进行相交分析，形成研究的若干个评价单元。

将收集到的各种资料，如饮用水源保护区划、旅游规划等文本资料与纸质图件等，借助ArcGIS 10.2软件进行矢量化和空间配准，形成属性数据库后，将其与评价单元连接，建立研究区域的土地利用基础数据库。

第四节　泉州市耕地生态位态势分析

一、构建耕地生态位模型

根据上文介绍的生态位宽度测量众多模型，本书依据Levins模型，假设区域土地利用类型均能平等地被使用，即可利用性均相等，构建土地利用的功能生态位宽度评价模型如下：

$$S_{iq} = \sum_{i=1}^{n} l_{qj} W_{qj} \Big/ \sum_{n=1}^{n} \left(\sum_{i=1}^{m} l_{qj} W_{qj} \right) \quad (6-5)$$

式中，j 为指标序号，$j=1, 2, 3, \cdots, m$，m 为功能类别；i 为各评价单元序号，$i=1, 2, 3, \cdots, n$，n 为功能类别；S_{qj} 为第 j 个评价单元中第 q 类功能生态位的宽度，$S\in[0, 1]$，$S_{qj}=0$ 时，该类土地功能生态位宽度最小，$S_{qj}=1$ 时，该类土地功能生态位宽度最大；W_{qj} 为第 q 类功能生态位中第 j 个功能生态位维度的权重；l_{qij} 为第 i 个评价单元中第 q 类功能生态位在第 j 个功能生态位表现维度上的数值，为标准化处理后的值。本书采用极差标准化法进行无量纲化处理。

对于正向指标，公式为

$$x'_i=\frac{x_i-x_{\min}}{x_{\max}-x_{\min}} \tag{6-6}$$

对于负向指标，公式为

$$x'_i=\frac{x_{\max}-x_i}{x_{\max}-x_{\min}} \tag{6-7}$$

式中，x'_i 为标准化后的数据；x_i 为原始值；$x_{\max}$ 和 $x_{\min}$ 为同一指标下不同县市区的最大值和最小值。

土地资源是自然社会经济综合的生态系统，由地球陆地表面一定立体空间的气候、地质、地貌、土壤、水文、生物等自然要素组成。在土地利用过程中，受到气候、地学、土壤等多个因素影响，如土地资源的地学因素主要集中于地球表面的地质与地貌形态，它是区域土壤形成的物质基础，也是导致区域水热条件重新分配的主要原因，它与一个区域的土地利用关系非常密切。因此，土地利用过程中受到多种自然生态因素的影响，当然，土地利用过程中也受到经济和社会因素的影响，即从内容方面，我们可以将土地生态位分为土地自然生态位、土地经济生态位、土地社会生态位。这些土地生态位直接反映了不同土地利用类型生态元的发展阶段和未来趋势。对于耕地资源来说，它是土地的精华，是农业、农民最为基本的生产资料。强化耕地保护，提升耕地质量，是提高农业综合生产能力、确保国家粮食安全的根本保障。耕地资源最易受到自然因素的影响，如立地条件、耕层理化性状、土壤管理、障碍因素和土壤剖面性状等方面都会影响耕地地力。耕地也受到经济和社会方面的影响：经济方面，耕地的利用维度，如耕地面积、田间道路通达度、灌溉率；经济维度，如耕地综合产出能力和产出效率。还有耕地社会维度，如就业人口等。据此，本书从自然维度和人为维度两方面建构耕地自然生态位；从利用维度和经济维度两方面构造耕地经济生态位；耕地社会生态位，主要包括社会维度（表6-2）。

表6-2　研究区耕地的生态位评价指标体系

目标层	准则层	权重	指标层	权重	高度适宜（5分）	中度适宜（4分）	低度适宜（3分）	不适宜（1分）
耕地自然生态位	自然维度	0.425	地貌类型	0.0258	平缓阶地、盆地、平原	低丘缓坡、山间阪田	丘陵低谷地、高阶地、滩涂	丘陵谷地、山垄上冲田
			地形坡度	0.0546	≤8°	8°~15°	15°~25°	≥25°
			有效土层厚度	0.0439	≥100cm	60~100cm	25~60cm	≤25cm
			土壤质地	0.0359	中壤、重壤	砂壤、黏土	轻壤、砂壤	砂土、重壤
			土壤酸碱度	0.0367				
			土壤有机质	0.0487	≥24	18~40	10~30	≤10
	人为维度	0.154	灌溉能力	0.0574	充分满足	满足	基本满足	不满足
			排水能力	0.0652	充分满足	满足	基本满足	不满足

续表

目标层	准则层	权重	指标层	权重	高度适宜（5分）	中度适宜（4分）	低度适宜（3分）	不适宜（1分）
耕地经济生态位	利用维度	0.256	耕地面积	0.0763	≥1 公顷	0.5~1 公顷	0.1~0.5 公顷	≤0.1 公顷
			人均耕地	0.0546	≥1 公顷	0.5~1 公顷	0.1~0.5 公顷	≤0.1 公顷
			田间道路通达度	0.0763	高	中	一般	低
			灌溉保证率	0.0699	充分保证	保证	基本保证	不保证
	经济维度	0.124	亩均产量	0.0374	≥400 公斤	300~400 公斤	200~300 公斤	≤200 公斤
			种植收入	0.0475	≥1 万元	8000~1 万元	5000~8000 元	≤5000 元
			人均收入	0.0585	≥1 万元	5000~1 万元	3000~5000 元	≤3000 元
耕地社会生态位	社会维度	0.041	家庭人口	0.1192	≥5 人	3~4 人	2~3 人	≤1 人

由于研究过程中涉及众多的指标，这些指标在评价体系中的作用大小不一，因此，就要计算该指标在整体评价中的相对重要程度，对于本研究评价体系中的指标权重采用熵值法进行确定。

二、熵值法的原理

申农（C. E. Shannon）最先将熵（entropy）引入信息论，得到信息熵（information entropy），目前已经在工程技术、社会经济等领域得到了非常广泛的应用。

熵权法（the entropy weight method，EWM）的基本思路是根据指标变异性的大小来确定客观权重。一般来说，若某个指标的信息熵指标权重确定方法之熵权法越小，表明指标值的变异程度越大，提供的信息量越多，在综合评价中所能起到的作用也越大，其权重也就越大；相反，某个指标的信息熵指标权重确定方法之熵权法越大，表明指标值的变异程度越小，提供的信息量也越少，在综合评价中所起到的作用也越小，其权重也就越小。熵权法赋权步骤如下。

（一）数据标准化

将各个指标的数据进行标准化处理。

假设给定了 k 个指标 X_1，X_2，X_3，…，X_k，其中 $X_{i=}\{X_1, X_2, X_3, \cdots, X_n\}$，假设对各指标数据标准化后的值为 Y_1，Y_2，Y_3，…，Y_k，那么，

$$Y_{ij}=\frac{X_{ij}-\min(X_i)}{\max(X_i)-\min(X_i)}$$

（二）求各指标的信息熵

根据信息论中信息熵的定义，一组数据的信息熵 $E_j=-\ln(n)^{-1}\sum_{i=1}^{n}P_{ij}\ln P_{ij}$，其中 $P_{ij}=Y_{ij}\Big/\sum_{i=1}^{n}Y_{ij}$，如果 $P_{ij}=0$，则定义 $\lim_{pij\to 0}P_{ij}\ln P_{ij}=0$。

（三）确定各指标权重

根据信息熵的计算公式，计算出各个指标的信息熵 E_1，E_2，E_3，…，E_k，通过信息熵计算各指标的权重：$W_i=\dfrac{1-E_i}{k-\sum E_i}(i=1, 2, \cdots, k)$。

三、耕地生态位态势变化具体分析

（一）耕地自然生态位“态”和“势”

区域内的耕地生态元是一定时期自然—社会—经济三者对耕地利用综合作用的结果，反映了耕地生态元在特定时间作用的结果表示的“态”和在不同时间段的变化的“势”（通常量纲转换系数为1a）。自然因素是存在于人类社会周围的对人类的生存和发展产生直接或间接影响的各种天然形成的物质和能量的总体，而对于耕地而言，我国南方和北方耕作类型、农作物有明显差异，北方平原广阔，耕地多，但热量较低，降水较少，以旱地为主，主要农作物是小麦；南方多丘陵、山地，但热量高，降水丰沛，以水田为主，主

要农作物是水稻。降水是导致我国南北方地区耕地类型差异的主要自然因素。为研究耕地自然生态位，本书选取影响区域耕地自然生态位的因素，一是自然维度，包括地貌类型、地形坡度、有效土层厚度、土壤质地、土壤酸碱度、土壤有机质；二是人为维度，包括灌溉能力、排水能力等。泉州市各区县耕地自然生态位“态”变化（1980—2010 年）见表 6-3。

表 6-3　泉州市各区县市耕地自然生态位“态”变化（1980—2010 年）

行政区	耕地自然生态位（1980 年）	耕地自然生态位（1990 年）	耕地自然生态位（2000 年）	耕地自然生态位（2006 年）	耕地自然生态位（2010 年）
鲤城区	0.0033491	0.00345212	0.0042611	0.00435522	0.00422562
丰泽区	0*	0*	0.0022522	0.00245566	0.00236225
洛江区	0*	0*	0.0025422	0.00325542	0.00322542
泉港区	0*	0*	0.0052912	0.00535215	0.00535325
石狮市	0.0036552	0.00375562	0.0046117	0.00452545	0.00455255
晋江市	0.0119302	0.01186522	0.0111671	0.01152522	0.01122542
南安市	0.014859	0.01495824	0.0154072	0.01524522	0.01426255
惠安县	0.0139141	0.01399547	0.0157413	0.01584522	0.01585222
安溪县	0.0095418	0.00096542	0.0102245	0.01120221	0.01145522
永春县	0.0079771	0.00805522	0.0090585	0.00915422	0.009065522
德化县	0.0040448	0.00412552	0.0048077	0.0058985	0.005895222

注：* 表示这些区域由于 1980 年、1990 年还在市辖区（鲤城区）行政区内，缺少数据

1. 耕地自然生态位“态”方面

从研究区域泉州来看，1980 年市辖区（鲤城区）耕地自然生态位为 0.0033491，1990 年，其值增加较少，为 0.00345212，2000 年为 0.0042611，2006 年为 0.00435522，2010 年为 0.00422562。总体上来看，鲤城区比其他市县的自然生态位都要小，其增加速度也很慢，有以下主要原因：一是其行政区划调整频繁。1997 年 6 月经国务院批准，原鲤城区行政区划调整为鲤城、丰泽、洛江 3 个市辖区。鲤城区保留原有名称，辖江南、浮桥 2 个镇以及泉州古城区的开元、鲤中、海滨、临江 4 个街道，辖区范围仅为原先的 1/10。2003 年 1 月撤销江南、浮桥 2 个镇，设立江南、浮

桥 2 个街道。2006 年 9 月，江南、浮桥 2 个街道调整为江南、浮桥、金龙、常泰 4 个街道。2010 年，辖开元、鲤中、海滨、临江、江南、浮桥、金龙、常泰 8 个街道和泉州高新技术产业园区（江南园）管委会，有 79 个社区居委会。二是鲤城区自然条件决定。鲤城区地貌有低山、丘陵、台地、平原、河谷盆地、滩涂等类型，以丘陵为主。根据 1990 年航测，低山 45.26 平方千米，约占全区土地总面积 8.39%；丘陵 295.23 平方千米，约占 54.75%；台地 64.93 平方千米，约占 12.04%；平原 69.80 平方千米，约占 12.95%；滩涂 31.13 平方千米，约占 5.77%；浅海 15.73 平方千米，约占 2.92%；内陆水域 17.07 平方千米，约占 3.17%，因此鲤城区的耕地面积较少。

石狮市、惠安县、安溪县、永春县、德化县这 5 个市县的耕地自然生态位“态”变化增加，唯有晋江市是在逐渐减少。

2. 耕地自然生态位“势”方面

泉州市的耕地自然生态位“势”方面，1980—1990 年和 1990—2000 年，唯有晋江市的值是负增长，其他的区县市都是正增长，变化最大的是鲤城区；2000—2006 年，只有石狮市和南安市两地的值为负值，其他区县都为正，增长最大的是洛江区；2006—2010 年，鲤城区、丰泽区、洛江区、晋江市、南安市、永春县和德化县这 7 个区县市的值为负值，其中南安市增长最小（图 6-2）。从耕地自然生态位来看，泉州市以石灰（岩）土、水稻土、潮土、黄棕壤为主，土壤质地黏重、酸性较强、土壤养分贫瘠、土层较薄、水土流失严重。泉州市耕地自然生态位优势不大。

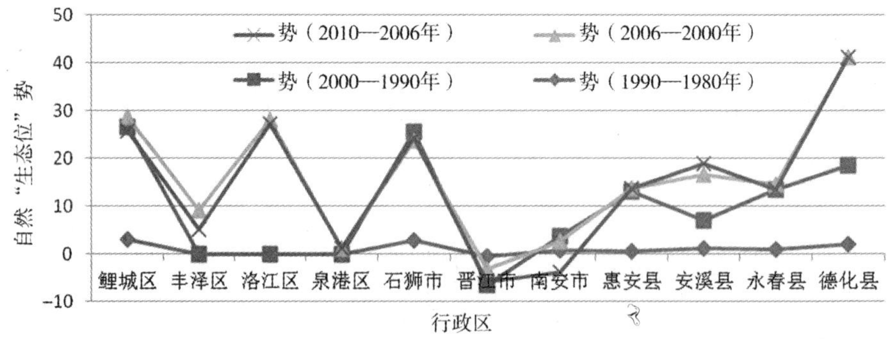

图 6-2 泉州市各区县市耕地自然生态位“势”变化（1980—2010 年）

（二）耕地经济生态位“态”和“势”

影响土地资源的经济因素包括土地生产力和土地区位等，其中，土地生产力受到土地报酬递减规律作用。

1. 土地生产力方面

土地生产力，通常指土地的生物生产能力，是土地评价中衡量土地质量的重要指标之一。影响土地生产力高低的因素，除了自然要素以外，还有经济方面的因素。一般来说，土地生产力可以区分为自然生产力与（社会）经济生产力。所谓自然生产力，是指在没有人为干预的条件下，由气候、地形、土壤和生物等因素决定的土地天然生产力。经济生产力又称为社会生产力，是指在土地自然生产力基础上，在新技术推动和人类管理与调控下，通过培肥土壤、改良品种、创新栽培技术、加强田间基础设施建设和提高田间经营管理水平等措施得到的土地生产力。土地生产力是诸多因素共同作用的结果。只有这些因素间协调发展，才能达到生产力和经济效益最大化。单纯强调一个因素而忽略整体性可能导致土地生产力水平下降。若某一因素水平过低，由于“木桶效应”，也会使整体生产力水平受到影响。

2. 土地区位方面

土地区位是指土地在空间上与其他事物的关系。土地位置的特性是土地空间性和地域性的重要表现，也是土地本身具有的重要基本特征之一。

每块土地都有特定的“三维”空间位置而不能有一点移动，只能在所处地域内加以利用，这是土地不同于其他生产资料的又一特性。土地位置的好坏直接影响土地纯收益，从而影响地价，土地位置是决定土地等级和形成土地级差收入的重要条件。在这里，土地位置已不单纯是一个自然因素，位置的好坏主要由该地块所属地区的自然条件与社会、经济、行政等因素来决定。工厂的选址应选在靠近原料产地、交通便利的区位；商业的选址需选在人口密集、流量大的中心区。土地位置的好坏将最终导致地区之间经济发展上的不均衡。

3. 土地报酬递减规律作用

耕地的生产力要受到土地报酬递减规律的作用。土地报酬，或曰土地收益，是指一定面积土地上投入生产要素后所取得的产量或收益，一般可以分为直接收益和间接收益。作为农业生产资料的土地收益就是农产品；而作为建房基地的土地，其收益是间接的，是通过房屋内的其他生产经营而实现的。土地报酬递减率是指从一定土地上所得到的报酬随着向该土地投入的劳动和资本的增多而有所增加，但随着投入的增加每单位劳动量或资本量的报酬逐渐减少。由于土地报酬递增递减现象的客观存在，我们不能盲目地追求高投入，而应遵循客观规律适度投入。同时，可以适当增加对土地的科技投入，以改变土地报酬静态曲线的变动频率，增加土地报酬递增区间。在此基础上，寻求投入的最佳点，以达到投入产出平衡，并以此为依据制定最优的土地利用方式。

4. 技术因素方面

影响土地资源的技术因素包括科技发展水平和生产管理水平等。近年来，随着社会进步，人民生活水平提高，人类主动改造自然的意识也得到了相应增强，人类开始寻求用新的技术手段来更好地改造自然，使之适应人类自身的生存和发展。

技术因素对于土地资源的效应表现在直接和间接两个方面。

直接作用表现在土地资源的利用与改造上。一方面新技术应用在土地资源本身的保护、改良和改造等方面，使得土地资源利用的深度与广度得到很大提高；另一方面，新的宏观监测技术方法如遥感等应用在土地的宏观管理与调控中，使得土地管理水平得到较大提升。土地改良技术使得大量被荒芜废弃土地得到恢复和再度利用。

技术因素的间接作用表现为通过促进经济增长、引导产业结构升级、改变产品结构和层次等而影响土地资源的开发利用。在现代新技术浪潮的推动下，产业结构逐渐变“轻”，第三产业比重加大。知识密集型和技术密集型产业得到了迅速发展，占地少、耗能低、产出高的产业在三大产业中的比重日益增大。这些变化无疑会影响到土地利用方式的转变。

本书从利用维度和经济维度两方面构建了泉州市耕地经济生态位，利用维度方面采用了耕地面积、人均耕地、田间道路通达度、灌溉保证率四个指标进行测算，经济维度方面采用亩均产量、种植收入、人均收入三个

指标进行测算（表 6-4）。

表 6-4　泉州市各区县市耕地经济生态位“态”变化（1980—2010 年）

行政区	耕地经济生态位（1980 年）	耕地经济生态位（1990 年）	耕地经济生态位（2000 年）	耕地经济生态位（2006 年）	耕地经济生态位（2010 年）
鲤城区	0.0614561	0.08565642	0.0755173	0.07525222	0.07548855
丰泽区	0*	0*	0.0026552	0.00285542	0.00235822
洛江区	0*	0*	0.0026554	0.00285622	0.00285222
泉港区	0*	0*	0.0226721	0.02285545	0.02253355
石狮市	0.0400618	0.04115226	0.0466679	0.04789522	0.04722333
晋江市	0.1124928	0.11354256	0.1500011	0.15585522	0.15522255
南安市	0.0737565	0.07425552	0.0923455	0.09652522	0.09852222
惠安县	0.0382454	0.03955282	0.0575118	0.05875222	0.05952222
安溪县	0.0215928	0.02254566	0.0322571	0.03652245	0.03522255
永春县	0.012255	0.01242222	0.0193718	0.01985222	0.01975722
德化县	0.0096784	0.01625254	0.0152173	0.01563256	0.01455222

注：* 表示这些区域由于 1980 年、1990 年还在市辖区（鲤城区）行政区内，缺少数据

（1）耕地经济生态位“态”方面

通过计算，泉州市耕地经济生态位总体上是增加的，市辖区（鲤城区）由 1980 年的 0.0614561，增加到 1990 年的 0.08565642，之后 2000 年数值为 0.0755173，2006 年为 0.07525222，到 2010 年又增加到 0.07548855。晋江市、永春县、德化县三市县的经济生态位“态”方面增加最为明显，其他区县市也在缓慢增长（表 6-4）。

（2）耕地经济生态位“势”方面

泉州市耕地经济生态位“势”方面，1980—1990 年的变化率最慢，1990—2000 年、2000—2006 年和 2006—2010 年 3 个期间比 1980—1990 年有了大幅度增加。具体来看，1980—1990 年耕地经济生态位“势”都为正值，而 1990—2000 年、2000—2006 年、2006—2010 年这三年的数值有正有负，特别是2006—2010年耕地经济生态位“势”变化量除了鲤城区、南安市、惠安县为正值之外，其他区县市都为负增长值。其原因可能是随着泉州市整个经济快速发展，区域内经济发达的地区耕地的经济价值下降，人们都在追求第二、第三产业的经济效益，即降低了农业，特别是在耕地上的经济收入，很多地方都轻视农业，在耕地上的投入下降，使得耕地的经济生态位增长出现负值（图6-3）。

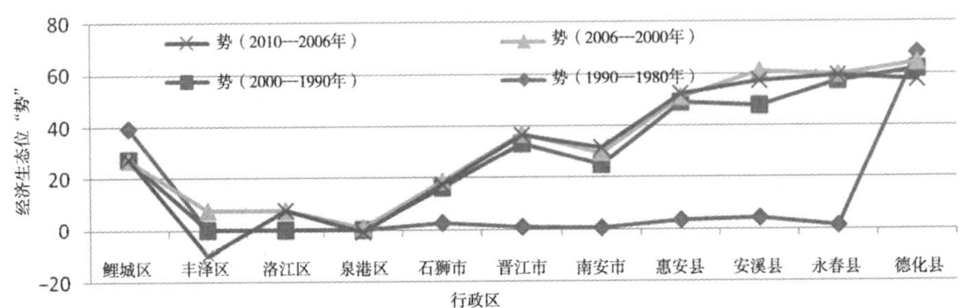

图6-3　泉州市各区县市耕地经济生态位“势”变化（1980—2010年）

（三）耕地社会生态位“态”和“势”

1. 耕地社会生态位“态”方面

耕地社会生态位是从社会影响因素来探讨耕地的生态位。本研究从社会维度角度选取了家庭人口来测量泉州市耕地的社会生态“态”方面（见表6-5）。影响耕地社会生态位的主要因素是人口因素和社会制度。

表6-5　泉州市各区县市耕地社会生态位“态”变化（1980—2010年）

行政区	耕地社会生态位（1980年）	耕地社会生态位（1990年）	耕地社会生态位（2000年）	耕地社会生态位（2006年）	耕地社会生态位（2010年）
鲤城区	0.0572854	0.0575855	0.0710313	0.071021554	0.071054222
丰泽区	0*	0*	0.0025545	0.002256222	0.002152222
洛江区	0*	0*	0.00242552	0.00245223	0.002354522
泉港区	0*	0*	0.0073395	0.00778522	0.00775222
石狮市	0.0287841	0.02625452	0.0364055	0.03524522	0.03558852

续表

行政区	耕地社会生态位（1980年）	耕地社会生态位（1990年）	耕地社会生态位（2000年）	耕地社会生态位（2006年）	耕地社会生态位（2010年）
晋江市	0.0950492	0.09512542	0.113082	0.13352662	0.13368555
南安市	0.0480803	0.04808922	0.0599427	0.06325544	0.06254222
惠安县	0.0186111	0.0184752	0.0297297	0.02852452	0.02852554
安溪县	0.0159583	0.01652453	0.0232554	0.02655222	0.02555455
永春县	0.012014	0.0125452	0.0183734	0.01892222	0.01882522
德化县	0.0060674	0.0075223	0.009383	0.00965852	0.0095888

注：* 表示这些区域由于1980年、1990年还在市辖区（鲤城区）行政区内，缺少数据

（1）人口因素方面

土地作为资本的载体和人类活动的场所，其与人口的依存关系密切。在人地关系中，由于土地数量的相对固定和人口数量的不断变化，引起人地关系紧张的矛盾往往在后者。人口质量的高低也会影响到土地资源的稀缺程度。当人口质量普遍较高时，新增人口能迅速成长为人力资本，有助于转化为现实生产力，促进技术进步，提高单位土地的生产效率，在一定程度上有利于缓解土地资源紧张的矛盾。人口密度的高低会对区域的土地利用集约程度产生影响。一般来说，人口多土地数量少的区域，因为土地资源的稀缺程度较高，为了维系人类的生存，会向土地系统中投入更多的技术、劳动力和化学肥料，以换取较高的土地产出率，即土地利用的集约度较高；而在人少地多，人地关系矛盾相对较小的区域，土地数量对社会经济发展的制约作用相对较弱，经营活动中势必会以大量的土地投入替代其他紧缺型要素的投入，土地利用也就相对粗放。

（2）制度因素方面

土地制度是在一定社会经济条件下，因土地的归属和利用问题而产生的所有土地关系的总称。广义的土地制度包括土地所有制度、土地使用制度、土地规划制度、土地保护制度、土地征用制度、土地税收制度和土地管理制度等。

由于社会制度的不同，中国的土地制度与国外许多国家有着明显的差异，具有自身鲜明的特色。在土地所有制度的约束下，中国土地制度表现出以下特点，进而对土地资源产生广泛而深刻的影响。首先，土地使用的计划性和可调控性。土地归全民或集体所有，使得社会个体不能随意处置土地或变相改变土地利用用途。其次，土地利用规划范围广而深。在现行土地所有制保证下，国家或相应的代理机构能够对绝大部分土地进行规划，进行土地利用类型的用途定制和空间布局。再次，国家有常设的机构来行使土地日常管理职能，实施垂直化管理。最后，土地征用制度能够最大限度地满足社会经济发展需求。目前我国的土地征用制度，尽管存在着诸多问题，尤其是侵害个体利益严重，但从征地效率上分析，是与目前的社会经济制度基本相适应的。

我国土地资源虽然总量较多，但是人均占有量却很低。随着社会经济发展、人民生活水平提高、医疗水平进步，人口数量的正增长态势还将持续一段时间，而土地资源总量有限，土地生产力在一定约束条件下也不可能无限制增长。土地资源供给的短缺性与社会经济发展对土地利用空间和土地产品的需求性之间的失衡状态将越来越严重。因而，协调人口数量和土地资源关系，切实保护好土地资源尤其是耕地资源，确保其可持续利用，是一项十分紧迫的任务。

经过计算，泉州市各区县耕地社会生态位“态”变化总体是增加的，如晋江市由1980年的0.0950492，增加到1990年的0.09512542，到2000年的0.113082，到2006年的0.13352662，以及2010年的0.13368555，其他区县市的情况类似（表6-5）。

2. 耕地社会生态位“势”方面

从耕地社会生态位“势”方面来看，1990—2000年全市的耕地社会生态位“势”都为正值，而其他年份有正有负，并且1980—1990年的“势”值要比其他年份小；2006—2010年的数值增加量较小，如丰泽区、洛江区、泉港区、南安市、安溪县、永春县、德化县数值为负。这说明耕地提供的社会因素在下降，虽然耕地在农村还存在初级的社会保障功能，如给农民提供就业、医疗和养老保障功能等，但是其作用已经在下降，导致了泉州

市耕地的社会生态位在下降，其“势”的变化值增加为负值（图6-4）。

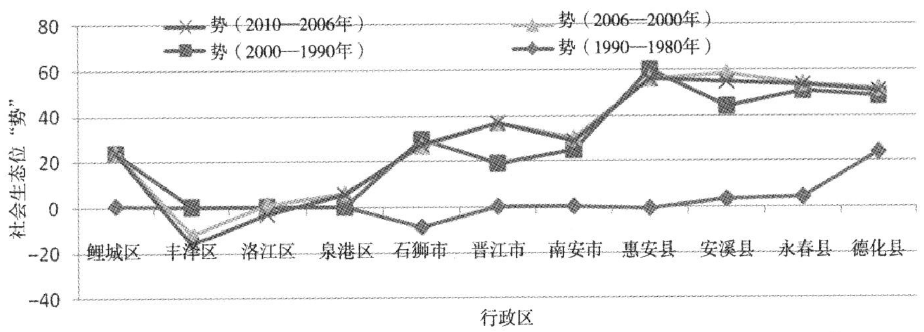

图6-4　泉州市各区县市耕地社会生态位“势”变化（1980—2010年）

（四）耕地生态位“态”和“势”

1. 泉州市耕地生态位“态”方面

通过上述对泉州市耕地自然生态位、经济生态位和社会生态位的计算，将三者综合起来，可以得到各区县市1980—2010年耕地生态位“态”变化情况（表6-6）。从整个趋势来看，泉州市的耕地生态位都在增加，每个区县市增长幅度和进度不一，其中晋江市的耕地生态位“态”方面值最大，2010年为0.112116058，其次是南安市，2010年为0.065583903，再次是市辖区（鲤城区），2010年为0.056209489，最小是丰泽区，2010年为0.002291248。

表6-6　泉州市各区县市耕地生态位“态”变化（1980—2010年）

行政区	耕地生态位（1980年）	耕地生态位（1990年）	耕地生态位（2000年）	耕地生态位（2006年）	耕地生态位（2010年）
鲤城区	0.045553019	0.055841941	0.05622287	0.05613185	0.056209489
丰泽区	0*	0*	0.002521219	0.002557745	0.002291248
洛江区	0*	0*	0.00255124	0.002822703	0.00278128
泉港区	0*	0*	0.013267117	0.013506449	0.013360636
石狮市	0.027238509	0.026886846	0.032767258	0.032878278	0.032716148
晋江市	0.081595762	0.082045569	0.103109297	0.112404282	0.112116058

续表

行政区	耕地生态位（1980年）	耕地生态位（1990年）	耕地生态位（2000年）	耕地生态位（2006年）	耕地生态位（2010年）
南安市	0.050558979	0.050796321	0.062418001	0.065226193	0.065583903
惠安县	0.025683256	0.026207868	0.037901082	0.038050329	0.038375816
安溪县	0.016720665	0.015163627	0.023778389	0.026902214	0.026090278
永春县	0.011105995	0.011371053	0.016464003	0.01687082	0.016776736
德化县	0.00707837	0.010339806	0.010689581	0.011227612	0.010750042

注：*表示这些区域由于1980年、1990年还在市辖区（鲤城区）行政区内，缺少数据。

2. 耕地生态位“势”方面

泉州市耕地生态位“势”方面，1980—1990年的生态位“势”增长比较明显，其他年份增长比较平缓，1990—2000年“势”都为正值，其他年份有正有负，特别是2006—2010年其“势”值增长速度下降，只有鲤城区、南安市、惠安县三个区县市为正。变化最大的是丰泽区，其“势”值减少比较明显；其次是德化县和安溪县（图6-5）。

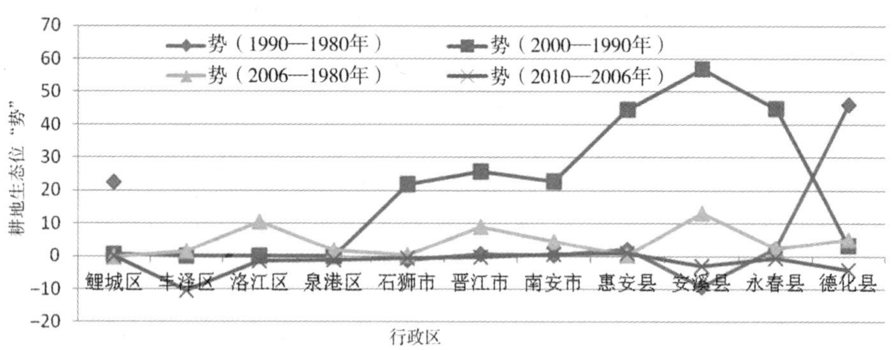

图6-5 泉州市各区县市耕地生态位“势”变化（1980—2010年）

第五节　泉州市建设用地生态位态势分析

一、构建建设用地生态位模型

土地是自然形成的，具有许多自然属性上的差异，从而影响土地利用效能，产生不同类型的土地利用格局。同时，土地区位及社会经济条件，又往往成为土地利用方式和生产力高低的重要决定因素，并且随着社会的进步与发展，非自然因素对于土地利用及其生产力高低的影响程度会变大，特别对于建设用地而言，区位因素对其影响更甚。

土地区位包括两层含义：一是指地理要素的空间几何位置，二是指该要素与它周围要素的空间拓扑关系。周围要素或地理条件往往影响该要素的特性，这些影响因素称为区位因素。对于建设用地而言，土地区位包括自然地理区位、经济地理区位和交通地理区位三方面。建设用地的区位是自然地理区位、经济地理区位和交通地理区位在空间地域上有机组合的具体表征。研究建设用地区位特点是考察土地价值形成与构成，合理进行土地利用布局的重要内容。

上述三种区位有机联系，相辅相成，共同作用于地域空间，形成建设用地区位的优劣差异，从而决定了土地利用方式选择和空间布局。对于农业用地来说，在计划经济或小农经济时期，土地利用的区位选择，仅考虑因地制宜中的自然区位即可；而在市场经济时代，土地利用布局的区位选择，必须兼顾商品流通、社会交换和经济效益等问题，因此必须要同时考虑土地区位中的自然区位、经济区位和交通区位，以保证土地利用的社会、经济和生态可行性。对于城市用地来讲，土地各种区位决定了土地的基本价格，因而也决定了城市用地的基本格局。

因此本研究建设用地的生态位，从建设用地自然生态位、建设用地经济生态位和建设用地社会生态位三方面来评价（表6-7）。

表 6-7　研究区建设用地的生态位评价指标体系

目标层	准则层	权重	指标层	权重	高度适宜 (5 分)	中度适宜 (4 分)	低度适宜 (3 分)	不适宜 (1 分)
建设用地自然生态位	自然维度	0.518	地貌类型	0.0385	平原	盆地	丘陵	山地
			地形坡度	0.0645	≤8°	8°~15°	15°~25°	≥25°
			高程	0.0574	≤30m	30m-40m	40m-50m	>50m
			地表组成物质	0.0651	岩层坚硬度高	岩层坚硬度较高	岩层坚硬度较低	岩层松散
			地下水深度	0.0469	地下水位低	地下水位较低	地下水位偏高	地下水位高
			地基承载力	0.0981	高等	中等	偏低	低
			地质灾害	0.0674	无地质灾害隐患	基本无地质灾害隐患	局部存在小型地质灾害隐患	存在比较严重地质灾害隐患
建设用地经济生态位	区位维度	0.326	离县城/城区距离	0.0885	≤5km	5~10km	10~15km	>15km
			交通区位	0.0984	交通便利	较为便利	一般	较差
			基础设施完备度	0.0784	完善	较为完善	一般	较差
	经济维度	0.114	地均 GDP	0.0726	>0.1 亿	0.1~0.01 亿	0.01~0.001 亿	<0.001 亿
			产业结构	0.0694	产业完整	较为完整	一般	较差
建设用地社会生态位	社会维度	0.041	人口结构	0.1545	好	较好	一般	较差

二、建设用地生态位态势变化具体分析

（一）建设用地自然生态位“态”和“势”

1. 泉州市建设用地自然生态位“态”方面

为研究泉州市建设用地自然生态位，本研究从自然维度构建了地貌类型、地形坡度、高程、地表组成物质、地下水深度、地基承载力、地质灾害等方面的评价指标（表6-7）。

态是指建设用地在土地利用过程中的状态，是过去生长建设用地在利用过程中，与生态环境相互作用积累的结果。通过计算，总体来看，泉州市各区县市的建设用地自然生态位“态”情况较好，1980—2010年，其自然生态位都在不断增加，但其改善的数值不是很大，其中晋江市的“态”数值都处于领先状态，最大是在2010年，为0.08652222。其次是泉港区，2010年为0.05658522；最小的是永春县，2010年为0.00895222；说明泉州市建设用地的自然因素随着时间不断改善（表6-8）。

表6-8　泉州市各区县市建设用地自然生态位“态”情况（1980—2010年）

行政区	建设用地自然生态位（1980年）	建设用地自然生态位（1990年）	建设用地自然生态位（2000年）	建设用地自然生态位（2006年）	建设用地自然生态位（2010年）
鲤城区	0.01417	0.01185717	0.0183687	0.01895555	0.019852222
丰泽区	0*	0*	0.0128319	0.01145256	0.01266552
洛江区	0*	0*	0.0059743	0.00685222	0.00685233
泉港区	0*	0*	0.0540426	0.05488555	0.05658522
石狮市	0.0471609	0.0638492	0.0258916	0.02596655	0.03524522
晋江市	0.074813	0.0667054	0.0847272	0.08556688	0.08652222
南安市	0.0450575	0.0445225	0.046827	0.04895422	0.04922224
惠安县	0.0218551	0.01935849	0.0380224	0.03958852	0.04252662
安溪县	0.0122379	0.01335393	0.0207149	0.02158852	0.02265656
永春县	0.0097688	0.00928194	0.0074184	0.00755852	0.00895222
德化县	0.0052071	0.00592571	0.0089235	0.00955112	0.01588632

注：*表示这些区域由于1980年、1990年还在市辖区（鲤城区）行政区内，缺少数据

2. 泉州市建设用地自然生态位“势”方面

势是指建设用地单元土地利用过程中对自然环境的现实影响力或支配力，如建设用地的速率等。通过计算，泉州市建设用地自然生态位“势”方面，1990—2000 年和 2006—2010 年，其“势”值都为正值，其他年份的值有正有负，说明泉州市各个区县市的建设用地自然生态位在发生比较明显的变化，特别是在 1980—1990 年，数值变动得比较明显。变动最为显著的是石狮市，2000—2006 年，其值为-60.5920178，而到了 2006—2010 年，其值变为 35.7331644；另外，德化县的建设用地自然生态位“势”变化也很明显，由 2000—2006 年的 7.033338937，变成 2006—2010 年的 66.32939383（图 6-6）。

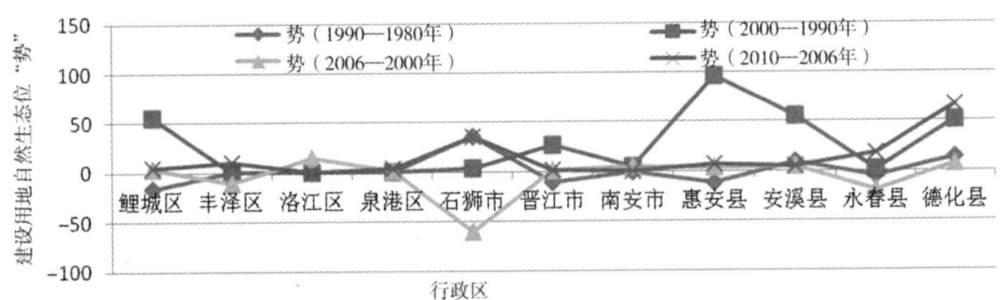

图 6-6 泉州市各区县市建设用地自然生态位“势”变化（1980—2010 年）

（二）建设用地经济生态位“态”和“势”

1. 泉州市建设用地经济生态位“态”方面

建设用地由于其主要是建造建筑物、构筑物的土地，用途非常广泛，可以用来建设城乡住宅、公共设施，也可用于工矿、能源、交通、水利、通信、电力等，还可以用于旅游、军事。该类土地通过工程手段，为各项建设提供土地，并且必须通过付出一定的投资和建设成本才能获取，其土地利用价值非常高，因此建设用地必须考虑其经济因素。根据有关资料分析，从 1992 年至 2002 年的 10 年期间，泉州地方生产总值每增长一个百分点，就要相应消耗掉 1 平方千米（约 1500 亩）的土地量。通过计算，泉州市建设用地的经济生态位在 1980—2010 年都在不断增加，随着经济的发展，后面年份的数值要大于其前一个时期的数值，2010 年的经济生态位数值比

2006年、2000年、1990年和1980年都要大。另外，安溪县、永春县和德化县的建设用地经济生态位和市域内其他地方相比而言还是小，也说明这些地方的建设用地经济生态位还比不上区域内其他地方（表6-9）。

表6-9　泉州市各区县市建设用地经济生态位“态”变化（1980—2010年）

行政区	建设用地经济生态位（1980年）	建设用地经济生态位（1990年）	建设用地经济生态位（2000年）	建设用地经济生态位（2006年）	建设用地经济生态位（2010年）
鲤城区	0.082355	0.00857378	0.08301	0.09222225	0.09585845
丰泽区	0*	0*	0.04628	0.05458552	0.05548852
洛江区	0*	0*	0.03654	0.03958222	0.04025656
泉港区	0*	0*	0.05761	0.05851222	0.05752255
石狮市	0.01054601	0.01125533	0.01245221	0.01355888	0.01365245
晋江市	0.03415539	0.03452652	0.04251221	0.04268875	0.04245622
南安市	0.02170094	0.02175122	0.02242512	0.02545222	0.02652256
惠安县	0.01164792	0.01522545	0.01706922	0.01855488	0.01952556
安溪县	0.00485271	0.005062255	0.00587125	0.00658852	0.00865855
永春县	0.00275167	0.002652245	0.00248542	0.003265855	0.003356225
德化县	0.00234057	0.002354552	0.00247528	0.00255668	0.00268555

注：*表示这些区域由于1980年、1990年还在市辖区（鲤城区）行政区内，缺少数据

2. 泉州市建设用地经济生态位“势”方面

在建设用地经济生态位“势”方面，1980—1990年，鲤城区的势变化最大，而后年份，鲤城区的经济生态位逐渐变成了正值，到2010年，其值为3.942866282，从全市来看，处于第五位。2000—2006年泉州市的建设用地经济生态位的“势”都为正值，而2010年只有泉港区和晋江市两个地方的建设用地经济生态位“势”值为负（图6-7）。

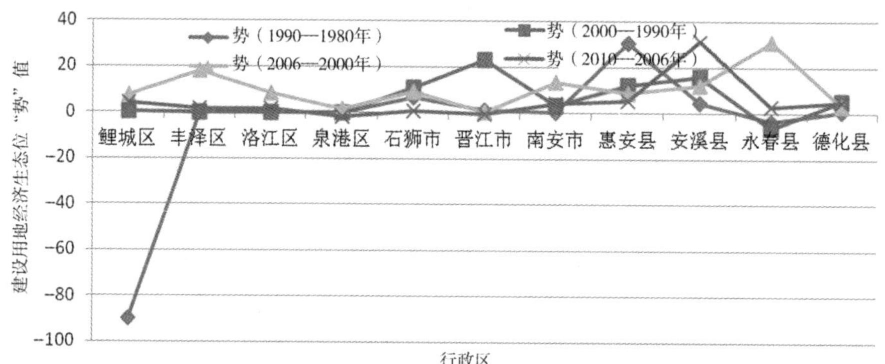

图 6-7　泉州市各区县市建设用地经济生态位“势”变化（1980—2010 年）

（三）建设用地社会生态位“态”和“势”

1. 泉州市建设用地社会生态位“态”方面

整体来看，泉州市建设用地社会生态位都在缓慢增加，如安溪县由 1980 年的 0.00362892，增加到 1990 年的 0.00385222，到 2000 年的 0.00458522，到 2006 年的 0.0059852166，到 2010 年的 0.006557852。其他各区县市的建设用地社会生态位也在不断增加，说明建设用地的社会因素在增加（表 6-10）。

表 6-10　泉州市各区县市建设用地社会生态位“态”变化（1980—2010 年）

行政区	建设用地社会生态位（1980 年）	建设用地社会生态位（1990 年）	建设用地社会生态位（2000 年）	建设用地社会生态位（2006 年）	建设用地社会生态位（2010 年）
鲤城区	0.00681841	0.00675822	0.0064601	0.00658588	0.06588555
丰泽区	0*	0*	0.00953948	0.015852265	0.01685255
洛江区	0*	0*	0.00931069	0.01255783	0.01854885
泉港区	0*	0*	0.00123004	0.001585665	0.00168855
石狮市	0.00582992	0.05928522	0.00602584	0.006457522	0.00655482
晋江市	0.02667409	0.02665222	0.02678512	0.02687522	0.02857522
南安市	0.01719519	0.01720542	0.01752562	0.01875222	0.01935875
惠安县	0.00946241	0.00956225	0.00965245	0.009852452	0.01588552

续表

行政区	建设用地社会生态位（1980年）	建设用地社会生态位（1990年）	建设用地社会生态位（2000年）	建设用地社会生态位（2006年）	建设用地社会生态位（2010年）
安溪县	0.00362892	0.00385222	0.00458522	0.0059852166	0.006557852
永春县	0.00177479	0.00178522	0.00187512	0.00524562	0.00658555
德化县	0.00181986	0.00182055	0.00182548	0.00198222	0.00265886

注：＊表示这些区域由于1980年、1990年还在市辖区（鲤城区）行政区内，缺少数据

2. 泉州市建设用地社会生态位"势"方面

从建设用地社会生态位"势"方面来看，1980—1990年和1990—2000年这两个期间的社会生态位"势"值绝大部分区县市都在增加，唯有鲤城区、晋江市出现负值；2000—2006年和2006—2010年"势"值都在增加；增加比较明显是洛江区、惠安县、永春县和德化县四个区县（见图6-8）。

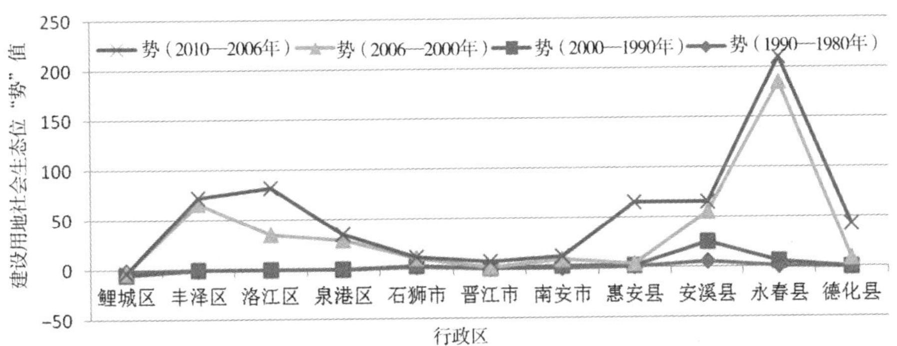

图6-8　泉州市各区县市建设用地社会生态位"势"变化（1980—2010年）

（四）建设用地生态位"态"和"势"分析

1. 泉州市建设用地生态位"态"方面

通过上述计算泉州市建设用地自然生态位、经济生态位和社会生态位，综合得到该市建设用地生态的"态"（表6-11）。

表 6-11　泉州市各区县市建设用地生态位“态”变化（1980—2010 年）

行政区	建设用地生态位（1980 年）	建设用地生态位（1990 年）	建设用地生态位（2000 年）	建设用地生态位（2006 年）	建设用地生态位（2010 年）
鲤城区	0.043382932	0.009359855	0.045075565	0.049451631	0.06326169
丰泽区	0*	0*	0.027225061	0.031742333	0.032773276
洛江区	0*	0*	0.020396143	0.022721842	0.024223538
泉港区	0*	0*	0.045085418	0.045857575	0.046027685
石狮市	0.022418004	0.039269163	0.015870723	0.016481293	0.019790394
晋江市	0.046889294	0.044214268	0.054142039	0.05453339	0.05510312
南安市	0.028974586	0.028812008	0.029985878	0.03233792	0.033034686
惠安县	0.014783331	0.015539374	0.022919479	0.024176168	0.026847923
安溪县	0.007192769	0.007722334	0.0010809322	0.0022491249	0.0024941848
永春县	0.00501229	0.004799233	0.004089903	0.018390954	0.0195534
德化县	0.003239714	0.003497657	0.004602197	0.004889842	0.007300482

注：* 表示这些区域由于 1980 年、1990 年还在市辖区（鲤城区）行政区内，缺少数据

泉州市的建设用地生态位“态”方面在 1980—2010 年都在缓慢增加，唯有石狮市的生态位“态”值在减少，由 1980 年的 0.022418004，增加到 1990 年的 0.039269163，再减少到 2000 年的 0.015870723，减少到 2010 年的 0.019790394。增加比较大的泉港区，由 1980 年和 1990 的零值变成 2000 年的 0.045085418，2006 年的 0.045857575，2010 年的 0.046027685。

2. 泉州市建设用地生态位“势”方面

泉州市建设用地生态位“势”方面，1980—1990 年、1990—2000 年和 2000—2006 年三个期间出现负值，2006—2010 年都为正值。变化比较大的是 2000—2006 年，这期间中，永春县和安溪县其值变化较大，如永春县由 1990—2000 年的 - 0.194411264，变成 2000—2006 年的 283.9525247，而到了 2006—2010 年，其值又变成 6.320748949，与其他区县市接近（图 6-9）。

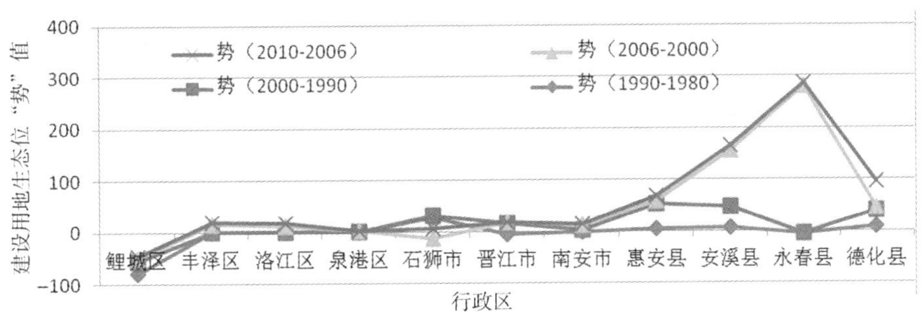

图 6-9　泉州市各区县市建设用地生态位“势”变化（1980—2010 年）

第六节　泉州市耕地与建设用地生态位比较

一、生态位“态”“势”比较

生态学是研究生物单元与环境相互关系的科学，城市内的耕地与建设用地也与周围环境发生着相互依赖、相互制约的关系。在同一个城市系统中，耕地资源和建设用地都具有环境的适应性，与周围行为主体与周围环境产生协同共同作用。通过以上分别计算耕地与建设用地生态位“态”“势”，可以知道它们各自在 1980—2010 年的生态位情况，如果在一张图里进行比较，两者的生态位可以看得更清晰，也更有对比性（图 6-10）。

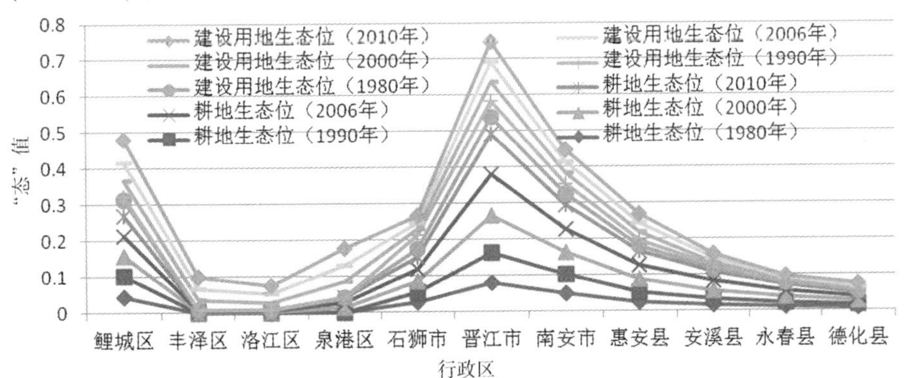

图 6-10　泉州市各区县市耕地和建设用地生态位“态”变化比较（1980—2010 年）

通过图 6-10 可知，总体上，泉州市 1980—2010 年的建设用地生态位“态”值都要大于耕地生态位，并且随着时间的推移，建设用地的生态位“态”值在增加，2006—2010 年的建设用地生态位“态”值要大于前面的年份期间的生态位。从区域来看，晋江市的建设用地生态位始终要大于其他区县市的生态位数值。

从生态位“势”来看，2006—2010 年的建设用地生态位“势”也要大于前面的年份期间的生态位“势”。从区域来看，永春县 1980—1990 年的耕地“势”比较大，随着时间发展，1990—2000 年、2000—2006 年、2006—2010 年耕地“势”就减少得非常明显（图 6-11）。

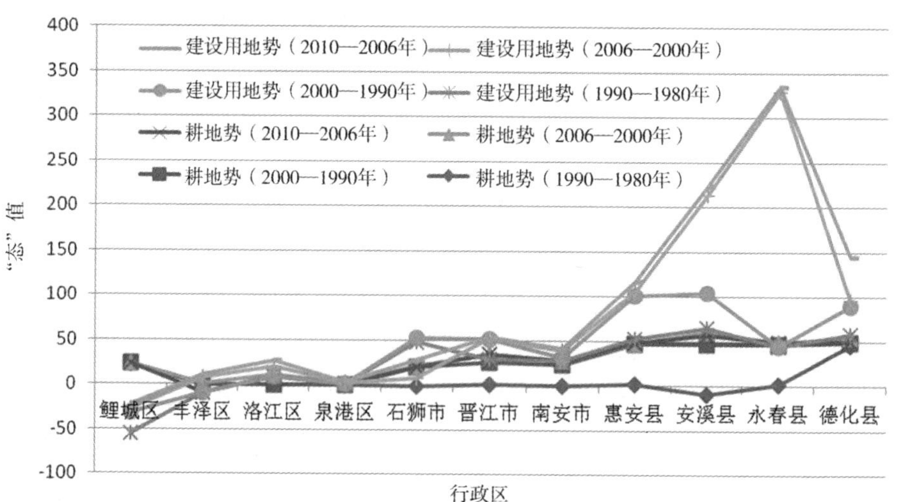

图 6-11　泉州市各区县市耕地和建设用地生态位“势”变化比较（1980—2010 年）

二、原因分析

耕地和建设用地变化是区域土地利用变化的核心，其结构变化和转入转出的流向反映了区域经济社会发展的基本态势。通过图 6-15 和图 6-16 可知，1980—2010 年的泉州市建设用地的生态位位于耕地生态位的上部，说明建设用地生态位的数值要比耕地生态位的大，从而说明建设用地在城市土地系统的位次要高于耕地所在的位次。由于土地空间位置的固定性和承载力的有限性，以及土地用途的多宜性，耕地很容易转变其他地类，如

耕地转为建设用地，导致了耕地更容易被其他用途的地类占用；而建设用地用途不容易转变为其他用途，或者这种转换要付出高昂的成本代价，使得建设用地具有天然的特性，建设用地主要是利用土地的承载力为主，其上的建筑物、构筑物一旦建成就可以使用很长的年限，所以土地的用途较为稳定，也就导致了建设用地很难转变为耕地等农用地。

建设用地具有高度集约性，而耕地利用的集约性较差。耕地集约化利用是人类作用下的一种耕地发展模式。耕地利用集约度是农业生产者（农民）在自然条件、经济发展、政治制度、社会人文等环境约束下，结合自身资源条件对农田利用效果的评价。这种集约化利用的变化特征与时空尺度具有紧密联系，即在不同的时间、空间、区域中的耕地集约程度是不一样的，因此不同区域、不同尺度的耕地集约化利用影响因子不尽相同，并且非常繁杂，在具体实践中，耕地的集约利用取得的经济价值比不上建设用地。相对于耕地而言，建设用地占地规模较小，但在单位用地面积上所投入的劳动力与资本比耕地要高得多，单位土地面积的直接经济产出也要比耕地高很多，建设用地属于高度集约的土地利用方式，所以建设用地可以通过投入更多的资本和劳动来替代较为稀缺的土地资源，更体现了节约和集约利用土地，可以缓解土地供需紧张的矛盾。

另外，建设用地具有持续的扩张性。随着社会经济的发展，人口增加，城镇化速度加快，建设用地出现快速扩张的态势，导致这种现象的原因就是城镇周边的耕地受到城镇建设的巨大威胁，城镇要发展，经济要增加，社会功能要完善，就必须有一定量土地进行供应，使得城镇周边的耕地就成为城镇发展的目标，也就导致城镇周边的耕地变成了建设用地，使得耕地资源与建设用地发生冲突和矛盾。

建设用地和耕地，从土地利用的相互关系来看，存在明显和本质的差别。建设用地利用的结果，基本上是以非生态附着物的形式存在的，如建筑物、构筑物、桥梁、道路等都附着在土地之上；耕地要依赖着土地的肥力、气候、地质地貌、水文、土壤、植被等，直接从耕作层中生产粮食作物、经济作物等，它对气候、土壤等自然条件有着十分严苛的要求，具有生态性、环境性等。肥力贫瘠的土地难以用于耕地，但是可以用来进行建设，并且可能成为优质的建设用地，如城郊、城乡交错带等的耕地可能就会成为区位良好的建设用地。

从空间来看，建设用地具有良好的空间性和实体性。空间性主要体现在，建设用地是整个建筑工程的一部分，是建筑物、构筑物的基底部分，整个的建筑工程可用单层形式平铺在地面上，也可以采用多层、高层、超高层复式的形式竖立于地面之上，或向下深挖发展，建立地下商场、隧道、防空洞、停车场、地下铁路等，这样，建设用地就要比耕地更具有经济性和价值。建设用地的实体性是指建设用地具有固定的形状大小，是一个建筑工程的实体，一旦建成，其功能就可以进行扩张，如大型综合体，既可以作为居民住宅，也可以提供商业服务，还可以提供公共服务等，直接为人们生产、生活服务，其功能和价值更能显现，使得比耕地更具有优点。

综上所述，与耕地生态位相比，泉州市建设用地的生态位无论是在“态”方面还是“势”方面都更具有影响力和作用力，从而导致建设用地能够在城市土地系统中占据更高的生态位次，也就造成了建设用地与耕地之间在社会经济发展过程中不断产生冲突和矛盾。

第七章

基于土地利用重心转移的泉州市耕地与建设用地冲突动态演变分析

第一节 研究背景

区域间的人流、物质流、信息流和能量流在城市空间不断展开，各种物质、能量在城市空间中聚集和扩散，最后作用在以土地为核心的自然经济综合体中，于是产生了重心，如人口重心、经济重心、不同地类的利用重心等。来源于物理学中的重心，是指在某时刻某种物质在空间平面上力矩达到平衡时的点，这个点可以对整个平面空间产生巨大的作用，影响整个平面空间的发展趋势和运动轨迹。最早将重心概念引入经济社会领域是的1874年的美国学者弗·沃尔克（F. Walker），他用重心概念来研究美国西部开发时的人口重心迁移和分布变化情况。① 之后，重心广泛运用到经济领域、社会领域、环境领域、土地管理等方面。土地利用重心，能揭示人类

① Walker F. Statistical Atlas of the Gnited States Based on the Resalts of the Ninth Census 1870 with Contrihntions from Many Eminent Men Of SCienCe and Sever Departments Of the Government [M]. New York. 1874：179-180.

利用或改造土地在空间上的轨迹，有助于全面分析土地利用变化的内在机理。大量的土地利用重心变化的前期研究，多以单一的平面空间布局变化为主，或单独分析垂直重心和坡度重心；并多以自然流域、区县、省等具体范围的土地利用为研究对象；而对人地矛盾最为突出的城市区域研究相对较少，特别是东南沿海典型山地城市研究更缺乏。

第二节　国内外研究进展

一、国外研究进展

在国外，Bellone 等将重心理论应用到经济方面，并进一步改进了经济重心的概念，认为在一个均质区域的研究区域内，区域的重心就是区域内的人口数量的质心。[①] Ahoufadel 等对人口重心计算方法进行改进，割弃了影响人口数量重心计算的因素，如不依赖参数与选择标准等，从而创造了新的一种人口重心计算方法。[②] Grethe 等利用重心模型计算了 1975—2004 年的世界经济重心。[③] H. Lin 等利用重力模型计算了陕西省 1999—2008 年 10 年间的经济重心和污染重心。[④] Yener Kandogan 利用各国的国内生产总值数据计算了世界经济重心，同时也计算了 G20 国家的经济重心。[⑤] Yu Hong Wu

---

① Bellone F, Cunningham R. All Roads Lead to Center Laxton [J]. Journal of Economic Integration, 1993, 13 (3): 47-52.

② Aboufadel E, Austin D. A New Method for Computing the Mean Centre of Population of the United States [J]. Professional Geographer, 2006, 58 (1): 65-69.

③ Grether J M. Mathys N Is the World' s Economic. Centre of Gravity Already in Asia? [J]. Ssrn Electronic , Journal, 2008, 42 (1): 47-50.

④ Lin H. et al. Evolution Path Analysis of Economic Gravity Centre and Air Pollutants Gravity Centre in Shaanxi Province [J]. Advanced Materials Research, 2012 (361-363): 1359-1363.

⑤ Yener K. Globalization and Shifting Economic Centres of Gravity [J]. Thunderbird International Business Review, 2014, 56 (3): 261-271.

利用区域重心模型对秦皇岛市 2000—2012 年经济和人口重心进行计算。[①] Danny Quah 利用重心模型，根据所有国家的 GDP 计算了全球经济重心的动态，即地球上不同地理区域经济活动的平均位置。文章认为，1980 年全球经济的重心是大西洋中部。到 2008 年，由于中国和东亚其他地区的持续崛起，这一重心已经转移到赫尔辛基和布加勒斯特以东的位置。根据全球近 700 个地区的经济增长情况，本书预测到 2050 年，世界经济重心将位于印度和中国之间。从地球表面观察，这一经济重心将从 1980 年的位置 9300 千米或地球半径的 1.5 倍转移。[②] Shao Jun Wang 等以区域重心的概念和模型为基础，采用各城市近 11 年来人口、地方生产总值、工农业和第三产业的产值和支出数据，计算出各年的重心坐标。本书每年计算一次人口重心和社会经济重心，计算出人口重心和社会经济重心的动态演变，分析了人口和经济区域差异的动态变化及其相关原因，并提出了相应的对策。[③] Yang Wang 等利用县级数据和区域重心模型，计算了 1980—2009 年塔里木河流域每年的人口、地方生产总值、一二三产业产值和耕地面积等 6 个主要社会经济重心。研究发现人口重心和经济重心同时演化，并分析了人口与经济增长的不均衡性。[④] Yingbin He 等以北京地区为研究区域，建立了一个空间上明确的生态系统服务价值指数，并将其应用于 1km 网格分辨率下的生态系统服务价值量化和空间分异。从整体的角度，建立了北京研究区生态系统服务价值空间变化的重力模型。[⑤]

---

① Yu H W. Evolvement and Comparative Analysis of Population Gravity Centre and Economic Gravity Centre in Qinhuangdao City Based on GIS [J]. Advanced Materials Research, 2014 (955-959): 3819-3823.

② Danny Quah. The Global Economy's Shifting Centre of Gravity [J]. Global Policy, 2011 (1).

③ Shao Jun Wang, Ming Yong Li, Wei Luo. Analysis of mobile track of the population and social economic gravity center in Shandong peninsula urban agglomeration based on GIS [J]. International Conference on Remote Sensing, 2011, June.

④ Yang Wang, Yaning Chen, Zhi Li. Evolvement characteristics of population and economic gravity centers in tarim river basin, uygur autonomous region of xinjiang, China [J]. 2013 (6): 765-772.

⑤ Yingbin He, Youqi Chen, Huajun Tang. Exploring spatial change and gravity center movement for ecosystem services value using a spatially explicit ecosystem services value index and gravity model [J]. Environmental Monitoring and Assessment, April 2011, 175 (1-4): 563-571.

二、国内研究进展

国内将重心模型应用在环境污染方面、经济与人口方面、土地利用管理等方面。学者李仪俊最早使用了重心模型，研究了中国人口重心及其移动轨迹。① 其后，樊杰利用重心模型研究了1978年以来我国农村工业重心的迁移情况。② 刘德钦运用人口重心反映了我国人口的分布情况，并计算了其空间相关性。③ 黄建山对我国产业、经济、人口、投资重心的演变路径进行了比较分析，并对相关影响因素进行了实证分析。④ 叶明确利用重心法分析了我国各个省、区、市对中国经济均衡发展的推动力和贡献率，并将我国经济重心的变动划分为3个阶段，对不同阶段的重心迁移特征与影响因素进行分析。⑤ 赵坤荣等探讨中国城镇生活源污染与社会经济发展之间的关系，引入重心的概念，利用经济空间结构的重心计算方法，结合1998—2008年中国各省的生活污水排放量、COD排放量、NH_3-N排放量、GDP、人口、居民可支配收入等统计数据，计算出各年的城镇生活源污染重心和经济重心的演变路径，从移动距离、移动方向、路径对比、空间相关性分析等多角度阐述了经济重心与城镇生活源污染重心的动态变化及空间联系⑥。刘开迪等利用重心法计算并分析了1993年以来我国的经济重心和人口重心及其演变趋势与特征。⑦ 李豫新和赵东栋利用属性重心计算方法对新疆人口、地区生产总值重心以及农业、工业、服务业产值重心的演变路径进行探索，在此基础上采用演变路径分析和耦合性分析方法并构建耦合性

---

① 李仪俊．我国的人口重心及其移动轨迹［J］．人口研究，1983（1）：28-32.

② 樊杰．中国农村工业化的经济分析及省际发展水平差异［J］．地理学报，1996（5）：398-407.

③ 刘德钦．中国人口分布及空间相关分析［J］．理论研究，2002（6）：2-6.

④ 黄建山．我国产业经济重心演变路径及其影响因素分析［J］．地理与地理信科学，2005（5）：49-54.

⑤ 叶明确．1978—2008年中国经济重心迁移的特征与影响因素［J］．经济地理，2012，32（4）：12-18.

⑥ 赵坤荣，林奎，许振成，等．中国城镇生活源污染与社会经济发展重心演变对比分析［J］．中国环境科学，2013（S1）：226-232.

⑦ 刘开迪，杨多贵，周志田．中国经济与人口重心的时空演变及产业分解研究［J］．工业技术经济，2019（6）：79-88.

分析框架，对新疆人口分布与经济发展均衡性的动态变化、互动关系及耦合性进行了分析研究。① 曹慧明等将重心模型运用到生态系统研究中，认为生态系统重心的变化可以反映生态系统整体的空间变化的特征和趋势，但是，目前生态系统重心这一指标只是简单作为指示社会经济变化的因子，或是作为辅助的角色用于探索生态景观格局的变化，其重要性一直未受到足够的重视。在阐述生态系统重心指标的概念及内涵，总结国内外有关重心应用研究成果的基础上，以川滇两省共同确立的泸沽湖生态保护区为例，运用重心理论分析了 1990—2005 年该流域生态系统重心的变化及影响因素。②

土地利用的空间变化，可以通过土地资源各个类型的分布重心变化情况来进行反映和量化，以便人们更好了解区域内各种土地类型利用的情况。王秀兰和包玉海在探讨土地利用动态变化研究方法时，重点介绍了定量研究土地利用动态变化的几种模型，利用土地利用空间变化模型比较详细介绍了土地资源分布重心。③ 高志强等采用重心模型方法，利用中国环境资源数据库对中国耕地面积 10 年变化情况进行研究，通过计算两个时期的耕地面积重心，得出中国耕地面积重心 10 年向西北移动了 28. 3377km 的结论。④ 郭碧云和张正峰基于 Landsat TM 数据和 GIS 技术，利用土地利用变化和重心迁移理论对农牧交错区河北省沽源县 30 多年土地利用的空间演变情况进行分析。⑤

三、研究述评

从已有的研究来看，学者们利用重心模型主要分析研究对象重心在时间轴线上的迁移轨迹，其领域为经济、人口、环境污染、生态系统等社会

① 李豫新，赵东栋．人口重心与经济重心演变路径及耦合性分析［J］．统计与决策，2016（4）．

② 曹慧明，董仁才，邓红兵，等．区域生态系统重心指标的概念与应用［J］．生态学报，2016，36（12）：3639-3645.

③ 王秀兰，包玉海．土地利用动态变化研究方法探讨［J］．地理科学进展，1999，18（1）：81-87.

④ 高志强，刘纪远，庄大方．我国耕地面积重心及耕地生态背景质量的动态变化［J］．自然资源学报，1998，(1)：92.

⑤ 郭碧云，张正峰．农牧交错区土地利用重心迁移研究——以河北省沽源县为例［J］．干旱地区农业研究，2014（4）：217-221.

经济领域，如人口计算过程中，计算人口重心迁移轨迹；在社会经济方面，引入产业、投资等经济重心迁移轨迹；比较分析各个研究对象的重心在空间和时间上的变化特征；另外就是用研究对象重心来研究它们之间的相关性；探讨研究区生态系统服务价值空间变化的重力模型，用空间显性生态系统服务功能评价与变化，建立了一个空间上明确的生态系统服务价值指数，并将其应用于1km网格分辨率下的生态系统服务价值量化和空间分异等方面。特别值得关注的是，随着空间分析软件的应用，如Arcinfo、ArcGIS、ENVI等软件的成熟和广泛应用，学者们将GIS空间分析方法与研究对象重心结合起来，如将土地利用重心迁移与人口、产业等社会经济重心变化相联系，通过建立相关分析的数学模型，从区域时间角度和整体上分析了土地利用变化与社会、经济系统空间分布，以及研究对象的演变之间相互影响的关系，探讨其存在的内在机制，对制定土地政策，管理区域土地，实施土地规划，完善、调整区域土地利用结构、合理配置土地资源等提供了一种新方法和重要理论依据。

第三节　泉州市土地利用重心变化空间分析

一、数据来源

研究区域1980年、1990年、2000年、2006年和2010年五期的遥感影像（主要是Landsat5的影像），包含了7个波段，完全能满足本研究的需要。再将影像进行处理。利用ENVI软件对遥感影像进行处理，经过几何精校正与图像配准、图像融合、图像镶嵌与裁剪、大气校正之后，对遥感影响进行分类，采用ArcGIS软件进行监督分类，人工提取训练样本，利用获得的样本再根据影像的光谱特征对影像进行分类，再结合地形图、植被、道路等辅助资料，人工目视判断解译，对分类结果进行修改，以提高解译精度。经过精度评价，1980年、1990年、2000年、2006年和2010年的分类图总体分类精度分别为75.64%、78.51%、81.52%、80.39%和85.64%，

基本满足本研究的需要。

为改进分类，对错误分类的单元进行重新分类，将其归入可直接包围它们的类或聚类。分类之后再清理分类影像，最常用技术包括过滤、平滑处理类边界及移除小孤立区域。应用数据清理工具后的地图外形更美观，再利用 GIS 软件对得到的数据进行格式转换，这样就得到了研究所需的数据，即 1980 年、1990 年、2000 年、2006 年和 2010 年五期的泉州市土地利用现状类型图。从五期土地利用现状图，再提取各类型土地面积。

二、区域土地利用变化

区域内的土地利用变化首先反映了区域内的自然经济社会综合作用于土地利用过程，导致了多种土地利用类型变化。土地利用程度及变化量和变化率可以反映出区域土地类型利用的综合水平和变化趋势。可以通过以下公式来表达：

$$\Delta I_{y-x} = I_y - I_x \tag{7-1}$$

$$100 \times \left(\sum_{i=1}^{n} A_i \times H_{iy} - \sum_{i=1}^{n} A_i \times H_{ix} \right) \tag{7-2}$$

$$R = \left[\left(\sum_{i=1}^{n} A_i \times H_{iy} - \sum_{i=1}^{n} A_i \times H_{ix} \right) \right] \Big/ \sum_{i=1}^{n} A_i \times H_{ix} \tag{7-3}$$

式中，I_x，I_y 分别为 x 时间和 y 时间的区域土地利用程度综合指数；A_i 为第 i 级的土地利用程度分级指数；H_{ix}、H_{iy} 分别为某区域 x 时间和 y 时间第 i 级土地利用程度面积百分比；ΔI_{y-x} 为土地利用程度变化量；R 为土地利用程度变化率。由式（7-1）、式（7-2）和式（7-3）定量地计算出研究区的土地利用程度综合指数、土地利用程度变化量以及土地利用程度变化率。

对上述五期的遥感影像进行解译，得到耕地和建设用地规模（图 7-1）。耕地规模由 1980 年的 205457.6667 公顷，减少到 1990 年的 189582.5547 公顷，到 2000 年的 170589.9685 公顷，2006 年的 156865.3337 公顷，2010 年的 149522.6667 公顷；利用前文式（7-1）、式（7-2）、式（7-3）可以计算得到 1990—1980 年变化率为-7.73%，2000—1990 年变化率为-10.02%，2006—2000 年变化率为-8.04%，2010—2006 年变化率为-4.68%（图 7-2）。建设用地规模从 1980 年的 135748.142 公顷，1990 年的 148992.4558 公顷，

2000 年的 158546.9896 公顷，2006 年的 162226.7417 公顷，2010 年的 186425.8254 公顷（图 7-1）；1990—1980 年变化率为 9.75%，2000—1990 年变化率为 6.41%，2006—2000 年变化率为 2.32%，2010—2006 年变化率为 14.92%（图 7-2）。如果将耕地和建设用地作为一个系统的两部分，可以得到泉州市 1980—2010 年耕地和建设用地规模比例（图 7-3），从图中的趋势可以知道耕地的比例从 1980 年的 58.8%逐渐减少，到 2010 年的 43.5%，而建设用地正好相反，从 1980 年的 41.2%增加到 2010 年的 46.5%，这说明，耕地和建设用地发展趋势正好相反，一减一增，在区域土地系统两者发生着冲突和矛盾。

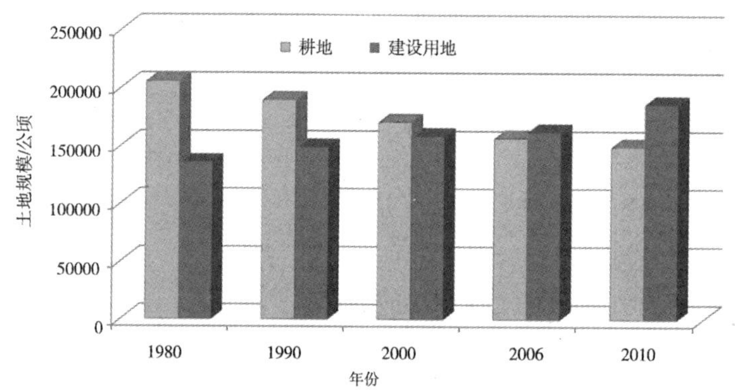

图 7-1　1980—2010 年耕地和建设用地规模

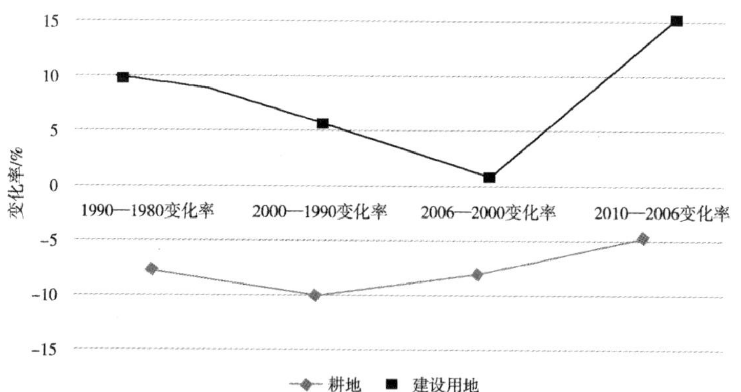

图 7-2　1980—2010 年耕地和建设用地规模变化率

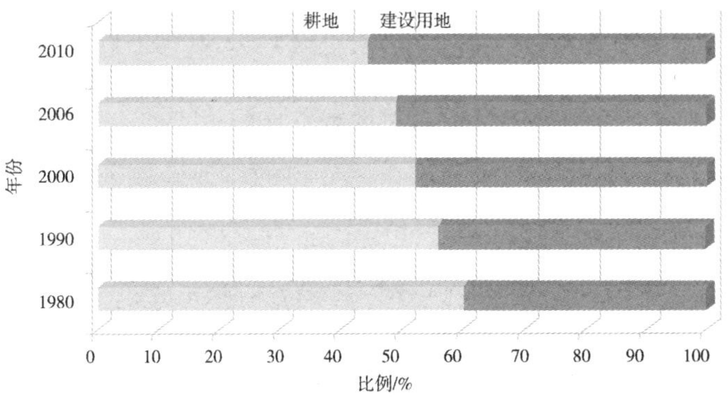

图 7-3　泉州市 1980—2010 年耕地和建设用地规模比例

三、耕地和建设用地地类转移特点

（一）耕地转出量最大

区域土地利用类型变化是由于社会经济对土地利用类型作用，首先反映在不同用地类型的面积变化，即区域土地利用类型结构的变化。泉州市 30 年来，在土地利用类型中，耕地转出量最大。1980—2010 年，耕地转出量达到 236. 66 平方千米，转出率达 35%。转入 121. 24 平方千米，转出大于转入，面积净减少 115. 42 平方千米。耕地转出的主要流向是建设用地和林地。耕地转入来源，按量从大到小，依次是建设用地、林地和其他用地。其中建设用地较多，共 48. 73 平方千米，林地和其他用地比较平均，分别为 29. 28 平方千米和 22. 30 平方千米，各相当于建设用地的一半。

（二）建设用地以转入为主

30 年来，在土地利用地类中，泉州建设用地转入量最大。建设用地共转入土地 247. 54 平方千米，转出 59. 91 平方千米，面积净增加 187. 63 平方千米。建设用地主要转入来源，首先是耕地，共 189. 33 平方千米，相当于总转入面积的 76. 48%，占 2010 年建设用地总面积的 42%。其次，林地是建设用地第二大转入源，共转入 28. 84 平方千米，随后是其他用地，共 25. 88 平方千米，以及水域 3. 49 平方千米。建设用地转出土地主要流向耕地，共 48. 73 平方千米，流向其它用地 5. 77 平方千米，流向林地 5. 26 平方千米。

四、泉州市耕地和建设用地重心变化分析

（一）1980年泉州市各区县市耕地重心分析

依据重心计算模型，将泉州市个区县市的耕地地块进行计算，可以得到1980年的耕地重心坐标（表7-1）。

表7-1　泉州市各区县市耕地重心坐标（1980年）

序号	行政区	X	Y
1	安溪县	1295043.8088	2729898.8452
2	德化县	1311244.4505	2788285.3162
3	永春县	1319104.1678	2742410.2318
4	南安市	1334181.9927	2723482.7495
5	洛江区	1366422.8736	2728776.0284
6	鲤城区	1357361.3935	2699808.6419
7	丰泽区	1364080.0498	2702804.7995
8	惠安县	1398399.6723	2711520.8941
9	石狮市	1376700.2284	2678018.4054
10	晋江市	1365895.9028	2689821.4502
11	泉港区	1394586.3809	2727863.5715

通过分析可知，1980年安溪县耕地的重心在长坑乡境内，该乡是著名的茶乡，位于安溪县西北部，距县城58千米，地处要冲，是安溪的交通咽喉和商贸集散地，也是安溪县规划建设的四大中心市场、七大卫星集镇之一。县境内的水稻土，是人为开垦，经旱耕、水耕熟化过程作用，所形成的区域性土壤，它受地形、母质、水文、农业生产条件及人为综合影响而呈区域性分布。安溪县耕地分为河谷平原区和山坡、山垄地片。德化县的耕地的重心在上涌镇，该镇是德化县西北部经济、文化、商贸和交通中心。镇区人口聚集，部门单位设置齐全，区位优势凸显。上涌镇素有“德化粮仓”之称，农作物以水稻为主。永春县的耕地的重心在达埔镇，该镇位于永春县中南部，距县城16千米。东临石鼓、岵山、仙夹等乡镇，西接玉斗镇，南与安溪县湖头镇、金谷镇交界，北与蓬壶镇接壤，该镇耕地28653亩，山地102361亩。南安市的耕地的重心在金淘镇，该镇位于南安市西北

部，地形以平原、丘陵为主。金沟镇加大农业田基础建设和中低产田改造力度，建设金淘、朵桥千亩粮食自给工程，兴修水利，使得耕地面积增加。洛江区的耕地的重心在马甲镇，该镇位于洛江区中北部。鲤城区的耕地的重心在江南街道，位于泉州市区西南部，该辖区地处晋江下游南岸冲积平原，土地肥沃，山美灌区南渠横贯全境，水利条件良好，农业发达，主产水稻。丰泽区的耕地的重心在北峰街道，该街道位于泉州市中心市区西北部，清源山南麓，西湖之滨。惠安县的耕地的重心在东桥镇，该镇是惠安县东部的经济副中心，是福建省经济百强镇之一。耕地面积 25641 亩，耕地占有率居全县首位。石狮市的耕地的重心在永宁镇，该镇位于闽东南泉州湾与围头湾中部的深沪湾北畔，与台湾隔海相望，距石狮中心市区 8 千米。晋江市的耕地的重心在陈埭镇，该镇位于泉州湾畔繁华的三角地带，东临大海，居晋江入海口南岸，地处晋东平原。其地势平坦，土壤肥沃，气候温和，雨量充沛，沟渠纵横交错，水域星罗棋布，盛产水稻、海蛏等，自古素有“晋江粮仓”的美誉。泉港区的耕地的重心在后龙镇，该镇地处湄洲湾南岸，与台湾隔海相望（图 7-4）。

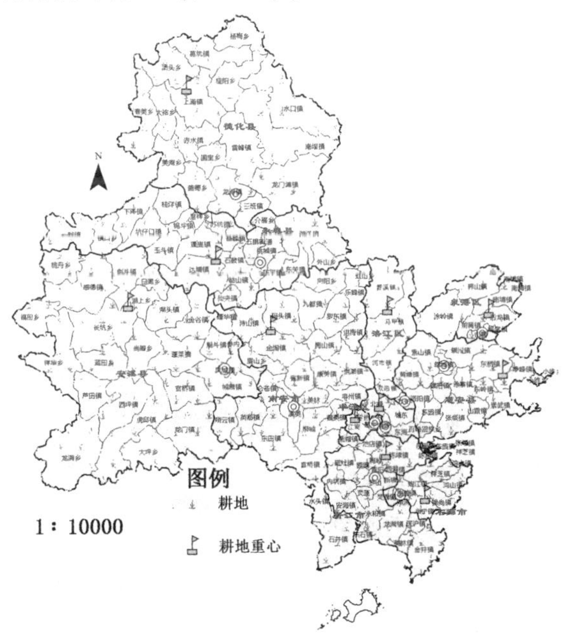

图 7-4 泉州市各区县市耕地重心（1980 年）

（二）1980年泉州市各区县市建设用地重心分析

1980年的泉州市各区县市的建设用地，经过重心模型的计算，可以得到各区县市的建设用地重心坐标（表7-2）。

表7-2　泉州市各区县市建设用地重心坐标（1980年）

序号	行政区	X	Y
1	安溪县	1316720.5994	2722536.4636
2	德化县	1326954.4165	2758949.8128
3	永春县	1336831.2400	2740029.1510
4	南安市	1347779.0443	2703020.8124
5	洛江区	1361463.7998	2727058.3828
6	鲤城区	1359916.8274	2701830.8337
7	丰泽区	1369912.6488	2700283.8613
8	惠安县	1388357.3191	2712897.6359
9	石狮市	1377052.5211	2685171.1314
10	晋江市	1369079.6636	2670058.4015
11	泉港区	1401702.1351	2736172.1986

安溪县的建设用地的重心位于金谷镇，该镇位于福建省晋江西溪中游，距安溪县城17千米，邻近清水岩，辖24个行政村。金谷镇交通、通信便捷，电力充足。境内漳泉铁路（火车站设在金谷村）、省道205线和金溪公路纵横交错，并村村实现了道路硬化。德化县的建设用地的重心位于龙浔镇，该镇位于福建省泉州市德化城关浐溪南部，是德化县政治、经济、文化、信息中心。永春县的建设用地的重心位于东平镇，该镇是福建省泉州市闽南著名侨乡之一，属于县城“半小时经济圈”和以县城为中心的“三星拱月”乡镇之一，位于永春县城东5千米处，境内南北群山对峙，中部属河谷盆地。南安市的建设用地的重心位于柳城街道，是南安市区东南大门，是南安市区出入厦门、泉州的重要门户。宽敞的成功街、普莲路、南大路纵横全境，交通十分便捷。洛江区的建设用地的重心位于罗溪镇，该镇自古是兴化府仙游县与泉州府交界的商贸集镇。鲤城区的建设用地的重心位于浮桥街道，街道位于泉州市区西南部，是闽南著名侨乡和商贸集散地，也是鲤城江南新区核心起步区。街道区域面积10.74平方千米，辖16个社区居委会。丰泽区的建设用地

的重心位于丰泽街道，丰泽街道地处泉州市区的繁荣中心，辖区面积 2.123 平方千米，下辖 8 个社区，街道区位优势得天独厚，经济繁荣，交通十分便利，丰泽街、津淮街、田安路和温陵路等 7 条商贸繁华的市区主干道贯穿辖区。惠安县的建设用地的重心位于涂寨镇，该镇位于福建省惠安县东部，地理方位优越，涂寨镇处于惠东地区的交通要口，惠崇公路与泉州市的沿海大通道（斗尾港经秀涂港至后渚港路段）交叉贯穿全境。石狮市的建设用地的重心位于祥芝镇，该镇位于泉州湾口，地处石狮市东北部，辖 10 个行政村，海岸线长 12.9 千米，拥有大堡工业区、祥芝海洋科技园区和正在开发建设中的石狮经济开发区祥芝分区 3 个工业园区，是中国的渔业重镇、水产品加工基地、省级星火技术密集区、中国千强镇之一。晋江市的建设用地的重心位于龙湖镇，该镇位于晋江市东南部。泉港区的建设用地的重心位于南埔镇，该镇位于泉港区东北部，湄洲湾港南岸，是规划建设中的全国六大石化基地和四大中转港所在地，是建设中的石化港口工贸经济强镇（图 7-5）。

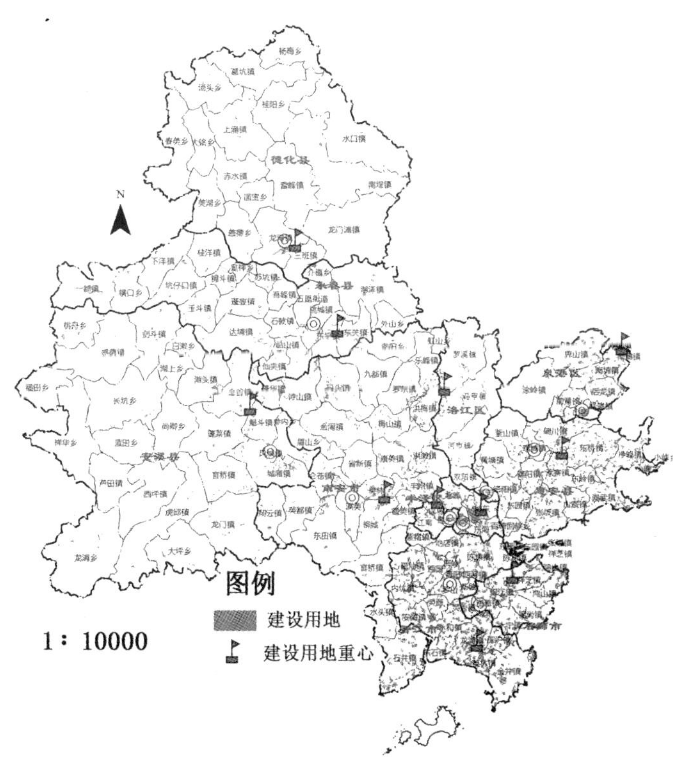

图 7-5　泉州市各区县市建设用地重心（1980 年）

（三）1990 年泉州市各区县市耕地重心分析

通过前文的计算，可以得到 1990 年泉州市各区县市耕地重心坐标（表 7-3）。

表 7-3　泉州市各区县市耕地重心坐标（1990 年）

序号	行政区	X	Y
1	安溪县	1309392. 1699	2725117. 2964
2	德化县	1314701. 9187	2772506. 8049
3	永春县	1318285. 9992	2736931. 4876
4	南安市	1341383. 4067	2725913. 7587
5	洛江区	1370188. 7942	2726444. 7336
6	鲤城区	1358374. 6030	2698701. 2959
7	丰泽区	1366737. 4575	2702683. 6075
8	惠安县	1395808. 3324	2711444. 6931
9	石狮市	1380941. 0356	2678391. 5065
10	晋江市	1358507. 3467	2683833. 9991
11	泉港区	1396737. 5385	2728170. 4020

安溪县的耕地的重心在湖头镇，位于安溪县东北部，是安溪县北部中心城镇。德化县的耕地的重心在国宝乡，该镇位于德化县中部略偏西南，是县城通往西部乡镇的“门户”，距县城 24 千米，全乡地势西北高、东南低，中低山、丘陵交错。自然资源丰富，1980 年有耕地面积 7544 亩。永春县的耕地的重心在达埔镇，境内群山环抱，中部属丘陵和山间盆地。南安市的耕地的重心在码头镇，该镇位于南安市北部，辖 24 个行政村和码头社区 1 个社区。该镇属半山区半丘陵地理特征，南亚热带海洋性气候，年平均气温 20. 8℃，夏长少酷暑，冬短无严寒，雨量充沛，降雨集中。洛江区的耕地的重心在马甲镇。鲤城区的耕地的重心在江南街道。丰泽区的耕地的重心在北峰街道。惠安县的耕地的重心在东桥镇。石狮市的耕地的重心在锦尚镇，该镇位于泉州湾口突出部，是我国著名侨乡，地处闽东南经济繁荣带。晋江市的耕地的重心在西园街道。泉港区的耕地的重心在后龙镇，该镇地处福建省泉州市泉港区东部（图 7-6）。

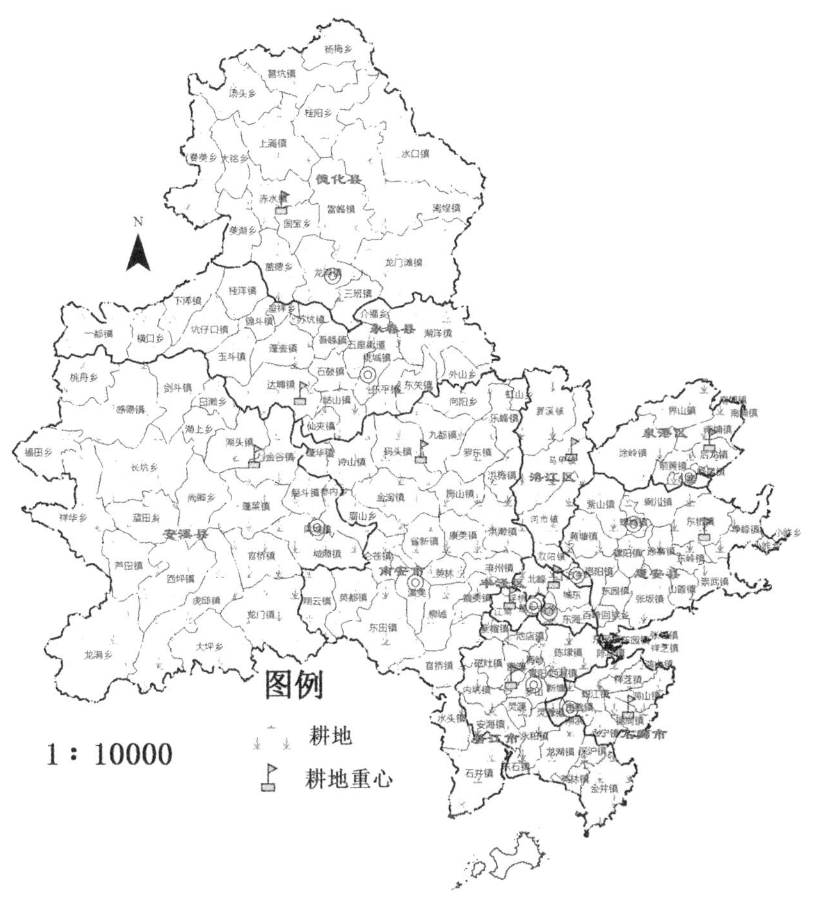

图 7-6　泉州市各区县市耕地重心（1990 年）

（四）1990 年泉州市各区县市建设用地重心分析

通过前文的计算，可以得到 1990 年泉州市各区县市建设用地重心坐标（表 7-4）。

表 7-4　泉州市各区县市建设用地重心坐标

序号	行政区	X	Y
1	安溪县	1316311. 6319	2718714. 6684
2	德化县	1324291. 1783	2759151. 5590
3	永春县	1334535. 1906	2739634. 0198
4	南安市	1355023. 2152	2705990. 5268

续表

序号	行政区	*X*	*Y*
5	洛江区	1361169.6226	2723459.2635
6	鲤城区	1358342.8060	2702021.2977
7	丰泽区	1367690.9457	2699487.6897
8	惠安县	1387173.5173	2714601.9717
9	石狮市	1375379.1354	2683412.3841
10	晋江市	1366467.8247	2670394.8811
11	泉港区	1398006.8755	2733997.1775

安溪县的建设用地的重心位于魁斗镇，该镇境内多低山丘陵，地势平缓，海拔在200米以下，最高山峰莲花山主峰775米。晋江上游西溪绕镇区而过，河谷盆地多。德化县的建设用地的重心位于龙浔镇。永春县的建设用地的重心位于东平镇。南安市的建设用地的重心位于丰州镇，该镇位于福建省南安市东部、晋江中下游北岸，距市区16千米。辖1个社区、11个行政村。镇政府驻燕山。漳泉肖铁路、305省道、306省道、金霞公路过境。洛江区的建设用地的重心位于马甲镇。鲤城区的建设用地的重心位于浮桥街道，该街道位于泉州市区西南部，辖区地处晋江下游西岸冲积平原，土地肥沃，山美灌区南渠横贯全境，水利条件良好，是鲤城区主要经济作物区、蔬菜供应基地。水果盛产龙眼、荔枝。随着改革开放的深入，该地乡镇企业发展迅速。丰泽区的建设用地的重心位于城东街道。惠安县的建设用地的重心位于辋川镇，该镇位于惠安县城东北8千米，地处湄洲湾畔。石狮市的建设用地的重心位于蚶江镇，该镇位于福建省石狮市北部，辖有19个行政村和5万吨级港口（国家一类口岸），拥有2处世界文化遗产（宋代六胜塔、唐代林銮渡）。晋江市的建设用地的重心位于龙湖镇。泉港区的建设用地的重心位于南埔镇（图7-7）。

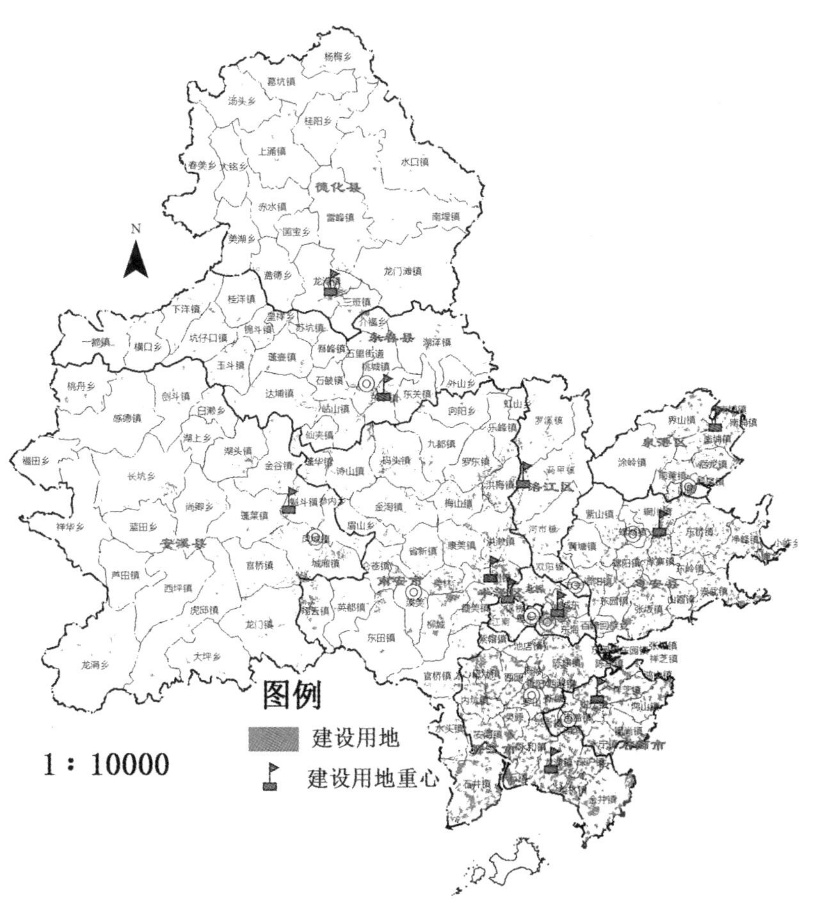

图 7-7　泉州市各区县市建设用地重心（1990 年）

（五）2000 年泉州市各区县市耕地重心分析

通过前文的计算，可以得到 2000 年泉州市各区县市耕地重心坐标（表 7-5）。

表 7-5　泉州市各区县市耕地重心坐标（2000 年）

序号	行政区	*X*	*Y*
1	安溪县	1306381. 9374	2725453. 7766
2	德化县	1313875. 3474	2772793. 0974
3	永春县	1323271. 8458	2742224. 7420

续表

序号	行政区	X	Y
4	南安市	1337545.0078	2719982.3978
5	洛江区	1362047.2693	2716651.9934
6	鲤城区	1358716.8648	2696312.7374
7	丰泽区	1367518.6481	2700951.5151
8	惠安县	1394399.7699	2709158.5833
9	石狮市	1380007.6649	2678233.3989
10	晋江市	1366923.9330	2686321.5240
11	泉港区	1391545.1375	2724978.0045

安溪县的耕地的重心在湖头镇，湖头地处闽南金三角，位于安溪县域东北部。德化县的耕地的重心在赤水镇，位于德化县城西北部，赤水镇属亚热带季风气候，全镇地势较高。永春县的耕地的重心在石鼓镇，该镇位于永春县中部，东距县城 4 千米。南安市的耕地的重心在金淘镇。洛江区的耕地的重心在河市镇，该镇位于洛江区中部偏南，距泉州市区（鲤城）20 千米。鲤城区的耕地的重心在江南街道。丰泽区的耕地的重心在城东街道。惠安县的耕地的重心在东岭镇，该镇位于泉州市惠安县东部，是惠东的经济文化中心，辖 18 个村委会，共计 54 个自然村，是福建省百强城镇。石狮市的耕地的重心在锦尚镇。

晋江市的耕地的重心在西滨镇，该镇位于晋江东南部沿海平原，农业是该镇的支柱产业。2003 年，全镇种植水稻良种 500 多亩，平均年亩产量 946 公斤。蔬菜基地 250 亩，拥有反季节蔬菜、日本高效益西瓜等项目，经济效益良好。该镇致力于巩固农业的基础地位，抓好农业综合开发，优化农业整体结构，大力发展“两高一优”现代农业。该镇被省政府确定为粮食自给工程综合示范片，正着手建设“两高一优”耕作示范区。泉港区的耕地的重心在前黄镇，该镇位于泉州市泉港区中南部，前黄镇地势多为丘陵。境内有号称泉港“母亲河”的全区第一大溪坝头溪，两侧数千亩用地土壤肥沃，大多为改造后的标准农田。拥有凤山、龙田、坑内等优质粮食

基地和蔬菜基地。西北部群山连绵，山地广阔（图 7-8）。

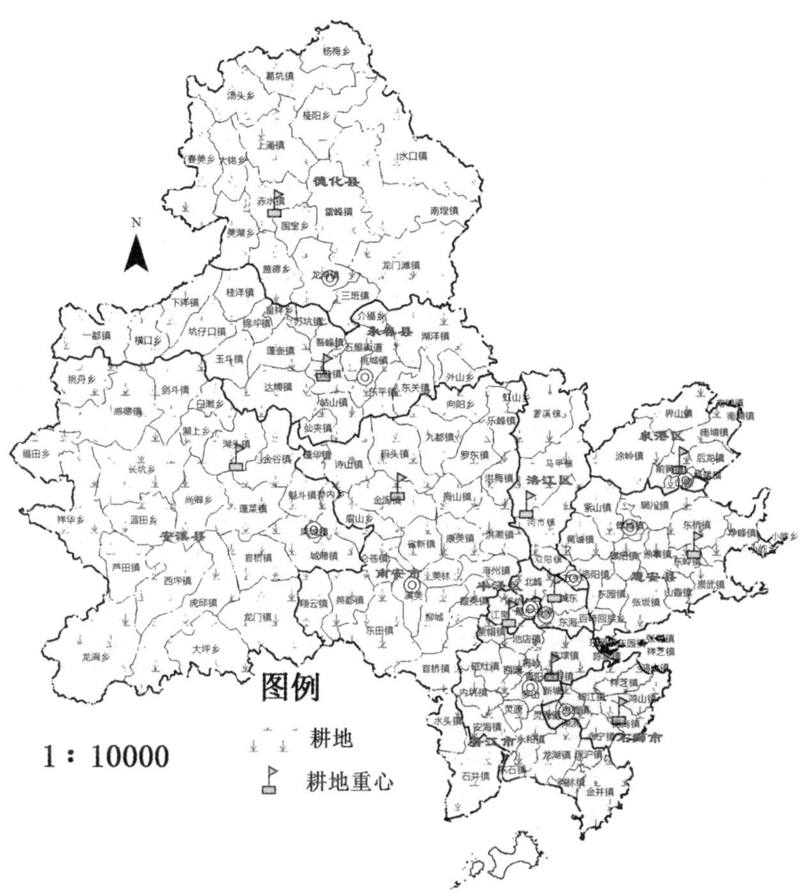

图 7-8　泉州市各区县市耕地重心（2000 年）

（六）2000 年泉州市各区县市建设用地重心分析

通过前文的计算，可以得到 2000 年泉州市各区县市建设用地重心坐标（表 7-6）。

表 7-6　泉州市各区县市建设用地重心坐标（2000 年）

序号	行政区	X	Y
1	安溪县	1313875.3474	2720339.2269
2	德化县	1323033.9597	2756260.0180
3	永春县	1339210.2101	2739845.8817
4	南安市	1349201.4235	2703806.1475
5	洛江区	1361333.6112	2720339.2269
6	鲤城区	1355862.2324	2696907.4525
7	丰泽区	1368113.3632	2697858.9967
8	惠安县	1386192.7018	2712726.8738
9	石狮市	1377509.8615	2682158.5184
10	晋江市	1367756.5341	2671929.4190
11	泉港区	1395113.4281	2731876.6995

安溪县的建设用地的重心在蓬莱镇，该镇位于县域中东部，交通便利，通信快捷，电力充裕，劳动力资源丰富，生态保护良好，是安溪人口大镇和经济强镇。德化县的建设用地的重心位于龙浔镇。永春县的建设用地的重心位于东关镇，该镇地处永春县东南部，农业开发起步较早，山地综合开发率达 90%以上。南安市的建设用地的重心位于柳城街道。洛江区的建设用地的重心位于马甲镇。鲤城区的建设用地的重心位于江南街道。丰泽区的建设用地的重心位于城东街道。惠安县的建设用地的重心位于螺阳镇，该镇位于县境东南，交通便捷，福厦公路和崇黄公路贯穿全境，区位优势十分明显。石狮市的建设用地的重心位于蚶江镇。晋江市的建设用地的重心位于龙湖镇。泉港区的建设用地的重心位于南埔镇（图 7-9）。

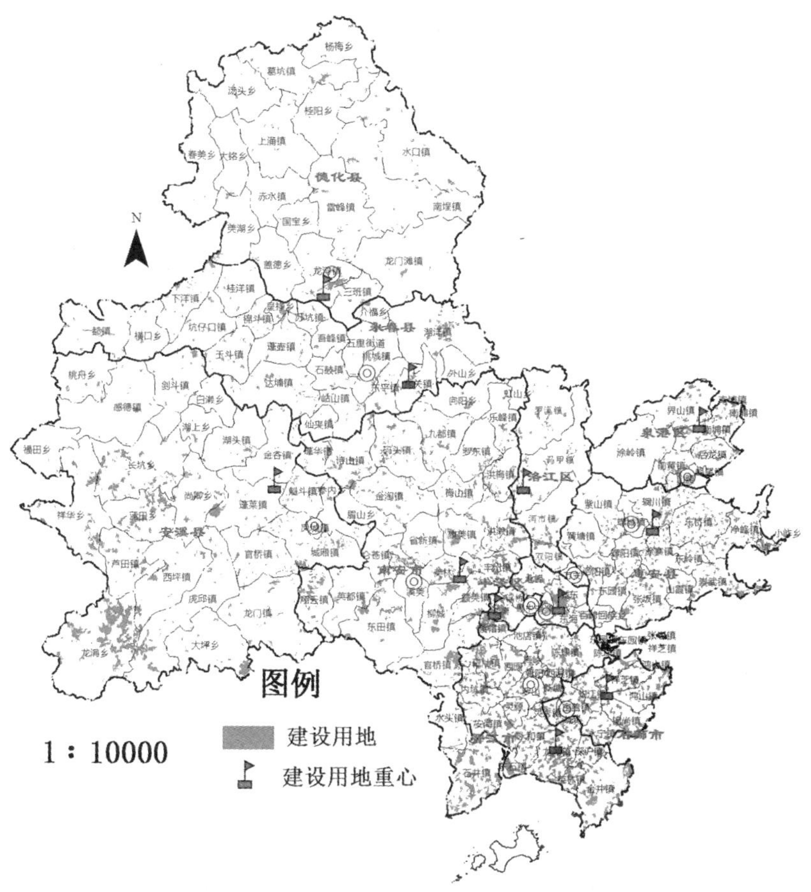

图 7-9　泉州市各区县市建设用地重心（2000 年）

（七）2006 年泉州市各区县市耕地重心分析

通过前文的计算，可以得到 2006 年泉州市各区县市耕地重心坐标（表 7-7）。

表 7-7　泉州市各区县市耕地重心坐标（2006 年）

序号	行政区	*X*	*Y*
1	安溪县	1310782. 8290	2726167. 4347
2	德化县	1311615. 4301	2769105. 8639
3	永春县	1322320. 3016	2737348. 0783

续表

序号	行政区	X	Y
4	南安市	1342897.4436	2717960.3665
5	洛江区	1362879.8704	2713202.6459
6	鲤城区	1357051.6626	2697145.3386
7	丰泽区	1366329.2179	2701784.1162
8	惠安县	1391664.0806	2709396.4693
9	石狮市	1378104.5766	2676568.1966
10	晋江市	1368351.2492	2687392.0112
11	泉港区	1388452.6191	2725453.7766

安溪县的耕地的重心在金谷镇，2006 年全镇拥有耕地 1109.7 公顷。金谷镇地势西北高东南低，属低丘河谷地带。最高为大吕山，海拔 1074 米。镇境属亚热带湿润气候区，气候温和，土壤肥沃，雨量充沛，年平均气温 19℃~21℃，平均降雨量 1600 毫米，全年无霜期 340 天，十分适宜农作物和茶果、林竹生产。德化县的耕地的重心在盖德镇，该镇位于德化县西南部，距县城 6 千米。永春县的耕地的重心在岵山镇，岵山镇位于永春县南部，为永春南大门。南安市的耕地的重心在金淘镇，该镇位于福建省南安市西北部，是闽南著名侨乡。该镇地形地貌属内陆盆地，四周群山环绕，大小山峰 90 多座。地势略为西高东低、南北高中央低。2006 年，金淘镇有耕地 1600 公顷，人均 0.019 公顷。主要农作物有蘑菇、菠萝、柑橘、荔枝、龙眼、茶叶等。洛江区的耕地的重心在河市镇，该镇位于洛江区中部偏南，距泉州市区（鲤城）20 千米。鲤城区的耕地的重心在江南街道。丰泽区的耕地的重心在城东街道。惠安县的耕地的重心在东岭镇。石狮市的耕地的重心在永宁镇，该镇位于石狮市境东南部滨海地带。晋江市的耕地的重心在西滨镇，该镇位于晋江东南部沿海平原，农业是该镇的支柱产业。泉港区的耕地的重心在前黄镇（图 7-10）。

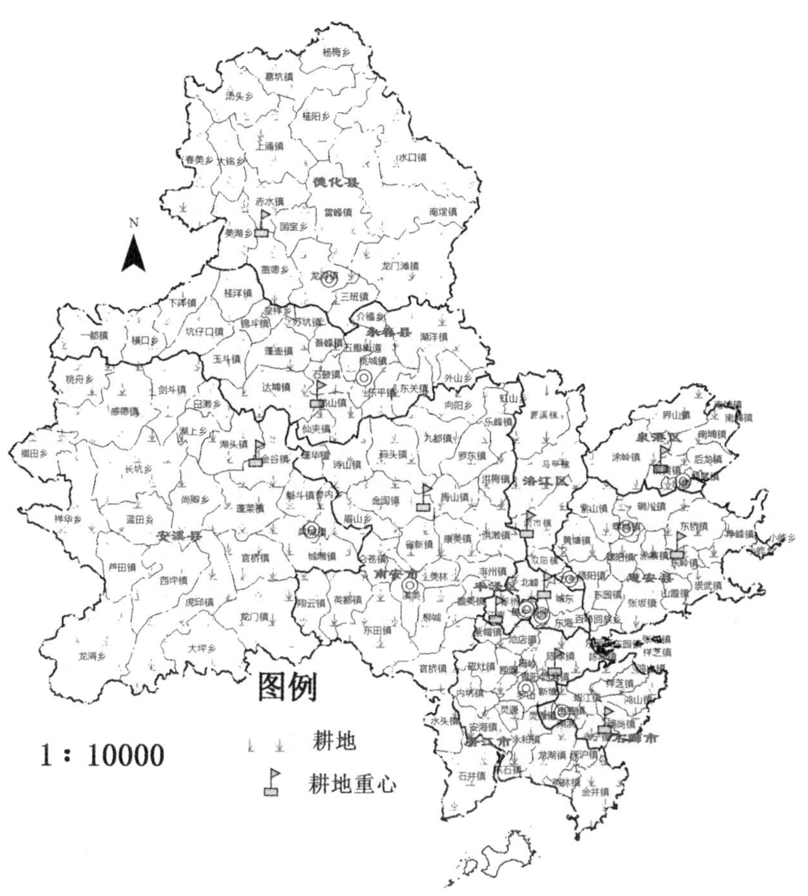

图 7-10　泉州市各区县市耕地重心（2006 年）

（八）2006 年泉州市各区县市建设用地重心分析

通过前文的计算，可以得到 2006 年泉州市各区县市建设用地重心坐标（表 7-8）。

表 7-8　泉州市各区县市建设用地重心坐标（2006 年）

序号	行政区	X	Y
1	安溪县	1313756. 4044	2717603. 5375
2	德化县	1325174. 9340	2757092. 6191
3	永春县	1336236. 6346	2740083. 7677
4	南安市	1345633. 1330	2703925. 0905

续表

序号	行政区	X	Y
5	洛江区	1362879.8704	2723312.8023
6	鲤城区	1356456.9475	2696788.5095
7	丰泽区	1369778.5654	2697977.9397
8	惠安县	1384170.6705	2710942.7285
9	石狮市	1375606.7733	2680255.4301
10	晋江市	1365853.4459	2670264.2167
11	泉港区	1392496.6817	2730211.4973

安溪县的建设用地的重心在蓬莱镇，蓬莱地处安溪中东部，交通便利，通信快捷，电力充裕，劳动力资源丰富，生态保护良好，是安溪人口大镇和经济强镇。蓬莱的山地资源、矿产资源和水能资源十分丰富。境内多为低山、丘陵，基本可供开发。该镇已探明的矿藏有高岭土、花岗岩、温泉等，特别是中芹村高岭土质优、色白、量大，有较大的开采价值；温泉村和美滨村临溪的温泉更具良好的开发前景。除清溪干流从镇域东部流过外，境内还有两条溪流。一是发源于长坑西部的龙潭溪，流经鹤厅、龙溪、龙居、温泉、寮海、新林、礤内、新坂、新美9个村，在源口汇入清溪；二是发源于官桥内村的蓬莱溪，流经福山、蓬新、植洋及镇区平原9个村，于美滨亦汇入清溪。德化县的建设用地的重心位于三班镇。该镇位于德化县南端，与永春县接壤。全镇地形属低山丘陵地带，地势南北高，中部低。三班镇区盆地面积5平方千米，为德化县三大盆地之一，距离县城6千米（原来为9千米，因县城扩大而变近），接受城关的辐射优势较为明显。永春县的建设用地的重心位于东关镇，该镇地处永春县东南部，农业开发起步较早，山地综合开发率达90%以上。南安市的建设用地的重心位于美林街道，该街道位于南安市区北部，地处晋江西溪北岸，依山傍水。地形属河谷盆地，地势由西北、东北山岭向南，逐渐过渡到丘陵山地，形成两边高中间低、北边高南边低的阶梯状倾斜。气候地处低纬亚热带，年平均温度20.2℃，绝对最高温度38.4℃，绝对最低温度0℃，年平均降雨量1530毫米，年无霜期338天，气候宜人。2006年，美林街道辖区有耕地774公顷、

山地 1420.8 公顷；粮食种植面积 1003.33 公顷，粮食作物以水稻为主，经济作物主要有花生、茶叶等，完成农作物播种面积 1314.4 公顷，完成耕地流转面积 71.87 公顷。洛江区的建设用地的重心位于马甲镇。鲤城区的建设用地的重心位于江南街道。丰泽区的建设用地的重心位于城东街道。惠安县的建设用地的重心位于螺城镇，该镇是惠安县县级人民政府治政驻地，也是惠安县政治、经济、交通、文化交流中心，泉州市次中心城市核心区之一，福建省 11 个小城镇试点乡镇之一。该镇位于福建省惠安县域中北部，属亚热带海洋性季风气候，全年阳光充足，雨量充沛。石狮市的建设用地的重心位于蚶江镇。晋江市的建设用地的重心位于龙湖镇。泉港区的建设用地的重心位于南埔镇（图 7-11）。

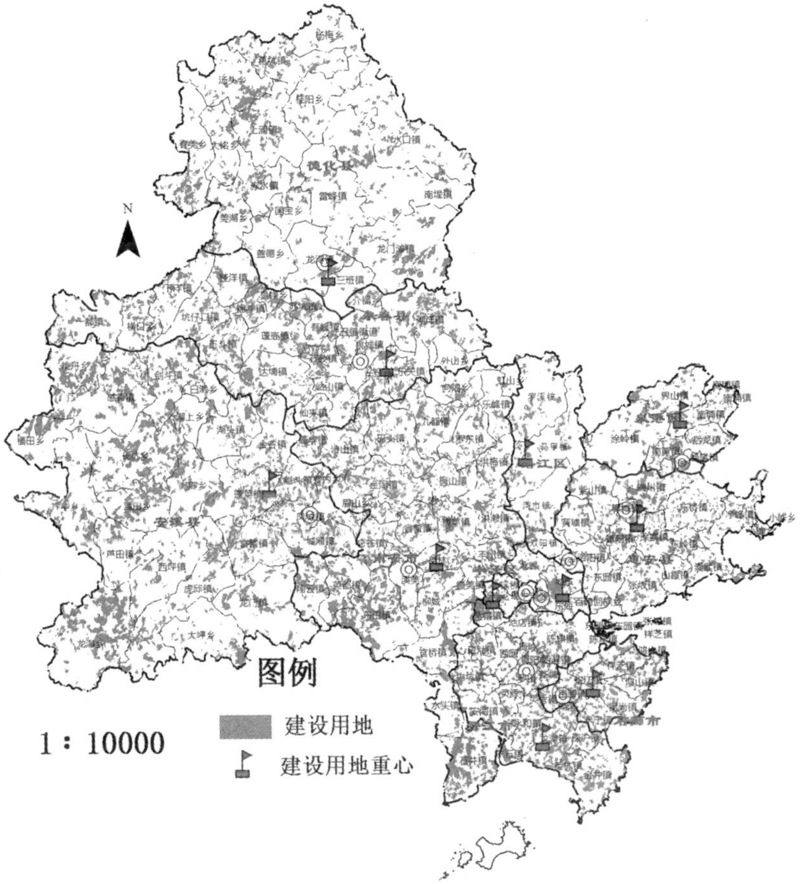

图例

1：10000

建设用地

建设用地重心

图 7-11　泉州市各区县市建设用地重心（2006 年）

（九）2010年泉州市各区县市耕地重心分析

通过前文的计算，可以得到2010年泉州市各区县市耕地重心坐标（表7-9）。

表7-9　泉州市各区县市耕地重心坐标（2010年）

序号	行政区	X	Y
1	安溪县	1294844.4647	2721647.6001
2	德化县	1309474.4558	2773744.6415
3	永春县	1315064.7776	2742224.7420
4	南安市	1334214.6033	2728070.5230
5	洛江区	1368945.9643	2723669.6314
6	鲤城区	1359906.2950	2698096.8827
7	丰泽区	1365020.8447	2703449.3185
8	惠安县	1397492.2884	2712726.8738
9	石狮市	1382624.4113	2679422.8290
10	晋江市	1363712.4716	2685132.0938
11	泉港区	1388452.6191	2722004.4291

安溪县的耕地的重心在长坑乡，该乡地理条件优势，自然资源十分丰富。长坑茶叶久负盛名，国家级茶树良种大叶乌龙就发源于此，产茶历史悠久。至2010年，全乡耕地保有量2483.72公顷（37255.8亩）。该乡严格管护耕地质量，大力推进高标准农田建设，完善耕作配套设施，改良土壤、培肥地力，改造中低产田。德化县的耕地的重心在赤水镇，该镇位于德化县城西北部。全镇2010年耕地面积12038.42亩。永春县的耕地的重心在达埔镇，耕地2511.96公顷，占农用地的25.06%，其中灌溉水田2051.97公顷，占耕地面积的81.69%。该镇的耕地主要分布在乌石村、金星村、新溪村、楚安村、新琼村等地。南安市的耕地的重心在码头镇，该镇属半山区半丘陵地理特征，南亚热带海洋性气候，年平均气温20.8℃，夏长少酷暑，东短无严寒，雨量充沛，降雨集中。2010年耕地面积1.85万亩左右，主要种植水稻、甘薯、花生等农作物；山地面积9.1万亩，其中低坡山地8万亩，林木蓄积量9.23万立方米，森林覆盖率58.6%；水资源充沛。洛江区的耕地的重心在马甲镇，2010

年耕地保有量不低于 1526.85 公顷（22902.75 亩）。

鲤城区的耕地的重心在江南街道。丰泽区的耕地的重心在城东街道，2010 年耕地规模 50.52 公顷（757.8 亩），占全街道土地总面积的 1.5%，耕地以水田为主，占耕地总面积的 65.36%。惠安县的耕地的重心在东桥镇，2010 年耕地面积 24589 亩，耕地占有率居全县首位，其中水田占绝大部分。石狮市的耕地的重心在锦尚镇。晋江市的耕地的重心在青阳镇，该镇位于晋江市北部，地形自西向东稍微倾斜，地势较为平坦，地貌以平原为主，属于晋东平原的一部分，镇辖区内耕地资源较为丰富。泉港区的耕地的重心在山腰街道，该街道位于泉港区东南部，地处泉港城市起步区和中心城区，是泉港区的行政中心、商贸中心和文化中心，2010 年耕地面积为 6649 亩（图 7-12）。

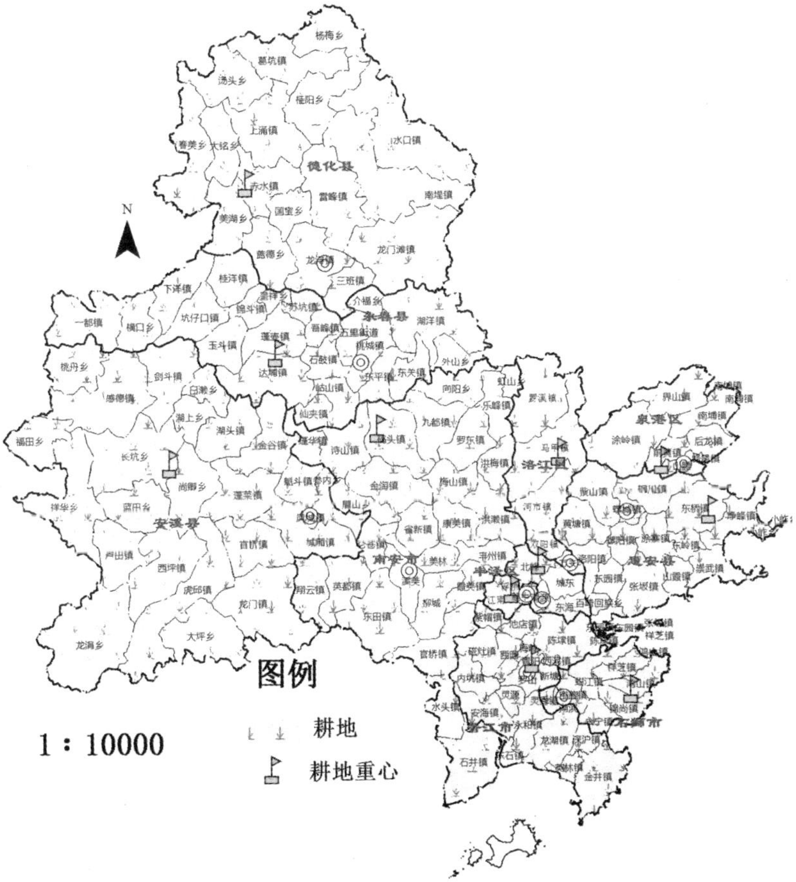

图例

1：10000

耕地

耕地重心

图 7-12　泉州市各区县市耕地重心（2010 年）

（十）2010 年泉州市各区县市建设用地重心分析

通过前文的计算，可以得到 2010 年泉州市各区县市建设用地重心坐标（表 7-10）。

表 7-10　泉州市各区县市建设用地重心坐标（2010 年）

序号	行政区	X	Y
1	安溪县	1325769. 6491	2709158. 5833
2	德化县	1325293. 8771	2757211. 5622
3	永春县	1333144. 1162	2739132. 2236
4	南安市	1340756. 4693	2705947. 1218
5	洛江区	1364545. 0727	2720814. 9989
6	鲤城区	1356694. 8336	2696907. 4525
7	丰泽区	1369421. 7364	2698691. 5978
8	惠安县	1386192. 7018	2710585. 8995
9	石狮市	1378580. 3487	2683704. 7776
10	晋江市	1368232. 3062	2674427. 2223
11	泉港区	1389879. 9353	2731638. 8135

安溪县的建设用地的重心在城厢镇，该镇地处位于安溪县东部，西溪上游，紧邻县城。城厢镇地势西北高，东南低，属低丘陵地带和河谷小平原。2010 年前后城镇建设方面，该镇加快二环路沿线各村的开发步伐，抓好德苑、城东、城南三大片区的整合开发，继续完善经岭、雅兴、涝港等工业区以及同美工业城、下长泰加工走廊、火车站工业区的建设，盘整工业园区闲置土地和厂房，不断改善工业园区软硬环境，促进工业园区建设上规模、上水平。2004 年，城区工业园区被省政府批准为省级工业园区；中粮、恒兴、远太、福尔、天伦、志诚、闽商等投资上亿元的大集团进驻开发，富华、厦丰、广福、馨顺等 12 家投资上千万元的规模企业相继开工建设或建成投产。该镇主动承接大县城建设的辐射，加快世纪豪庭、三远江滨花园、龙凤都城等 14 个新区建设步伐，启动城区污水处理厂、污水管网、建安大道、东二环路、城西拦河坝、110 千伏变电站等重点基础设施建设；不断巩固经兜村省级新村建设示范村，新培育经岭、仙苑等一批市级

改旧建新精品村；建成区控制性详细规划，覆盖率达 100%。德化县的建设用地的重心位于三班镇。永春县的建设用地的重心位于桃城镇，该镇地处县城，是全县政治、经济、文化中心，福建省百强乡镇之一。区位优势明显，榜头、探花山、留安、花石、济川 5 个工业小区水、电、路设施齐全，投资环境不断优化，新办企业以每年 40 家的速度增长，全镇形成了陶瓷、建筑、铸造、日用制品等支柱产业，培育了洋兴、梅峰、宝华、大阳、三鼎等骨干企业，优质、精细、名牌产品多，产品远销欧、美、东南亚等地，并成为全国最大的陶瓷灯具生产基地。该镇发挥城区优势，拓宽就业门路，建设专业市场，大力发展第三产业，形成了“饮食、水果、服装、小商品批发”等专业市场，城乡经济日益繁荣。南安市的建设用地的重心位于溪美街道，该街道位于南安市区中心。洛江区的建设用地的重心位于马甲镇。鲤城区的建设用地的重心位于江南街道。丰泽区的建设用地的重心位于城东街道。惠安县的建设用地的重心位于涂寨镇，该镇地理方位优越，基础设施完善，涂寨镇处于惠东地区的交通要口，惠崇公路与泉州市的沿海大通道（斗尾港经秀涂港至后渚港路段）交叉贯穿全境。镇内修通 9 条乡村水泥公路，镇区距福厦高速公路互通口 9 千米，距 324 国道 6 千米，距惠安火车站 3 千米。镇区往崇武镇和后渚港码头仅需半个小时车程，海陆交通均十分便捷。

石狮市的建设用地的重心位于祥芝镇。晋江市的建设用地的重心位于龙湖镇。泉港区的建设用地的重心位于界山镇，界山镇位于湄洲湾南岸的泉港区北部，系泉州市的“北大门”，是规划建设中福建石化基地的北部工业区所在地。界山镇交通条件十分便捷，324 国道、福泉厦高速公路、福厦高速铁路、沿海大通道贯穿全境，东临沙格万吨码头，南与漳泉肖铁路相邻，离晋江机场仅 1 个小时车程，是闽东南。南北交通的重要通道。全镇基础设施日臻完善，社会事业日新月异。界山镇是泉州市社会主义新农村建设示镇（图 7–13）。

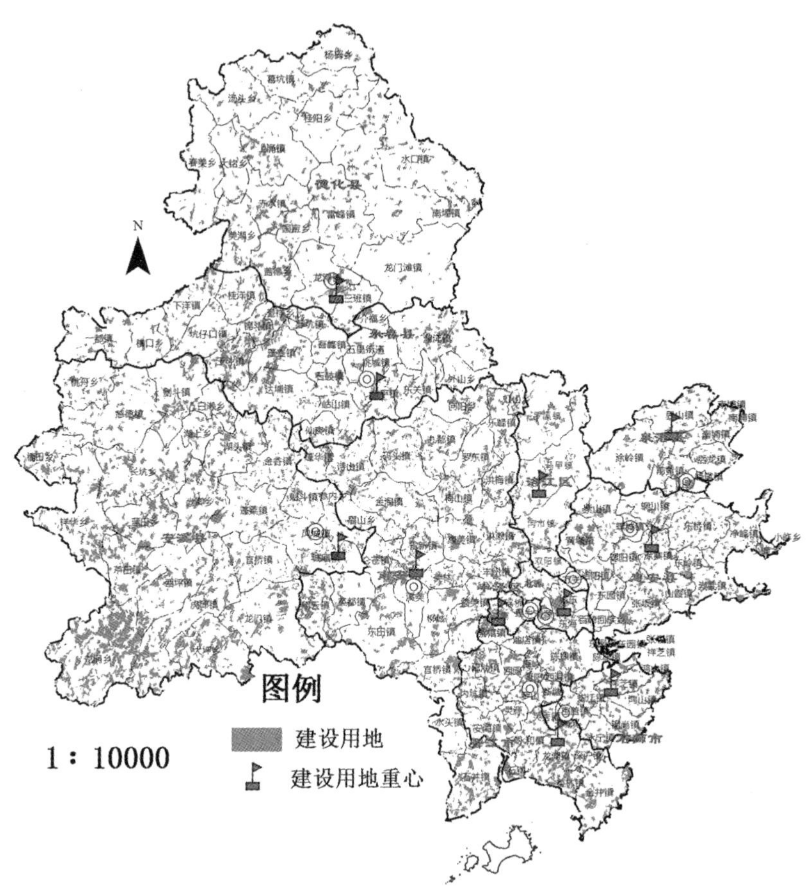

图 7-13　泉州市各区县市建设用地重心（2010 年）

综上所述，泉州市各个区县市 1980—2010 年的耕地重心变化见表7-11。

表 7-11　泉州市各区县市耕地重心变化统计（1980—2010 年）

序号	行政区	1980 年耕地重心	1990 年耕地重心	2000 年耕地重心	2006 年耕地重心	2010 年耕地重心
1	安溪县	长坑乡	湖头镇	湖头镇	金谷镇	长坑乡
2	德化县	上涌镇	国宝乡	赤水镇	盖德镇	赤水镇
3	永春县	达埔镇	达埔镇	石鼓镇	岵山镇	达埔镇
4	南安市	金淘镇	码头镇	金淘镇	金淘镇	码头镇

续表

序号	行政区	1980 年耕地重心	1990 年耕地重心	2000 年耕地重心	2006 年耕地重心	2010 年耕地重心
5	洛江区	马甲镇	马甲镇	河市镇	河市镇	马甲镇
6	鲤城区	江南街道	江南街道	江南街道	江南街道	江南街道
7	丰泽区	北峰街道	北峰街道	城东街道	城东街道	城东街道
8	惠安县	东桥镇	东桥镇	东岭镇	东岭镇	东桥镇
9	石狮市	永宁镇	锦尚镇	锦尚镇	永宁镇	锦尚镇
10	晋江市	陈埭镇	西园街道	西滨镇	西滨镇	青阳镇
11	泉港区	后龙镇	后龙镇	前黄镇	前黄镇	山腰街道

可知，安溪县变化了 3 次，分别为长坑乡、湖头镇、金谷镇；德化县变化了 4 次，分别为上涌镇、国宝乡、赤水镇、盖德镇；永春县变化了 3 次，分别为达埔镇、石鼓镇、岵山镇；南安市变化了 2 次，分别为金淘镇和码头镇；洛江区变化了 2 次，分别为马甲镇和河市镇；鲤城区没有变化，就是江南街道；丰泽区变化了 2 次，分别是北峰街道和城东街道；惠安县变化了 2 次，分别是东桥镇和东岭镇；石狮市变化了 2 次，分别是永宁镇和锦尚镇；晋江市变化了 4 次，分别是陈埭镇、西园街道、西滨镇和青阳镇；泉港区变化了 3 次，分别是后龙镇、前黄镇和山腰街道。

通过上面这些数据可知，德化县的耕地重心发生频率最大，为 4 次；其次是晋江市，发生了 4 次；再次是安溪县、永春县和泉港区，发生了 3 次，发生变化最小的鲤城区。这也在一定程度说明，耕地重心发生变化越频繁，土地利用变化也越频繁，土地利用过程中的相互作用力在不断争夺，各方面的力量作用也就越激烈，发生不同土地利用类型的冲突和矛盾概率越大。

泉州市各个区县市 1980—2010 年的建设用地重心变化表 7-12。

表 7-12　泉州市各区县市建设用地重心变化统计（1980—2010 年）

序号	行政区	1980 年建设用地重心	1990 年建设用地重心	2000 年建设用地重心	2006 年建设用地重心	2010 年建设用地重心
1	安溪县	金谷镇	魁斗镇	蓬莱镇	蓬莱镇	城厢镇
2	德化县	龙浔镇	龙浔镇	龙浔镇	三班镇	三班镇
3	永春县	东平镇	东平镇	东关镇	东关镇	桃城镇
4	南安市	柳城街道	丰州镇	柳城街道	美林街道	溪美街道
5	洛江区	罗溪镇	马甲镇	马甲镇	马甲镇	马甲镇
6	鲤城区	浮桥街道	浮桥街道	江南街道	江南街道	江南街道
7	丰泽区	丰泽街道	城东街道	城东街道	城东街道	城东街道
8	惠安县	涂寨镇	辋川镇	螺阳镇	螺城镇	涂寨镇
9	石狮市	祥芝镇	蚶江镇	蚶江镇	蚶江镇	祥芝镇
10	晋江市	龙湖镇	龙湖镇	龙湖镇	龙湖镇	龙湖镇
11	泉港区	南埔镇	南埔镇	南埔镇	南埔镇	界山镇

可知，安溪县变化了 4 次，分别为金谷镇、魁斗镇、蓬莱镇和城厢镇；德化县变化了 2 次，分别为龙浔镇和三班镇；永春县变化了 3 次，分别为东平镇、东关镇和桃城镇；南安市变化了 4 次，分别为柳城街道、丰州镇、美林街道和溪美街道；洛江区变化了 2 次，分别为罗溪镇和马甲镇；鲤城区发生了 2 次变化，就是浮桥街道和江南街道；丰泽区变化了 2 次，分别是丰泽街道和城东街道；惠安县变化了 4 次，分别是涂寨镇、辋川镇、螺阳镇和螺城镇；石狮市变化了 2 次，分别是祥芝镇和蚶江镇；晋江市没有变化，就是龙湖镇；泉港区变化了 2 次，分别是南埔镇和界山镇。

通过上面建设用地重心变化统计数据可知，安溪县、南安市和惠安县的建设用地重心发生频率最大，为 4 次；其次是永春县，发生了 3 次；再次是德化县、鲤城区、丰泽区、石狮市、洛江区和泉港区，发生了 2 次，发生变化最小的晋江市。这也在一定程度说明，建设用地重心发生变化越频繁，城乡建设用地利用变化也越频繁，城乡建设用地利用过程中的相互作用力在不断争夺，各方面的力量作用也就越激烈，发生不同土地利用类型的冲突和矛盾概率越大。

土地利用变化是映射人类社会经济发展的一面镜子，是经济社会发展和环境保护在区域空间上的具体体现。导致土地利用方式和类型发生变化的主要有生物物理因素和社会经济因素两大方面，即自然驱动和社会驱动，这也是土地利用变化驱动源泉。自然因素对于土地利用的影响在一定时间内是较为稳定的，不是区域土地利用变化的主要因素，经济社会影响因素起主导作用。另外，土地利用发生变化也造成了土地利用空间格局变化，这种变化是地球表层系统最重要的景观标志，能直接反映出城市化过程中土地利用的演化特征，为城市土地管理、规划、城市建设和区域可持续发展提供有效的决策支持。

第四节　基于重心迁移模型的泉州市耕地和建设用地冲突轨迹分析

一、泉州市耕地和建设用地重心轨迹理论分析

区域土地利用变化，从土地覆被（land cover）来看，是自然和人工植被及建筑物等地表覆盖物发生了改变，亦是覆盖地表的自然和人工营造物的综合体发生了变化。从属性而言，土地覆被侧重于土地的自然属性，即土地利用变化使得地表覆盖物因其性质的改变而产生辐射强迫，进而影响区域或全球气候。从土地利用（land use）来看，土地利用变化是人们为经济的和社会的等目的，通过各种人类活动对土地长期或周期性的经营，导致土地类型从一种地类转换为另外一种。20 世纪以来，由于人口急剧增长，而可利用的土地资源相对越来越少，因此土地利用问题逐渐引起世界各国的重视。人口向城市集中的趋势和城市占地面积的日益扩大，引起城市用地与国民经济其他部门用地，特别是与农业用地的矛盾。此外，由于技术进步，人类改造、利用自然环境的能力日益提高，如稍处理不当，就会出现污染环境和破坏生态平衡的问题，往往首先表现在土地利用上。土地利用是人文地理学，尤其是经济地理学的重要研究内容，对于协调人地关系、

发展国民经济有重要的作用。除地理学以外，经济科学、农业科学、城市科学等学科也以不同方式研究土地利用。土地利用既受自然条件制约，又受社会、经济、技术条件影响，是这些因素共同作用的结果。在影响土地利用各种因素中，确定土地关系的社会生产方式往往起决定性作用。土地利用研究的新趋势是从生态观点出发，谋求生态平衡，保护植被和土壤，以期获得持久产量，以协调人类与环境的关系。土地利用要和环境保护联系起来，评价土地对某项生产的适宜性时，要考虑是否会影响环境质量以及长期的生态效益，防止环境退化。在经济发达的国家，土地利用的研究重点，已从提高土地生产率转向改善环境，把土地利用规划和整体的环境规划联系起来。中国首先对土地利用情况进行环境质量的评价，根据土地资源和其他自然资源情况及经济建设发展的需要，对环境因素进行总体规划，在此基础上提出土地利用的各种方案，然后对每一方案进行评价，选定对环境有利的最优土地利用方案。区域中土地利用变化也存在着土地覆被和土地利用方面的变化。

区域土地利用变化，还存在土地类型结构与演替的变化。各种土地类型在空间分布上都具有特定的位置，但不同的土地类型在分布上又彼此联系，即构成了特定的空间中的结构和空间关系。在一定区域内，各种土地类型在质和量上的对比以及它们组合而成的一定格局或图式，即是区域的土地类型结构。土地类型结构包括土地类型空间结构和土地类型数量结构。土地类型空间结构也称为土地的空间组合结构，是指在一定区域中，各类土地的空间位置及彼此间组合而形成的一定的格局或图式等，它是所有土地结构类型中最直观的表现形式。土地类型数量结构是某一区域内包括地类的数量类型、占比情况等，是土地类型在质和量上的对比关系，它需要运用各种定量化的指标来进行对土地结构进行描述和计算评价。区域中土地利用变化也存在着土地数量和空间结构的变化。

运用重心模型，可以计算区域内不同地类在以时间为横轴，将地类迁移变化的轨迹在以竖轴的空间迁移位置描述出来，更加方便地描述土地利用类型的时空演变过程。通过各个地类各个研究时段的分布重心，可以了解和掌握研究区域土地利用的空间变化趋势。

二、泉州市各区县市 1980—1990 年耕地重心轨迹

通过将 1980 年、1990 年各区县市耕地重心在图中表示出来（图 7-14），再计算 1980—1990 年泉州市各区县市耕地重心轨迹长度，可以得到表 7-13。分析相关数据可知，1980—1990 年泉州市各区县市耕地重心轨迹长度为 72170.94 米，平均长度为 6560.994 米；其中耕地重心轨迹长度最长的是德化县，为 16223.2492 米，其重心由 1980 年的上涌镇变换成 1990 年的国宝乡；其次是安溪县，1980 年的耕地重心在长坑乡，1990 年变成湖头镇，重心轨迹长度为 15044.483 米；再次是晋江市，由 1980 年的陈埭镇，变成 1990 年的西园街道，长度为 9486.3485 米；长度变化最小的泉港区，1980 年和 1990 年都为后龙镇，长度为 2203.5581 米。

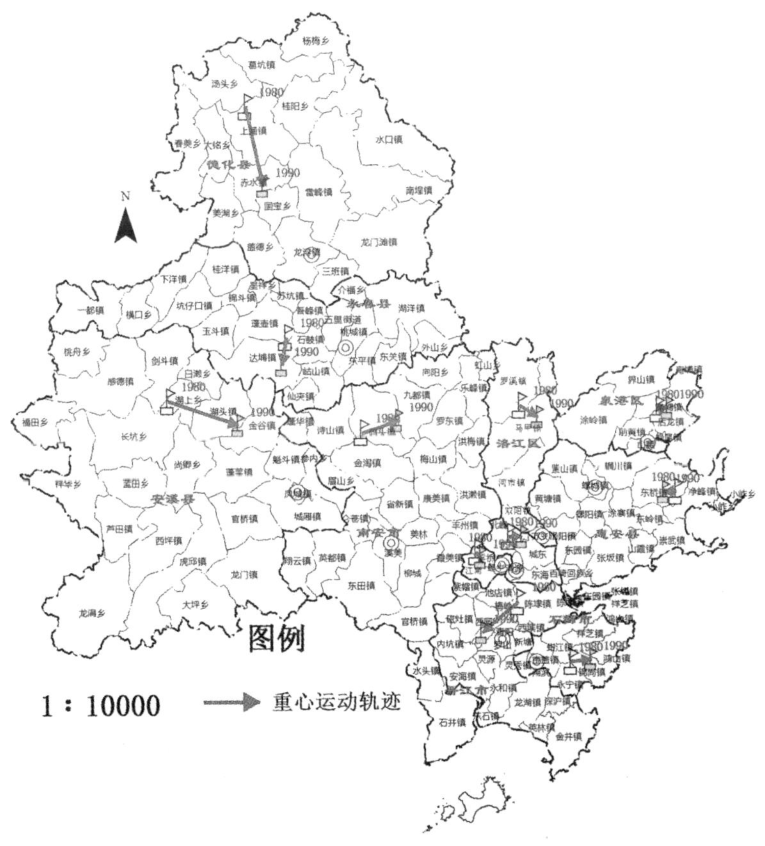

图 7-14　泉州市 1980—1990 年耕地重心轨迹

表 7-13 泉州市各区县市 1980—1990 年耕地重心轨迹长度

单位：米

序号	行政区	1980—1990 年耕地重心轨迹长度
1	安溪县	15044.483
2	德化县	16223.2492
3	永春县	5522.0884
4	南安市	8031.2054
5	洛江区	4416.4303
6	鲤城区	1618.5164
7	丰泽区	2691.8089
8	惠安县	2635.8909
9	石狮市	4297.3587
10	晋江市	9486.3485
11	泉港区	2203.5581

三、泉州市各区县市 1980—1990 年建设用地重心轨迹

通过将 1980 年、1990 年各区县市建设用地重心在图中表示出来（图 7-15），再计算 1980—1990 年泉州市各区县市建设用地重心轨迹长度，可以得到表 7-14。分析相关数据可知，泉州市 1980—1990 建设用地重心轨迹长度为 40930.4959 米，平均长度 3720.9542 米。其中运动轨迹最长的南安市，长度为 8821.4817 米，重心由 1980 年的柳城街道，变化为 1990 年的丰州镇；其次是泉港区，长度为 5263.869 米，重心都在南埔镇内进行运动；最短的为鲤城区，长度为 2000.5757 米，重心都在浮桥街道内进行运动。

表 7-14 泉州市各区县市 1980—1990 年建设用地重心轨迹长度

单位：米

序号	行政区	1980—1990 年建设用地重心轨迹长度
1	安溪县	4491.6039
2	德化县	3108.906
3	永春县	2588.5689
4	南安市	8821.4817
5	洛江区	4717.7487

续表

序号	行政区	1980—1990 年建设用地重心轨迹长度
6	鲤城区	2000.5757
7	丰泽区	2612.9406
8	惠安县	2239.7459
9	石狮市	2571.019
10	晋江市	2514.0365
11	泉港区	5263.869

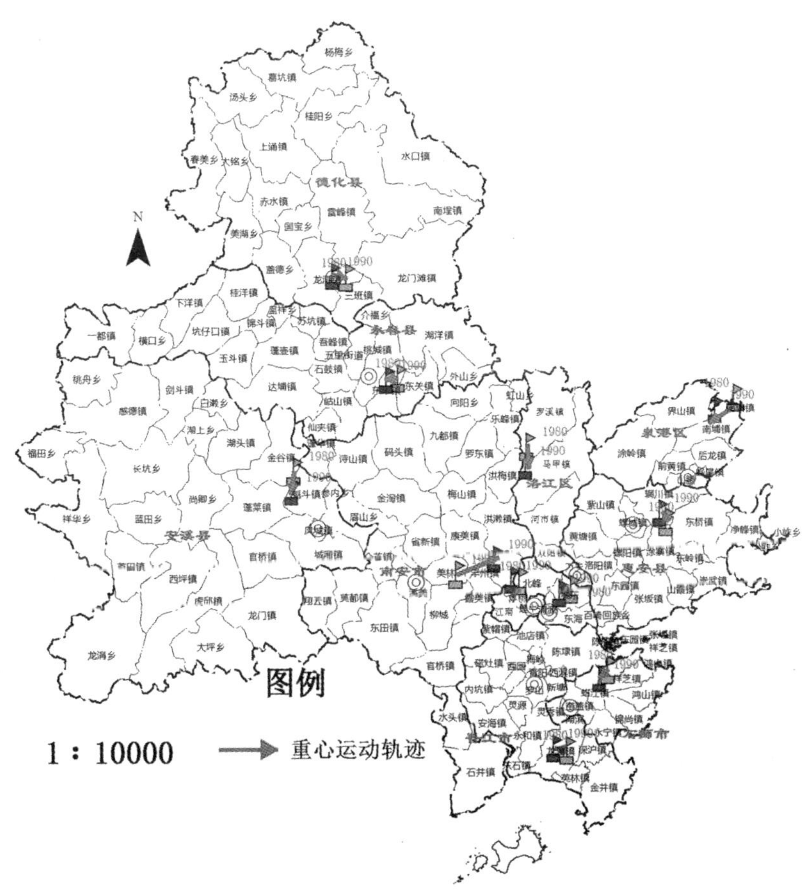

图 7-15　泉州市 1980—1990 年建设用地重心轨迹

四、泉州市各区县市 1990—2000 年耕地重心轨迹

通过将 1990 年、2000 年各区县市耕地重心在图中表示出来（图 7-16），再计算 1990—2000 年泉州市各区县市耕地重心轨迹长度，可以得到表 7-15。分析相关数据可知，1990—2000 年泉州市各区县市耕地重心轨迹长度为 59871.0936 米，平均长度为 5442.8267 米；其中耕地重心轨迹长度最长的是洛江区，为 12879.6525 米，其重心由 1990 年的马甲镇变换成 2000 年的河市镇；其次是晋江市，1990 年的耕地重心在西园街道，2000 年变成西滨镇，重心轨迹长度为 8645.3216 米；再次是南安市，由 1990 年的码头镇，变成 2000 年的金淘镇，长度为 7722.782 米；长度变化最小的德化县，重心由 1990 年的国宝乡，变成 2000 年为赤水镇，长度为 1568.2594 米。

图 7-16　泉州市 1990—2000 年耕地重心轨迹

表 7-15 泉州市各区县市 1990—2000 年耕地重心轨迹长度

单位：米

序号	行政区	1990—2000 年耕地重心轨迹长度
1	安溪县	3372.6694
2	德化县	1568.2594
3	永春县	7607.1755
4	南安市	7722.782
5	洛江区	12879.6525
6	鲤城区	4435.7075
7	丰泽区	2551.5242
8	惠安县	2985.877
9	石狮市	1829.0868
10	晋江市	8645.3216
11	泉港区	6273.0377

五、泉州市各区县市 1990—2000 年建设用地重心轨迹

通过将 1990 年、2000 年各区县市建设用地重心在图中表示出来（图 7-17），再计算 1990—2000 年泉州市各区县市建设用地重心轨迹长度，可以得到表 7-16。分析相关数据可知，泉州市 1990—2000 建设用地重心轨迹长度为 51192.2802 米，平均长度 4653.8436 米。其中运动轨迹最长的南安市，长度为 7976.9423 米，重心由 1990 年的丰州镇，变化为 2000 年的柳城街道；其次是泉港区，长度为 6073.0981 米，重心都在南埔镇内进行运动；最短的为晋江市，长度为 2798.4965 米，重心都在龙湖镇内进行运动。

表 7-16 泉州市各区县市 1990—2000 年建设用地重心轨迹长度

单位：米

序号	区县	1990—2000 年建设用地重心轨迹长度
1	安溪县	4583.4148
2	德化县	3712.7677
3	永春县	4882.4894

续表

序号	区县	1990—2000 年建设用地重心轨迹长度
4	南安市	7976.9423
5	洛江区	5045.0613
6	鲤城区	4652.1698
7	丰泽区	3709.2028
8	惠安县	3611.6227
9	石狮市	4147.0148
10	晋江市	2798.4965
11	泉港区	6073.0981

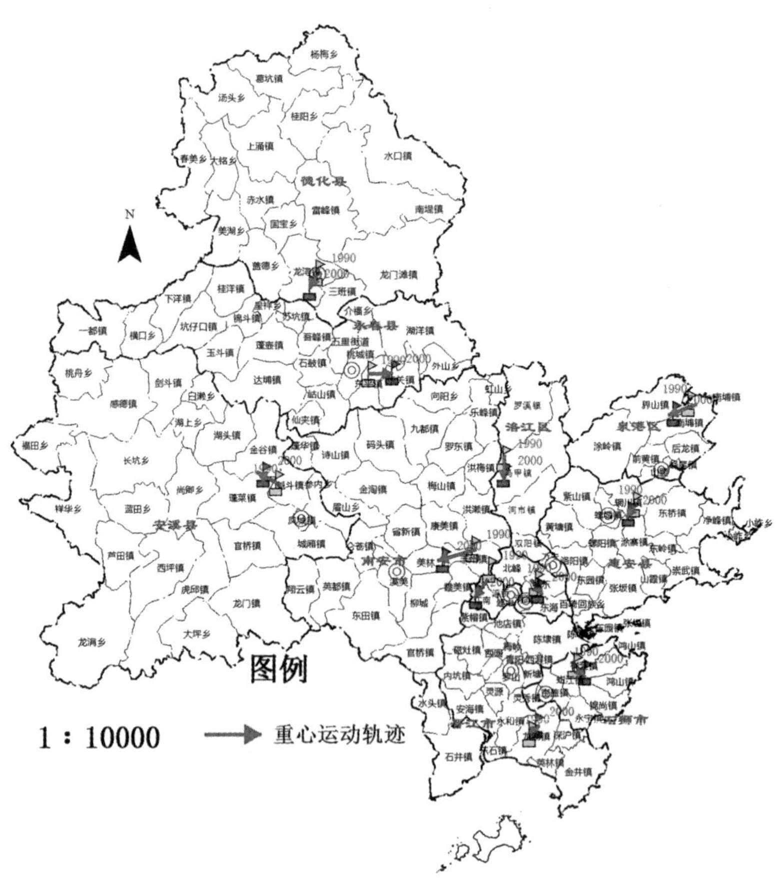

图 7-17　泉州市 1990—2000 年建设用地重心轨迹

六、泉州市各区县市 2000—2006 年耕地重心轨迹

通过将 2000 年、2006 年各区县市耕地重心在图中表示出来（图 7-18），再计算 2000—2006 年泉州市各区县市耕地重心轨迹长度，可以得到表7-17。分析相关数据可知，2000—2006 年泉州市各区县市耕地重心轨迹长度为 38196. 8899 米，平均长度为 3472. 4445 米；其中耕地重心轨迹长度最长的是南安市，为 5871. 8241 米，其重心都在金淘镇域内运动；其次是永春县，2000 年的耕地重心在石鼓镇，2006 年变成岵山镇，重心轨迹长度为 5273. 3371 米；再次是安溪县，由 2000 年的湖头镇，变成 2006 年的金谷镇，长度为 4658. 4946 米；长度变化最小的鲤城区，重心都在江南街道内运动，长度为 1639. 8403 米。

图 7-18　泉州市 2000—2006 年耕地重心轨迹

表 7-17　泉州市各区县市 2000—2006 年耕地重心轨迹长度

单位：米

序号	行政区	2000—2006 年耕地重心轨迹长度
1	安溪县	4658.4946
2	德化县	4351.6045
3	永春县	5273.3371
4	南安市	5871.8241
5	洛江区	3776.1584
6	鲤城区	1639.8403
7	丰泽区	1785.7889
8	惠安县	2796.4485
9	石狮市	2824.8921
10	晋江市	1808.4519
11	泉港区	3410.0495

七、泉州市各区县市 2000—2006 年建设用地重心轨迹

通过将 2000 年、2006 年各区县市建设用地重心在图中表示出来（图 7-19），再计算 2000—2006 年泉州市各区县市建设用地重心轨迹长度，可以得到表 7-18。分析相关数据可知，泉州市 2000—2006 建设用地重心轨迹长度为 30470.6594 米，平均长度 2770.0599 米。其中运动轨迹最长的南安市，长度为 3561.6654 米，重心由 2000 年的柳城街道，变化为 2006 年的美林街道；其次是泉港区，长度为 3560.4552 米，重心都在南埔镇内进行运动；再次是永春县，2000 年和 2006 年的建设用地重心都在东关镇，长度为 3242.9067 米；最短的为鲤城区，长度为 1307.2575 米，重心都在江南街道内进行运动。

图 7-19 泉州市 2000—2006 年建设用地重心轨迹

表 7-18 泉州市各区县市 2000—2006 年建设用地重心轨迹长度

单位：米

序号	区县	2000—2006 年建设用地重心轨迹长度
1	安溪县	3218.493
2	德化县	2205.415
3	永春县	3242.9067
4	南安市	3561.6654
5	洛江区	3179.4547

续表

序号	区县	2000—2006 年建设用地重心轨迹长度
6	鲤城区	1307. 2575
7	丰泽区	1735. 0309
8	惠安县	3026. 9542
9	石狮市	2838. 7013
10	晋江市	2594. 3254
11	泉港区	3560. 4552

八、泉州市各区县市 2006—2010 年耕地重心轨迹

通过将 2006 年、2010 年各区县市耕地重心在图中表示出来（图 7-20），再计算 2006—2010 年泉州市各区县市耕地重心轨迹长度，可以得到表 7-19。分析相关数据可知，2006—2010 年泉州市各区县市耕地重心轨迹长度为 83488. 2123 米，平均长度为 7589. 8375 米；其中耕地重心轨迹长度最长的是安溪县，为 16754. 4948 米，其重心由 2006 年的金谷镇，变成 2010 的长坑乡；其次是南安市，2006 年的耕地重心在金淘镇，2010 年变成码头镇，重心轨迹长度为 13860. 1087 米；再次是洛江区，由 2006 年的河市镇，变成 2010 年的马甲镇，长度为 11516. 9761 米；长度变化最小的丰泽区，重心都在城东街道内运动，长度为 2446. 4278 米。

图 7-20　泉州市 2006—2010 年耕地重心轨迹

表 7-19　泉州市各区县市 2006—2010 年耕地重心轨迹长度

单位：米

序号	行政区	2006—2010 年耕地重心轨迹长度
1	安溪县	16754. 4948
2	德化县	5063. 4459
3	永春县	8783. 9677
4	南安市	13860. 1087
5	洛江区	11516. 9761

续表

序号	行政区	2006—2010 年耕地重心轨迹长度
6	鲤城区	3338.4214
7	丰泽区	2446.4278
8	惠安县	6598.8623
9	石狮市	5126.9399
10	晋江市	5150.5483
11	泉港区	4848.0194

九、泉州市各区县市 2006—2010 年建设用地重心轨迹

通过将2006年、2010年各区县市建设用地重心在图中表示出来（图7-21），再计算2006—2010年泉州市各区县市建设用地重心轨迹长度，可以得到表7-20。分析相关数据可知，泉州市 2006—2010 建设用地重心轨迹长度为41930.2609米，平均长度3811.8419米。其中运动轨迹最长的安溪县，长度为14551.7878米，重心由2006年的蓬莱镇，变化为2010年的城厢镇；其次是南安市，长度为5399.0599米，重心由2006年的美林街道，变成2010年的溪美街道；再次是晋江市，2006年和2010年的建设用地重心都在龙湖镇，长度为4894.1854米；最短的为丰泽区，长度为52.45米，重心都在城东街道内进行运动。

图 7-21　泉州市 2006—2010 年建设用地重心轨迹

表 7-20　泉州市各区县市 2006—2010 年建设用地重心轨迹长度

单位：米

序号	行政区	2006—2010 年建设用地重心轨迹长度
1	安溪县	14551. 7878
2	德化县	156. 024
3	永春县	3528. 2316
4	南安市	5399. 0599
5	洛江区	3152. 7163
6	鲤城区	56. 24
7	丰泽区	52. 45
8	惠安县	2079. 589

续表

序号	行政区	2006—2010 年建设用地重心轨迹长度
9	石狮市	4730.3374
10	晋江市	4894.1854
11	泉港区	3329.6395

十、泉州市各区县市 1980—2010 年耕地重心轨迹

前文已对泉州市各区县市的 1980—1990 年、1990—2000 年、2000—2006 年、2006—2010 年四期的耕地重心轨迹进行了分析，接下来将它们放在一张图里进行分析，以便寻找其中存在的一些规律（图 7-22）。

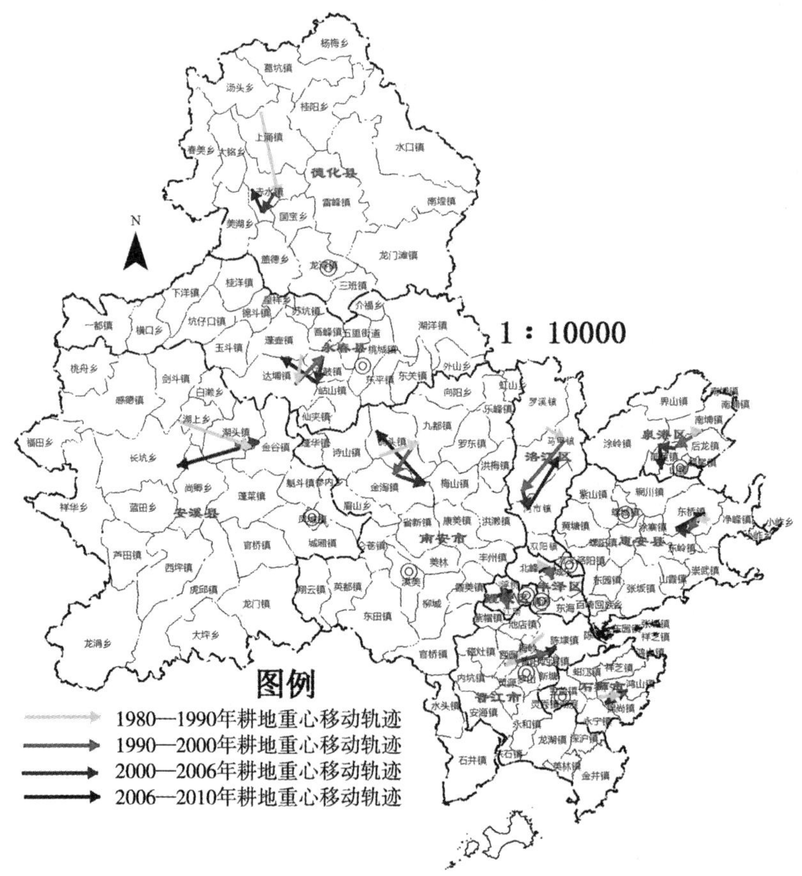

图 7-22　泉州市 1980—2010 年耕地重心轨迹

安溪县1980年至2010年的耕地重心移动，从1980年的长坑乡到1990年、2000年的湖头镇，再到2006年的金谷镇，最后2010年又回到了长坑乡。其轨迹，先从县域西北部（长坑乡、湖头镇），到县域的晋江西溪中游（金谷镇），最后又折回到县域西北部（长坑乡）。

德化县1980年至2010年的耕地重心移动，从1980年的上涌镇到1990年的国宝乡，再到2000年的赤水镇，然后到2006年的盖德镇，最后2010年又回到了赤水镇。其轨迹，首先在县域西北部经济、文化、商贸和交通中心（上涌镇），再到县域中部略偏西南（国宝乡），然后到德化县城西北部（赤水镇），再次到距离县城6千米的西南部（盖德镇），最后又折回了县城西北部（赤水镇）。

永春县1980年至2010年的耕地重心移动，从1980年、1990年的达埔镇，再到2000年的石鼓镇，再到2006年的岵山镇，最后2010年又回到了达埔镇。其轨迹，首先，从离县城16千米的县中南部（达埔镇），再到县东距县城4千米的中部（岵山镇），最后又折回县域中南部（达埔镇）。

南安市1980年至2010年的耕地重心移动，从1980年的金淘镇，再到1990年的码头镇，然后2000年和2006年又折回到金淘镇，最后2010年又回到了码头镇。其轨迹，首先，从南安市西北部（金淘镇），再到距市区25千米的市域北部（码头镇），然后又折回市西北部（金淘镇），最后又折回市域北部（码头镇）。

洛江区1980年至2010年的耕地重心移动，从1980年、1990年的马甲镇，再到2000年、2006年的河市镇，最后2010年又回到了马甲镇。其轨迹，首先从距离鲤城区市中心35千米的洛江区中北部（马甲镇），再到离泉州市区20千米的洛江区中部偏南（河市镇），最后又折回洛江区中北部（马甲镇）。

鲤城区1980年至2010年的耕地重心移动，从1980年到2010年的耕地重心移动轨迹都在江南街道。其轨迹，虽然都在江南街道范围，但是其移动的轨迹长度不一，1980年至1990年移动了1618.5164米，1990年至2000年移动了4435.7075米，2000年至2006年重心轨迹移动了1639.8403米，2006年至2010年，耕地重心轨迹移动了3338.4214米。

丰泽区1980年至2010年的耕地重心移动，从1980年、1990年的北峰街道，再到2000年、2006年、2010年的城东街道。其轨迹，首先从清源山南麓、西湖之滨的泉州市中心市区西北部（北峰街道），再到位于中心市区与洛江区之间的泉州市中心城区东部（城东街道）。

惠安县1980年至2010年的耕地重心移动，从1980年、1990年的东桥镇，再到2000年、2006年的东岭镇，最后2010年又回到了东桥镇。其轨迹，首先从位于东南沿海最前线，介于泉州湾与湄州南岸之间，东濒台湾海峡的惠安县东部（东桥镇），再到惠东的经济文化中心的县域东部（东岭镇），最后又折回东南沿海最前线（东桥镇）。

石狮市1980年至2010年的耕地重心移动，从1980年的永宁镇，再到1990年、2000年的锦尚镇，然后又折回到2006年的永宁镇，最后2010年又回到了锦尚镇。其轨迹，首先从东临台湾海峡、西倚宝盖山、南临深沪湾的石狮市东南突出部（永宁镇），再到泉州湾口突出部（锦尚镇），然后又折回石狮市东南突出部（永宁镇），最后又回到了泉州湾口突出部（锦尚镇）。

晋江市1980年至2010年的耕地重心移动，从1980年的陈埭镇，到1990年的西园街道，再到2000年、2006年的西滨镇，最后2010年到了青阳街道。其轨迹，首先从晋江市东北部（陈埭镇），到靠近中心城市的晋江市北部（西园街道），再到位于晋江东南部沿海平原（西滨镇），最后到了晋江市北部（青阳街道）。

泉港区1980年至2010年的耕地重心移动，从1980年、1990年的后龙镇，到2000年、2006年的前黄镇，到2010年的山腰街道。其轨迹，首先从泉港区东部（后龙镇），到泉港区中南部（前黄镇），最后到位于湄洲港南岸的泉州市泉港区东南部（山腰街道）。

十一、泉州市各区县市1980—2010年建设用地重心轨迹

前文已对1980年、1990年、2000年、2006年和2010年泉州市各区县市建设用地重心轨迹进行了阐述，接下来，将1980—1990年、1990—2000年、2000—2006年、2006—2010年四期的建设用地重心移动轨迹在一张图

内进行分析，探讨其轨迹运动（图 7-23）。

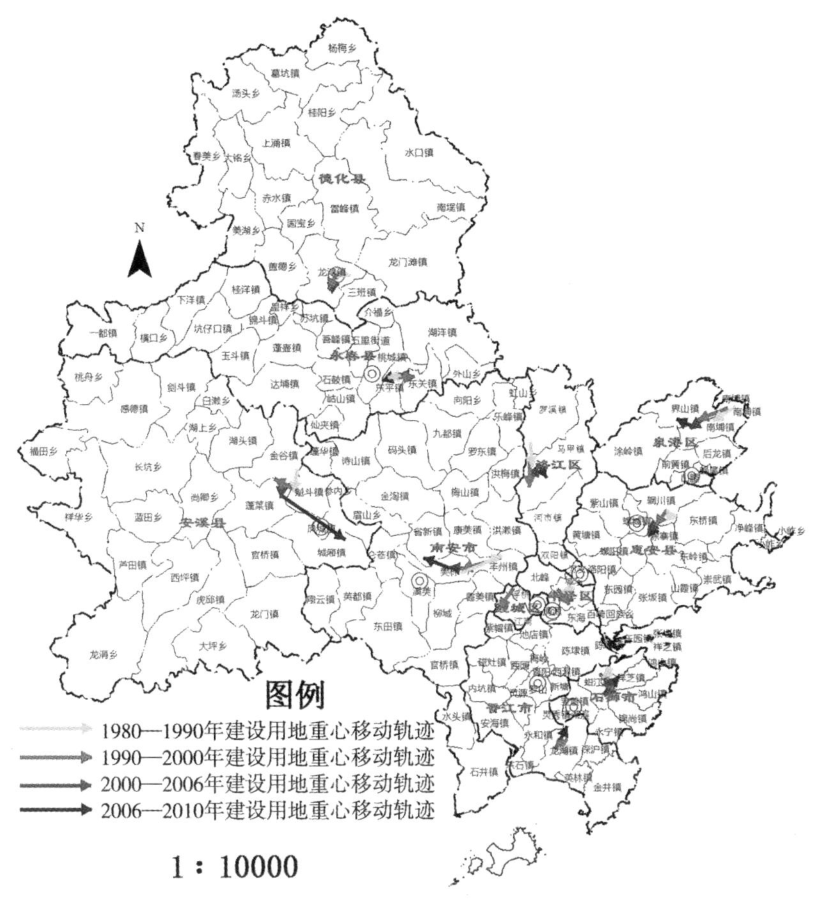

图 7-23　泉州市 1980—2010 年建设用地重心轨迹

安溪县 1980 年至 2010 年的建设用地重心移动，从 1980 年的金谷镇，到 1990 年的魁斗镇，再到 2000 年、2006 的蓬莱镇，最后 2010 年到了城厢镇。其轨迹，先从距安溪县城 17 千米的晋江西溪中游（金谷镇），到闽南金三角区域内一个古老乡镇，安溪县城西北隅 10 千米处（魁斗镇），再到距安溪县城 16 千米的县域东部，东经 118°05′，北纬 25°08′（蓬莱镇），最后到了西溪上游，紧邻县城的安溪县东部（城厢镇）。

德化县 1980 年至 2010 年的建设用地重心移动，从 1980 年、1990 年、2000 年的龙浔镇，再 2006 年和 2010 年到了三班镇。其轨迹，首先在德化城关浐溪南部（龙浔镇），再到与永春县接壤的德化县南端（三班镇）。

永春县1980年至2010年的建设用地重心移动，从1980年、1990年的东平镇，再到2000年、2006年的东关镇，最后2010年到了桃城镇。其轨迹，首先，从地处桃溪下游，位于永春县城东5千米处（东平镇），再到县境东南部（东关镇），最后到了全县政治、经济、文化中心的县城（桃城镇）。

南安市1980年至2010年的建设用地重心移动，从1980年的柳城街道，再到1990年的丰州镇，然后2000年又折回柳城街道，2006年再到美林街道，最后2010年到了溪美街道。其轨迹，首先，从南安市区出入厦门、泉州的重要门户的南安市区东南大门（柳城街道），到晋江中下游北岸，距市区16千米的南安市东部（丰州镇），然后又折回到南安市区东南大门（柳城街道），再到南安市区北部（美林街道），最后到南安市区中心（溪美街道）。

洛江区1980年至2010年的建设用地重心移动，从1980年的罗溪镇，到1990年、2000年、2006年和2010年的马甲镇。其轨迹，首先从距泉州市区48千米处，仙游县与泉州市交界的商贸集镇的洛江区北部（东经118°36′、北纬25°12′）（罗溪镇），到洛江区中北部（马甲镇）。

鲤城区1980年至2010年的建设用地重心移动，从1980年、1990年的浮桥街道，再到2000年、2006年和2010年的江南街道。其轨迹，首先从泉州市区西南隅（浮桥街道），再到泉州市区西南部（江南街道）。在浮桥街道中，1980—1990年建设用地重心移动了2000. 5757米，1990—2000年移动了4652. 1698米；江南街道在2000—2006年移动了1307. 2575米，2006—2010年移动了56. 24米。

丰泽区1980年至2010年的建设用地重心移动，从1980年的丰泽区，到1990年、2000年、2006年、2010年的城东街道。其轨迹，首先从泉州市区的繁荣中心（丰泽街道），再到位于中心市区与洛江区之间的泉州市中心城区东部（城东街道）。

惠安县1980年至2010年的建设用地重心移动，从1980年的涂寨镇，到1990年的辋川镇，再到2000年的螺阳镇，然后2006年的螺城镇，最后

2010年又折回到了涂寨镇。其轨迹，首先从惠安县东部（涂寨镇），到地处湄洲湾畔，林辋溪入海口，莲城一带向西延伸的一个小半岛，距离惠安县城东北8千米（辋川镇），再到县境东南（螺阳镇），然后到在台湾海峡西岸中部、福建省惠安县中心区（螺城镇），最后又回到惠安县东部（涂寨镇）。

石狮市1980年至2010年的建设用地重心移动，从1980年的祥芝镇，再到1990年、2000年、2006年的蚶江镇，最后2010年又回到了祥芝镇。其轨迹，首先从泉州湾口，石狮市东北部（祥芝镇），再到泉州湾南岸，石狮市东北部（蚶江镇），最后又折回石狮市东北部（祥芝镇）。

晋江市1980年至2010年的建设用地重心移动，1980—2010年都在龙湖镇，但其轨迹移动的长度不同。1980—1990年建设用地重心轨迹长度2514.0365米，1990—2000年的2798.4965米，2000—2006年的2594.3254米，2006—2010年的4894.1854米，总共移动了12801.0438米，平均移动了426.7015米。

泉港区1980年至2010年的建设用地重心移动，1980年、1990年、2000年、2006年的南埔镇，最后2010年到了界山镇。其轨迹，首先从泉港区东北部，湄洲湾港南岸（南埔镇），最后到了泉港区北部，是规划建设中的福建石化基地北部工业区所在地，系今泉州市实际管辖且国务院备案的北大门（界山镇）。

第八章

泉州市耕地和建设用地冲突程度分析

第一节　引　言

土地具有经济、生态、社会和文化等多方面的功能，来源于土地的多效用性，并由土地资源边际效用所决定的土地资源价值量来衡量，这种多功能性是导致土地利用冲突的根本原因。不同土地所有者和使用者对土地利用有不同的利益和目的、要求，使得土地在利用过程中出现矛盾和不和谐，这种矛盾和不和谐就是土地利用冲突。土地利用冲突是否发生主要取决于土地利用的多项功能能否得到协调和满足，囿于土地资源的稀缺性和位置的固定性，当土地利用的多重需求在空间叠加时便可能导致冲突发生，主要表现为承载生态、生产与生活功能的各类用地的比例关系与布局组合的空间竞争。

对于耕地而言，工业化和城镇化的发展是造成耕地规模发生变化的主要原因，其中，投资额的增加、第二三产业比重增加是造成耕地面积减少的主要影响因子；另外就是区域人口和农业人口所占比重减少，农民收入增加，使得区域耕地流失。对于建设用地而言，城镇化的快速发展，使得

城市或城镇规模急剧扩张，必然要占用原来是耕地的地块，使之成为城市或城镇发展的物质保障，提供最基本的城市承载力。在城乡接合部、农村居民点周围的耕地最易受到冲击。耕地与建设用地的冲突在宏观层面受到宏观经济政策和社会因素的影响，在中观层面受到城镇人口、产业产值、规定资产投资等因素影响，微观层面受到地块自身因素的影响，如地形坡度、坡向、交通设施的区位条件，特别是人们生活水平的提高，交通距离对于它们两者的影响更加明显。

为此，本书将耕地和建设用地在空间中的冲突通过重心模型来进行研究；其次将耕地和建设用地的功能冲突按大小划分为若干个等级并进行阐述，识别耕地和建设用地的利用冲突类型区及诊断冲突程度；再次，对耕地和建设用地的利用冲突类型区的空间集聚与邻接关系进行分析，为冲突治理提供指导；最后，依据耕地和建设用地的利用冲突的空间分布、表现形式及冲突程度提出差异化治理策略。

本部分将耕地和建设用地作为一个系统来进行研究。总体上，本部分研究采用总体到局部、面到点的分析方法，先对区域耕地和建设用地功能进行评价，再具体分析耕地和建设用地利用冲突。

城镇化与工业化快速推进导致土地多功能利用趋势不断加强，各项功能在空间上重叠、挤占、集聚与转化等暗示着区域土地利用可能存在激烈的竞争与冲突。本书基于土地利用重心迁移的视角，构建了建设用地与耕地的利用功能冲突识别与强度诊断模型，并选取泉州市为典型案例区进行实证分析。

第二节　国内外研究进展

当前中国在工业化与城镇化快速推进、乡村转型发展提速、生态保护意识日渐增强的背景下，土地利用面临着巨大的压力和挑战，土地利用结构失衡凸显，各类用地矛盾日趋激烈，由此引发的土地利用冲突问题成为可持续发展迫切需要解决的难题。[1][2][3][4][5] 土地利用冲突指在土地资源利用过程中各利益相关者对土地利用的方式、数量等方面的不一致、不和谐，以及各种土地利用方式与环境方面的矛盾状态。[6][7] 探索这种矛盾状态是理解区域土地利用组织、协调与配置的基础，是优化土地利用的数量结构、空间布局与组合模式的关键[8]，并成为破解区域可持续发展过程中土地资源开发秩序混乱和生态环境代价沉重等问题的重大科学命题。[9]

早在 1977 年，英国乡村协会组织将“土地管理、土地利用关系与冲突”作为城市边缘区学术讨论会的五个主题之一，引领着以“土地利用冲突”为核心内容的相关研究不断深入[10]，国外学者在土地利用冲突的来源[11][12]、土地利用

① 龙花楼．论土地利用转型与乡村转型发展［J］．地理科学进展，2012，31（2）：131-138.

② 刘彦随．中国东部沿海地区乡村转型发展与新农村建设［J］．地理学报，2007，62（6）：563-570.

③ 刘巧芹，赵华甫，吴克宁，等．基于用地竞争力的潜在土地利用冲突识别研究——以北京大兴区为例［J］．资源科学，2014，36（8）：1579-1589.

④ 周德，徐建春，王莉．近 15 年来中国土地利用冲突研究进展与展望［J］．中国土地科学，2015，29（2）：21-29.

⑤ 林英志，邓祥征，战金艳．区域土地利用竞争模拟模型与应用——以江西省为例［J］．资源科学，2013，35（4）：729-738.

⑥ 于伯华，吕昌河．土地利用冲突分析：概念与方法［J］．地理科学进展，2006，25（3）：106-115.

⑦ Campbell D J，Gichohi H，Mwangi A，et al. Land use conflict in kajiado District［J］，Kenya. Land use policy，2000（17）：337-348.

⑧ 李广东，方创琳．城市生态—生产—生活空间功能定量识别与分析［J］．地理学报，2016，71（1）：49-65.

⑨ Xie G，Zhen L，Zhang C，et al. Assessing the Multifunctionalities of Land Use in China［J］．Journal of Resources and Ecology，2010，1（4）：311-318.

⑩ 周晓艳，宋亚男．1982—2015 年国际土地利用冲突研究文献计量分析［J］．城市发展研究，2017，23（10）：100-108.

⑪ Wehrmann B. Land Conflicts：A Practical Guide to Dealing with Land Disputes［J］．Eschborn：Deutsche Gesellschaft für Technische Zusammenarbeit，2008，12-13.

⑫ Andrew J. S. Potential application of mediation to land use conflicts in small-scale mining［J］．J Clean Prod，2003，11（2）：117-130.

冲突的类型①、土地利用冲突的识别②③、土地利用冲突的演变、土地利用冲突的管理④等方面进行了较为全面、深入、系统的研究。中国对相关问题的关注始于2001年召开的“自然资源管理和利用中的冲突管理方法”专题研讨会，而2015年第十四届全国高校土地资源管理院长（系主任）联席会暨中国土地科学论坛围绕“城乡土地利用冲突与土地制度改革”主题进行了深入交流与讨论⑤，由此引发了国内学者对土地利用冲突的理论基础⑥⑦⑧、土地利用冲突的利益相关者⑨⑩、土地利用冲突的表现形式及分类⑪⑫、土地利用冲突的

---

① Pavón D.，Ventura M.，Ribas A. et al. Land use change and socio-environmental conflict in the Alt Empordà county（Catalonia，Spain）[J]. J arid Environ，2003，54（3）：543-552.

② ojă C. I.，Niţă M. R.，Vânău G. O. et al Using multi-criteria analysis for the identification of spatial land-use conflicts in the Bucharest Metropolitan Area [J]. Ecol Indic，2014（42）：112-121.

③ Groot R. D. Function-analysis and valuation as a tool to assess land use conflicts in planning for sustainable，multi-functional landscapes [J]. Landscape Urban Plan，2006（75）：175-186.

④ Adam YO，Pretzsch J，Darr D. Land use conflicts in central Sudan：Perception and local coping mechanisms [J]. Land Use Policy，2015（42）：1-6.

⑤ 沈悦，严金明．城乡土地利用冲突与土地制度改革——第十四届全国高校土地资源管理院长（系主任）联席会暨中国土地科学论坛、中国人民大学土地管理专业创立30周年国际学术研讨会综述[J]. 中国土地科学，2015，29（7）：13-16.

⑥ 刘琼，吴斌，欧名豪，等．土地利用总体规划与城市规划冲突的利益关系及协调——基于规划管理者和规划编制者的问卷调查和深度访谈[J]. 中国土地科学，2014，28（4）：3-9.

⑦ 阮松涛，吴克宁．城镇化进程中土地利用冲突及其缓解机制研究——基于非合作博弈的视角[J]. 中国人口·资源与环境，2013，23（11）：388-392.

⑧ 杨永芳，安乾，朱连奇．基于PSR模型的农区土地利用冲突强度的诊断[J]. 地理科学进展，2012，31（11）：1552-1560.

⑨ 徐宗明．基于利益相关者理论的土地利用冲突管理研究[D]. 杭州：浙江大学，2011.

⑩ 马学广，王爱民，闫小培．城市空间重构进程中的土地利用冲突研究——以广州市为例[J]. 人文地理，2010，25（3）：72-77.

⑪ Hua L，Squires VR. Managing China's pastoral lands：Current problems and future prospects [J]. Land Use Policy，2015（43）：129-137.

⑫ 方创琳，刘海燕．快速城市化进程中的区域剥夺行为与调控路径[J]. 地理学报，2007，62（8）：849-860.

演变及其驱动机制①②③、土地利用冲突的识别与强度诊断④、土地利用冲突的和解⑤⑥等问题的广泛探讨。

在对土地利用冲突相关问题的系列讨论中，如何制定合理的和解方案以促进区域协调发展是土地利用冲突研究的最终目的，而因地制宜地预防和破解土地利用冲突的基础和前提在于科学识别土地利用冲突的潜在发生区域并诊断其强度。⑦ 国内外丰富的研究成果为此提供了理论与方法支撑，但仍然存在一定的不足，一是研究视角上，主要依据土地利用的适宜性、竞争力、景观功能等进行评价，而较少关注土地利用功能的矛盾与竞争，土地利用功能的空间重叠被认为是土地利用冲突的主要表现形式⑧；二是研究内容上，侧重于采用判别矩阵识别土地利用冲突的类型，而对土地利用冲突的强度诊断及其空间集聚与毗邻关系关注较少，导致冲突治理缺乏针对性和有效性。事实上，随着国际可持续发展“三支柱”理念及土地可持续发展概念的普及，从矛盾冲突可调和及和谐视角划分土地利用的功能类

① 周国华，彭佳捷．空间冲突的演变特征及影响效应——以长株潭城市群为例［J］．地理科学进展，2012，31（6）：717-723.

② 龙花楼，李婷婷，邹健．我国乡村转型发展动力机制与优化对策的典型分析［J］．经济地理，2011，31（12）：2080-2085.

③ Yu ATW.，Wu YZ，Zheng BB，et al. Identifying risk factors of urban-rural conflict in urbanization：A case of China［J］. Habitat International，2014（44）：177-185.

④ 王秋兵，郑刘平，边振兴，等．沈北新区潜在土地利用冲突识别及其应用［J］．农业工程学报，2012，28（15）：186-193.

⑤ Wang J，Chen YQ，Shao XM，et al. Land-use changes and policy dimension driving forces in China：Present，trend and future［J］. Land Use Policy，2012，29（4）：737-749.

⑥ Hui E，Bao H. The logic behind conflicts in land acquisitions in contemporary China：A framework based upon game theory［J］. Land Use Policy，2013，30（1）：373-380.

⑦ Brown G.，Raymond C. M. Methods for identifying land use conflict potential using participatory mapping［J］. Landscape Urban Plan，2014（122）：196-208.

⑧ 吕立刚，周生路，周兵兵，等．区域发展过程中土地利用转型及其生态环境响应研究——以江苏省为例［J］．地理科学，2013，33（12）：1442-1449.

型已为众多学者所认可①②③，并且这一分类因与中国政府所倡导的国土空间综合功能分区理念吻合而备受推崇④，土地利用功能及其引致的冲突问题成为国家政策与学界研究共同关注的话题，同时也为本研究的开展提供了一个全新视角。

我国一直强调保护耕地。2017 年初，中央曾下发《中共中央国务院关于加强耕地保护和改进占补平衡的意见》，要求着力加强耕地数量、质量、生态“三位一体”保护。坚决防止耕地占补平衡中补充耕地数量不到位、补充耕地质量不到位的问题，坚决防止占多补少、占优补劣、占水田补旱地的现象。已经确定的耕地红线绝不能突破，已经划定的城市周边永久基本农田绝不能随便占用。从国家的粮食安全角度来看，耕地的数量与质量互为补充，不可偏废。这对于落实“藏粮于地、藏粮于技”战略，提高粮食综合生产能力，保障国家粮食安全有着重要作用。为此，《办法》中的考核内容就包括耕地数量变化、耕地占补平衡、耕地质量保护与提升等方面情况。而考核部门依据国土资源遥感监测“一张图”和综合监管平台以及耕地质量监测网络，采用抽样调查和卫星遥感监测等方法与手段，对耕地、永久基本农田保护和高标准农田建设等情况进行核查。而社会经济要发展，就必须要搞建设。目前我国土地要素市场在城乡之间发展不平衡、不统一，是城乡二元壁垒的突出体现。2019 年上半年《中共中央国务院关于建立健全城乡融合发展体制机制和政策体系的意见》提出，到 2022 年，城乡统一的建设用地市场要基本建成；到 2035 年，城乡统一建设用地市场要全面形成，并给出了明确的时间表，促进这一重大改革举措落地落实。这就要调节耕地和建设用地之间的矛盾。在此背景下，如何理解、调和土地利用功能冲突成为国土空间规划与管理的重要内容。基于此，本书基于土地利用

① Paracchini ML，Pacini C，Jones MLM，et al. An aggregation framework to link indicators associated with multifunctional land use to the stakeholder evaluation of policy options［J］. Ecol Indic，2011，11（1）：71-80.

② 黄金川，林浩曦，漆潇潇．面向国土空间优化的三生空间研究进展［J］．地理科学进展，2017，36（3）：378-391.

③ 刘继来，刘彦随，李裕瑞．中国“三生空间”分类评价与时空格局分析［J］．地理学报，2017，72（7）：1290-1304.

④ 刘彦随．中国新时代城乡融合与乡村振兴［J］．地理学报，2018，73（4）：1-14.

重心迁移模型，从理论上构建耕地和建设用地利用功能冲突识别与强度诊断模型，并以东南沿海典型区域泉州市为案例进行实证研究，以期为新一轮正在进行的国土空间规划与新时代的土地资源管理提供可借鉴的经验。

第三节 研究思路与方法

一、研究总体思路

区域耕地和建设用地冲突主要表现在数量和空间方面。一是数量方面，主要体现为耕地面积快速减少。社会经济快速发展，大量的工矿企业的兴起和城市建设范围不断扩大，农民为改善居住条件而不断建设新住房或占用耕地建新村，导致区域内的耕地面积减少。区域生态环境变化，为维护和改善区域生态环境进行退耕还林还草、农业结构调整和一些地区撂荒弃耕等，导致耕地面积减少。二是空间方面。城市空间内土地扩张速度与城市人口增长速度不协调，城市内的土地扩张速度快于城市人口增长速度，即城市用地增长率与城市人口增长率之比大于1，则说明城市用地规模过度膨胀，城市土地粗放经营和使用，导致城市规模盲目扩张和资源地浪费式、粗放式地土地利用，这种土地利用的直接后果就是建设用地占用大量农用地，很大一部分是耕地资源，使得在城乡接合部或城郊区域，耕地与建设用地发生着激烈的冲突和矛盾(图8-1、图8-2)。

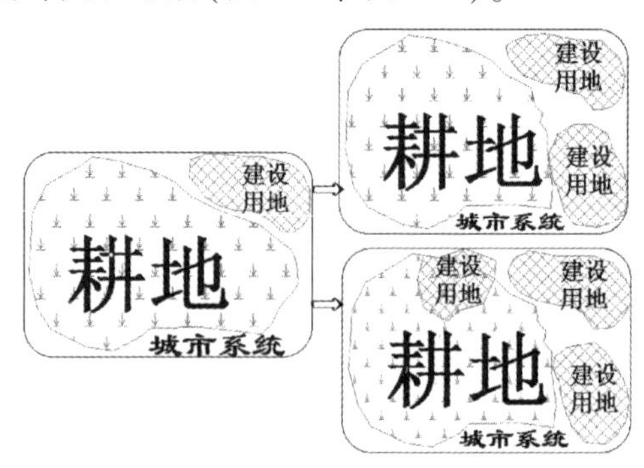

图8-1　耕地与建设用地的冲突

（a）冲突之前

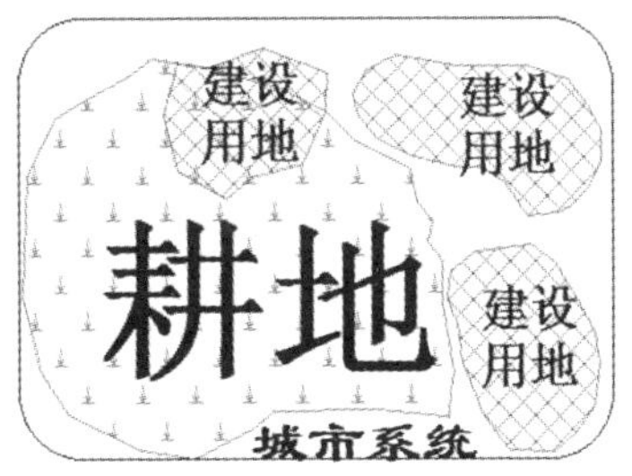

（a）冲突之后

图 8-2　描述和量化耕地与建设用地冲突

二、研究方法

为了描述和量化区域中的耕地与建设用地冲突，就要搞清楚建设用地怎样与耕地发生冲突，冲突程度怎样。一般而言，城市发展过程中，建设用地具有天然的优势、强劲的内生动力和持续的外部经济利益的刚性，使得建设用地能够主动和强势挤占耕地的发展空间，导致城市大规模扩张，建设项目落地，基础设施不断增加；而对于耕地而言，其天然的自身因素受限的弱势以及需要众多外生因素的作用才能具备生产和生态功能，使得耕地在城市发展过程中屡造其他强势地类的挤占，面积规模减小，空间位置越来越远离城镇和城市周边，跑到城市偏远的角落，默默地提供人类需要的各种物质和景观生态功能。基本都是建设用地主动发起攻击，占用耕地，在占用耕地过程中，在城市与乡村交界处，耕地就直接被建设用地占用，使得耕地面积缩减，空间压缩，另外一些零星的项目，在选址中有特殊要求和条件时，就会在合适的耕地中间进行建设，如对环境条件有特殊要求的仓储项目等，导致原来完整的耕地变得支离破碎（图 8-2）。

因此，在描述和量化耕地与建设用地冲突时，本书采用区域土地系统中，冲突后的建设用地与冲突前的耕地的交集，就是建设用地与耕地的冲突区域，判断和评价区域耕地与建设用地的冲突空间和规模，也能计量出耕地与建设用地的冲突程度。其计算公式如下：

$$C = X_{\text{冲突后的建设用地}} \cap Y_{\text{冲突前的耕地}} \tag{8-1}$$

式中，C 为冲突区域；X 为冲突后的建设用地；Y 为冲突前的耕地。

$$I = M_{建设用地重心移动轨迹长度} - N_{耕地重心移动轨迹长度} \tag{8-2}$$

式中，I 为同一时期建设用地与耕地发生冲突大小；M 为建设用地重心移动轨迹长度；N 为耕地重心移动轨迹长度。

对于同一时期建设用地与耕地发生冲突大小判断 I 值，当 $I > 0$（建设用地重心移动轨迹长度-耕地重心移动轨迹长度>0），表示建设用地与耕地资源之间发生激烈的矛盾和冲突；$I = 0$（建设用地重心移动轨迹长度-耕地重心移动轨迹长度=0），表示建设用地与耕地资源之间发生势均力敌的矛盾和冲突；$I < 0$（建设用地重心移动轨迹长度-耕地重心移动轨迹长度<0），表示建设用地与耕地资源之间发生的矛盾和冲突较小（表 8-1）。

表 8-1　同一时期建设用地与耕地发生冲突大小判断

数值	含义
$I > 0$（建设用地重心移动轨迹长度-耕地重心移动轨迹长度>0）	建设用地与耕地资源之间发生激烈的矛盾和冲突
$I = 0$（建设用地重心移动轨迹长度-耕地重心移动轨迹长度=0）	建设用地与耕地资源之间发生势均力敌的矛盾和冲突
$I < 0$（建设用地重心移动轨迹长度-耕地重心移动轨迹长度<0）	建设用地与耕地资源之间发生的矛盾和冲突较小

上述公式不仅可以从空间角度来描述建设用地与耕地之间的冲突，确定建设用地挤占耕地的空间位置和范围，也能够从数量方面量化耕地转换为建设用地的规模大小，还可以从时间角度，刻画出建设用地在时间维度上，是如何与耕地发生的冲突和矛盾，冲突和矛盾的程度大小，从而分析两者的冲突原因和影响因素等，为我们提供一种能表达和量化不同地类在土地利用过程中相互作用的过程及结果的方法和途径。

第四节　泉州市耕地和建设用地冲突程度分析

区域土地利用过程中的冲突，可用前文土地利用重心迁移的轨迹来表达。耕地和建设用地会在不同的时期范围内有不同的重心轨迹，将冲突双

方的冲突轨迹在图形中表示出来，可以得到两者的冲突过程，这可以在空间和时间的图形中描绘出来。根据前文的土地利用重心理论模型，本书将前文计算得到的研究区的不同时间段的耕地和建设用地重心移动轨迹，在图中进行展示出来（图 8-3）。

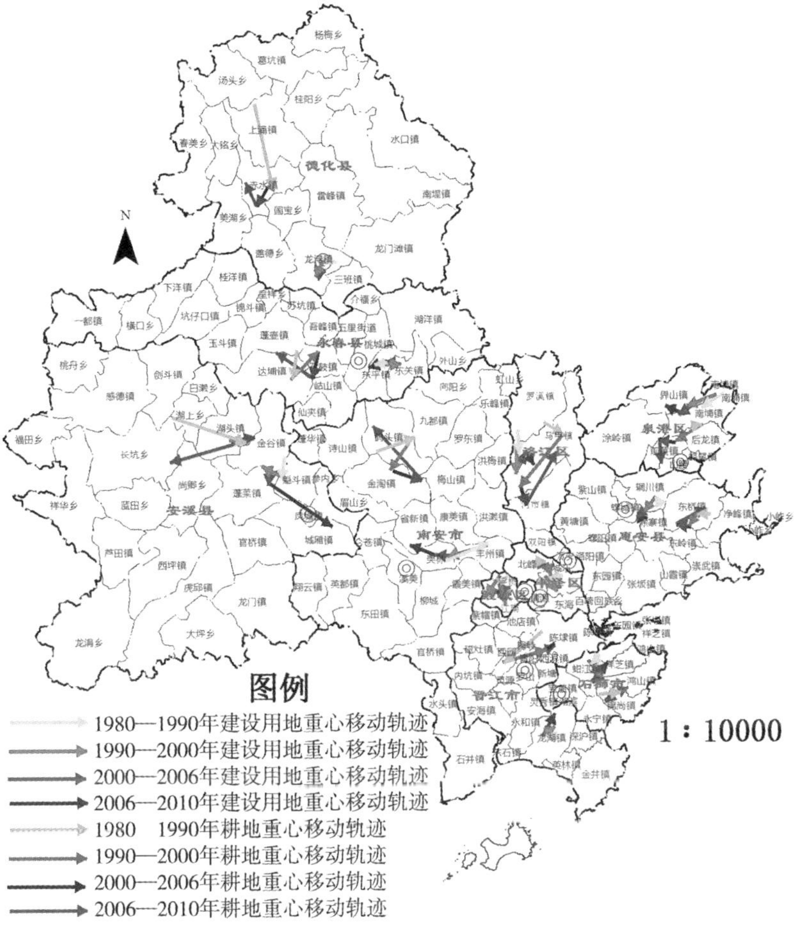

图 8-3　泉州市 1980—2010 年耕地和建设用地重心移动轨迹

一、1980—2010 年耕地和建设用地重心移动轨迹

区域土地利用过程中，不同地类在空间会发生土地利用冲突，也会产

生政府与农民的征地冲突①、经济冲突②、社会冲突③、文化冲突④、生态环境冲突⑤⑥等。一些研究者探讨了城乡土地利用冲突⑦、经济发展与环境保护方面的冲突⑧、土地与水资源之间的冲突⑨、自然保护区域与土地利用之间的冲突。⑩⑪⑫

土地利用冲突的实质是在一定区域范围内，在一定时空条件下，土地资源的数量、结构与区域社会经济发展不适应所产生的不协调。之所以会产生不协调，主要是因为在土地利用过程中，不同利益主体对于土地利用目标不一致，即在同一区域中，土地位置固定，面积有限，土地质量不同，出于不同利益的考虑，不同土地使用者会对同一地块产生不同的利用方式、途径和用途，从而出现土地利用冲突。如耕地和建设用地两者的矛盾，城市建设必然占用耕地。自改革开放以来，我国经济出现了快速增长，人们对住房、交通和生活环境的要求也越来越高，人均居住面积呈现出不断攀升的态势。特别是近年来，城市机动车数量的持续增长，刺激城市道路用

① 邹秀清，钟晓勇，肖泽干，等．征地冲突中地方政府、中央政府和农户行为的动态博弈分析［J］．中国土地科学，2012，26（10）：54-60.

② 周骏．基于社会燃烧理论的农村土地冲突原因及其治理研究［D］．南昌：南昌大学，2013.

③ 李红波，李柏霖，李素敏．西部多民族地区征地冲突治理机制［J］．中国土地科学，2013，27（3）：17-23.

④ 谭术魁．中国频繁暴发征地冲突的原因分析［J］．中国土地科学，2008，22（6）：44-50.

⑤ 王秋兵，郑刘平，边振兴，等．沈北新区潜在土地利用冲突识别及其应用［J］．农业工程学报，2012，28（15）：185-192.

⑥ 王军，顿耀龙．土地利用变化对生态系统服务的影响研究综述［J］．长江流域资源与环境，2015（5）.

⑦ 郑伟元．统筹城乡土地利用的初步研究［J］．中国土地科学，2008，22（6）：4-10.

⑧ 储胜金，许刚．浙北山区土地利用与生态保护的冲突与协调机制研究：以天目山自然保护区为例［J］．长江流域资源与环境，2004，13（1）：24-29.

⑨ Torre A，Melot R，Magsi H，et al. Identifying and measuring land-use and proximity conflicts：Methods and identification［J］. Springer Plus，2014，3（85）：1-26.

⑩ 徐增让，郑鑫，靳茗茗．自然保护区土地利用冲突及协调——以羌塘国家自然保护区为例［J］．科技导报，2018（7）：8-13.

⑪ 杨倩芸．云龙天池国家级自然保护区周边社区土地利用变化特征及对保护的影响分析［D］．昆明：云南大学，2015.

⑫ 马平，杨春玲．云南省自然保护区资源保护与利用冲突问题的法律研究［J］．林业调查规划，2011（5）.

地快速扩张，导致更多的土地用于道路、停车和其他相应的服务设施，这使得经济发展导致城市人均用地增加；农业用地和建设用地的经济产出存在着巨大的差距，这构成了农业用地向建设用地转化的经济驱动力，因此，城市蔓延是市场经济下自发的市场力作用的结果。一些地方政府为了吸引项目，只看到土地的经济价值，随意占用耕地，对城市蔓延起了推波助澜的作用，这就是经济利用驱使城市蔓延；外商投资是推动城市经济发展和产业结构优化的一股重要力量。外商投资中有不少是技术和管理水平很高的公司，其大大提升了城市的产业结构水平，并且通过提高经济发展水平和优化产业结构间接地促进了城市化进程。此外，外资企业通过成片、成带的发展、聚集对城市用地的扩展产生了极大的影响，这也就是外商投资推动了城市的扩张，这种扩张必然引起建设用地与耕地之间的矛盾和冲突，使得不同地类之间发生土地利用方式和空间上的不协调。

建设用地重心与耕地重心在 1990 年、2010 年两年有交点；鲤城区的建设用地重心与耕地重心在 2000 年、2006 年和 2010 年三个期间有交点；丰泽区的建设用地重心与耕地重心在 2000 年、2006 年和 2010 年三个年份有交点。造成这种现象可能有以下两种原因：一是市辖区鲤城区和丰泽区、洛江区三个区域土地总规模较小，使得在有限的辖区范围内，建设用地和耕地资源产生比较激烈的冲突；二是其他区县市，经济社会发展不平衡，有些乡镇的区位和资源比较有优势，而另外一些乡镇不具备相应的条件，使得耕地和建设用地利用就没有交织在一起，如南安市的官桥镇、水头镇和石井镇三镇，其经济发展程度远远超过同区域内的其他乡镇，使得经济发展过程中，建设用地与耕地资源矛盾没有在重心迁移轨迹中得到完全体现，这可能也是土地利用重心迁移模型的不足之处。

从时间角度来分析建设用地与耕地冲突情况。由于建设用地具有天然的优势以及强烈的经济效益的外部性作用，因此建设用地很强势，而耕地质量和区位的劣势及外部保护的不主动性，往往表现很弱势，因此本研究采用式（8－1），利用 1980—1990 年、1990—2000 年、2000—2006 年和 2006—2010 年四期的建设用地重心移动轨迹减去相应年份的耕地重心移动轨迹，从而可以用轨迹长度探讨建设用地和耕地资源的冲突情况。

二、1980—1990 年建设用地与耕地冲突程度

根据计算可知，1980—1990 年泉州建设用地重心迁移轨迹长度要小于耕地重心迁移轨迹长度（图 8-4），两者差距之和为-31240.4419 米，平均每个区域为-2840.0402 米；安溪县、德化县、永春县、丰泽区、惠安县、石狮市和晋江市差值为负值，其他 4 个区县市数值为正值；其中差值为负值中最大的是德化县，差值为-13114.3432 米，其次是安溪县，差值为-10552.8791米，再次是晋江市，差值为-6972.3120 米，差值为正值中最大的是泉港区，数值为 3060.3109 米，其次是南安市，数值为 790.2763 米，最小的是洛江区，为 301.3184 米。

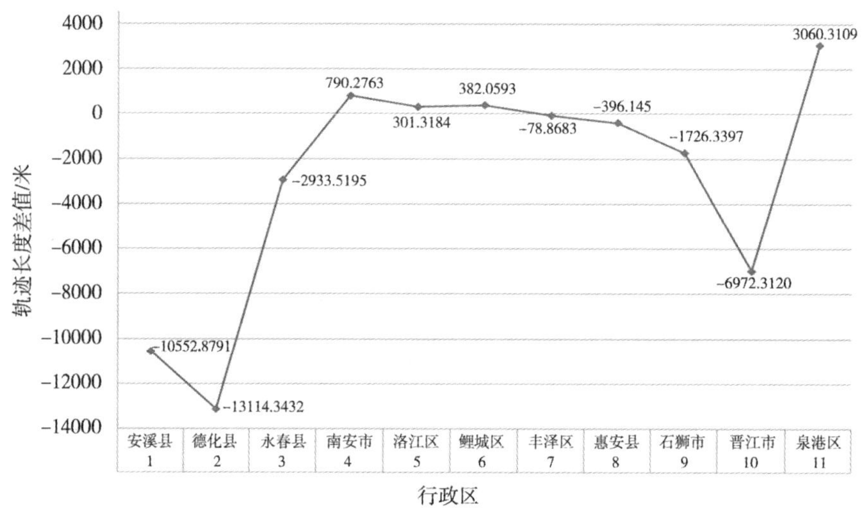

图 8-4　1980—1990 年建设用地—耕地重心轨迹长度

这个时期，建设用地的重心迁移长度轨迹减去耕地资源的重心迁移轨迹长度（*I* 值），如果为正值，说明建设用地与耕地资源之间发生的矛盾和冲突比较剧烈。南安市、鲤城区、泉港区、洛江区这 4 个区县市，建设用地正在与耕地资源发生着比较激烈的矛盾和冲突。这些区域是 1980—1990 年社会经济较为发达，如鲤城区，是泉州市市辖区，1985 年 12 月 31 日，鲤城区政府成立，其社会经济得到很大发展。而差值为负值，说明建设用地与耕地资源之间发生的矛盾和冲突较小。从上面结果可知，安溪县、德化

县、永春县、丰泽区、惠安县、石狮市和晋江市社会经济对于建设用地的需求量还比较小，使得建设用地与耕地资源之间矛盾不太明显。

三、1990—2000 年建设用地与耕地冲突程度

根据计算可知，1990—2000 年泉州建设用地重心迁移轨迹长度要小于耕地重心迁移轨迹长度（图 8-5），两者差距之和为-8678.8134 米，平均每个区域为-788.9830 米。差值出现负值的有永春县、洛江区、晋江市和泉港区 4 个区县市，其他 7 个区县市数值为正值。其中差值为负值中最大的是洛江区，差值为-7834.5912 米；其次是晋江市，差值为-5846.8251 米；再次是永春县，差值为-2724.6861 米；差值最小的是泉港区，数值为-199.9396 米。差值为正值中最大的是石狮市，数值为 2317.9280 米；其次是德化县，数值为 2144.5083 米；最小的是南安市，为 254.1603 米。

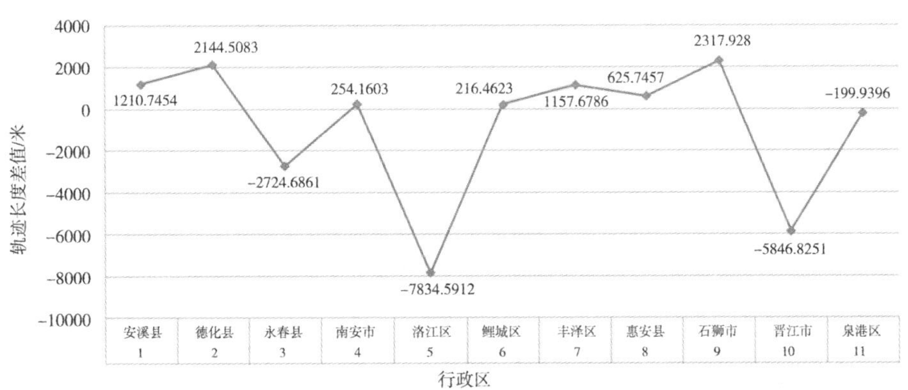

图 8-5　1990—2000 年建设用地—耕地重心轨迹长度

在这个时期，建设用地的重心迁移长度轨迹减去耕地资源的重心迁移轨迹长度（*I* 值）为正值的区县市越来越多，说明建设用地与耕地资源之间发生的矛盾和冲突比较激烈，石狮市、德化县、安溪县、丰泽区、惠安县、南安市、鲤城区这 7 个区县市，建设用地正在与耕地资源发生着比较激烈的矛盾和冲突。而差值为负值，说明建设用地与耕地资源之间发生的矛盾和冲突较小，洛江区、晋江市、永春县和泉港区社会经济对于建设用地的需求量还比较小，使得建设用地与耕地资源之间矛盾不太明显，如洛江区

1997 年总户数 34966 户，总人口 154309 人，全部工业总产值 133029 万元。

四、2000—2006 年建设用地与耕地冲突程度

根据计算可知，2000—2006 年泉州建设用地重心迁移轨迹长度要小于耕地重心迁移轨迹长度（图 8-6），两者差距之和为-7726.2306 米，平均每个区域为-702.3846 米；差值为负值的有安溪县、德化县、永春县、南安市、洛江区、鲤城区、丰泽区，共 7 个区县市，其他 4 个区县市数值为正值；差值为负值中最大的是南安市，差值为-2310.1587 米，其次是德化县，差值为-2146.1895 米，最小的是丰泽区，数值为-50.7580 米；差值为正值中最大的是晋江市，数值为 785.8735 米，其次是惠安县，数值为 230.5057 米，最小的是石狮市，为 13.8092 米。

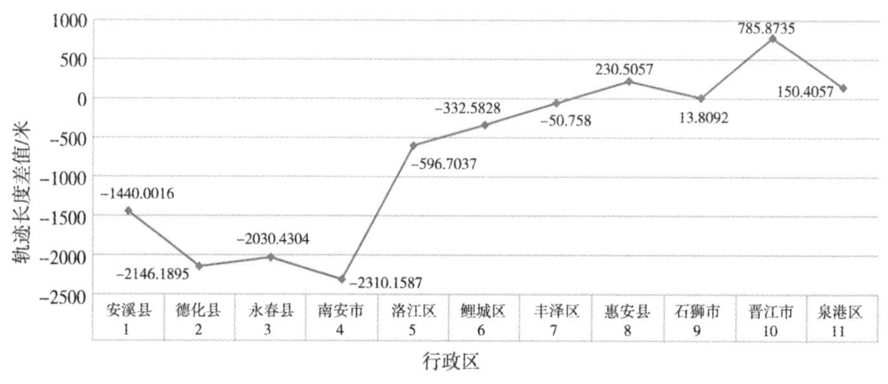

图 8-6　2000—2006 年建设用地—耕地重心轨迹长度

在这个时期，建设用地的重心迁移长度轨迹减去耕地资源的重心迁移轨迹长度数值（*I* 值）为负值的越来越多，且为负值的数值越来越大。差值为正值的有惠安县、石狮市、晋江市和泉港区 4 个区县市，说明建设用地正在与耕地资源在进行着比较激烈的矛盾和冲突。而差值为负值，说明建设用地与耕地资源之间发生的矛盾和冲突较小，有德化县、安溪县、丰泽区、南安市、鲤城区、永春县、洛江区这 7 个区县市。这些地方社会经济对于建设用地的需求量还比较小，使得建设用地与耕地资源之间矛盾不太明显，如丰泽区 2000 年总户数 34542 户，总人口 189788 人。

五、2006—2010 年建设用地与耕地冲突程度

根据计算可知，2006—2010 年泉州建设用地重心迁移轨迹长度要大于耕地重心迁移轨迹长度（图 8-7），两者差距之和为 41930. 2609 米，平均每个区域为 3811. 8419 米。全部的区县市的差值都为正值，其中差值最大的是安溪县，差值为 14551. 7878 米；其次是南安市，差值为 5399. 0599 米；再次是晋江市，差值为 4894. 1854 米；然后是石狮市，数值为 4730. 3374 米；最小的是丰泽区，为 52. 45 米。

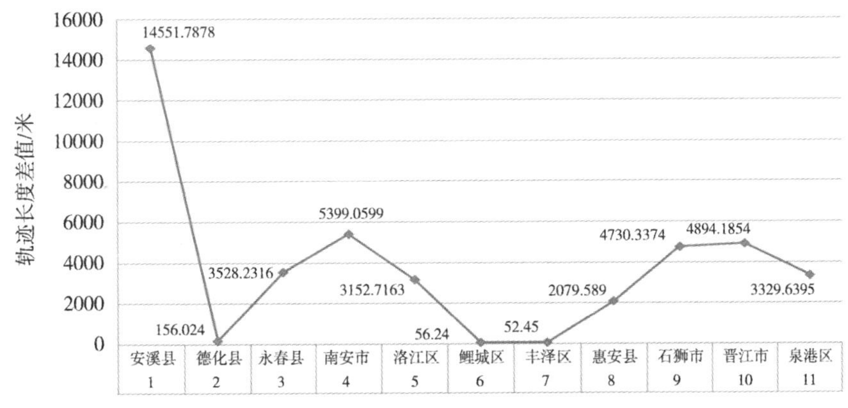

图 8-7　2006—2010 年建设用地—耕地重心轨迹长度

在这个时期，建设用地的重心迁移轨长度迹减去耕地资源的重心迁移轨迹长度数值（I 值）都为正值，说明建设用地与耕地资源之间发生的矛盾和冲突比较剧烈，此时耕地面积在以较快速度减少，如耕地总面积由 2005 年的 200. 43 万亩变成 2006 年耕地总面积 196. 88 万亩。社会经济以较快速度发展，2010 年地方生产总值为 30022900 万元。

从以上分析可知，随着时间发展，泉州市建设用地与耕地资源之间矛盾越来越大，冲突也越来越剧烈，由 1980—1990 年的建设用地重心移动轨迹长度减去耕地资源重心移动轨迹长度差值为-31240. 4419 米，变成 1990—2000 年的－8678. 8134 米，变成 2000—2006 年的－7726. 2306 米，变成 2006—2010 年的 41930. 2609 米，说明建设用地正在快速占据着耕地资源；从平均值来看，由 1980—1990 年的建设用地重心移动轨迹长度减去耕地资源重心移动轨迹长度差值的平均值为-2840.0402 米，变成 1990—2000 年的-788.9830 米，变成 2000—2006 年的-702.3846 米，变成 2006—2010 年的 3811.8419 米（图 8-8）。

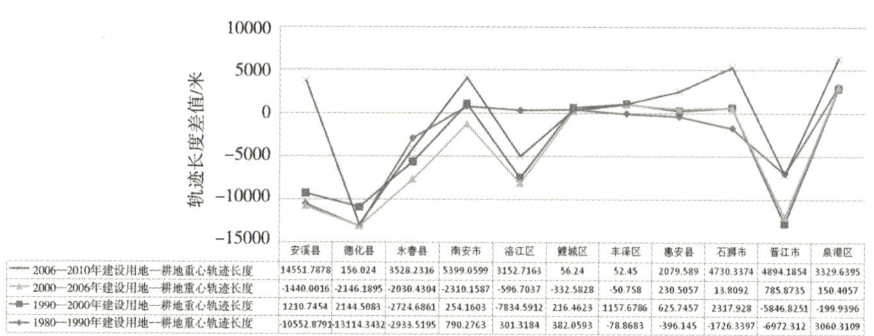

	安溪县	德化县	永春县	南安市	洛江区	鲤城区	丰泽区	惠安县	石狮市	晋江市	泉港区
2006—2010年建设用地—耕地重心轨迹长度	14551.7878	156.024	3528.2316	5399.0599	3152.7163	56.24	52.45	2079.589	4730.3374	4894.1854	3329.6395
2000—2006年建设用地—耕地重心轨迹长度	-1440.0016	-2146.1895	-2030.4304	-2310.1587	-596.7037	-332.5828	-50.758	230.5057	13.8092	785.8735	150.4057
1990—2000年建设用地—耕地重心轨迹长度	1210.7454	2144.5083	-2724.6861	254.1603	-7834.5912	216.4623	1157.6786	625.7457	2317.928	-5846.8251	-199.9396
1980—1990年建设用地—耕地重心轨迹长度	-10552.8791	-13114.3432	-2933.5195	790.2763	301.3184	382.0593	-78.8683	-396.145	-1726.3397	-6972.312	3060.3109

图 8-8　1980—2010 年建设用地—耕地重心轨迹长度汇总

城镇化进程中，区域土地利用在空间方面的变化主要体现为不同地类的邻域推进，以及城市规模在空间中扩张。① 土地利用空间冲突的实质主要还是经济利益争夺，即各土地利用主体及利益相关者之间对同一空间区位上的土地为核心的资源要素在利用方式、用途等各个方面的时空竞争和相互博弈的过程。这种土地利用冲突内涵为以土地利用在各自空间的冲突为缩影的各种利益矛盾为和多种土地利用类型（功能）不断发生演变的过程。② 土地利用系统是一个复杂的社会经济综合体，所以土地利用系统具有复杂性、脆弱性及动态性等特点③，土地利用空间冲突分析需要从系统复杂性、脆弱性及动态性三个方面加以考虑。④

在社会发展过程中，快速的城镇化扩张使土地利用变得更加复杂与破

① 许彦曦，陈凤，淮励杰．城市空间扩展与城市土地利用扩展的研究进展［J］．经济地理，2007，27（2）：296-301.

② 刘贵利，严奉天，许顺才，等．城市发展中内外空间冲突与协调的战略选择：以石家庄市为例［J］．地理研究，2006，25（4）：701-709.

③ 裴彬，潘韬．土地利用系统动态变化模拟研究进展［J］．地理科学进展，2010，29（9）：1060-1066.

④ 周德，徐建春，王莉．环杭州湾城市群土地利用的空间冲突与复杂性［J］．地理研究，2015（9）：1630-1642.

碎，必然导致土地利用效率低下与空间冲突加剧。[①] 为了从数量关系角度分析耕地资源与建设用地的冲突程度，在此，采用式（8-2），将冲突后的建设用地与冲突前的耕地相交，得到冲突后这个时期的耕地与建设用地的冲突区域，也就是建设用地占用耕地资源的面积大小，这种面积大小可表征建设用地与耕地资源的冲突大小。

六、1990 年建设用地与耕地的冲突规模分析

探讨 1990 年建设用地与耕地之间的冲突大小，将研究区的 1990 年建设用地与冲突前的耕地进行相交，求其交集，可以知道它们之间冲突大小。如果两者没有交集，则说明建设用地与耕地冲突程度不大；如果有交集，则说明建设用地与耕地有冲突。其程度大小要根据交集面积大小来确定，结果如图 8-9 所示。

根据公式可以得到图 8-9 和 1990 年建设用地与耕地发生冲突的面积（表 8-2），其总的冲突面积为 93477899.9590 平方米，平均面积为 8497990.9054 平方米。其中丰泽区的冲突规模最大，为 46407821.1119 平方米；其次是晋江市，规模为 22276202.3618 平方米；再次是南安市，面积为 5553125.5429 平方米；面积最小的是鲤城区，规模为 11.8204 平方米。

从冲突的空间分布来看，1990 年建设用地与耕地的冲突空间分布在晋江市的梅岭街道、西滨镇、东石镇、安海镇、永和镇、英林镇、金井镇等，丰泽区的北峰街道、城东街道等，鲤城区的江南街道等，南安市的石井镇、东田镇、仑苍镇、英都镇等，石狮市的蚶江镇、锦尚镇等，还有惠安县的螺阳镇、涂寨镇、山霞镇、东园镇等。

---

① Song Z J, Yu L J. A study on the generalised space of urban-rural integration in Beijing suburbs during the present day Urban Studies, 2014. doi: 10. 1177/0042098014551675.

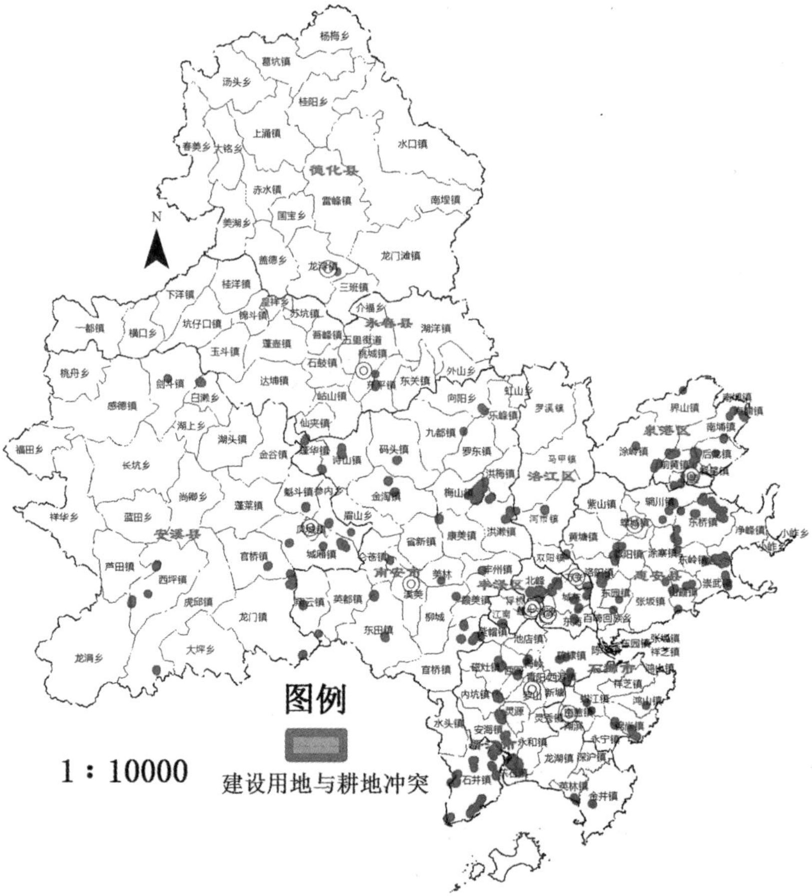

图例

1：10000

建设用地与耕地冲突

图 8-9　泉州市 1990 年建设用地与 1980 年耕地冲突

表 8-2　泉州市 1990 年建设用地与耕地冲突面积

单位：平方米

序号	行政区	1990 年冲突面积
1	安溪县	875816. 0377
2	德化县	50160. 9102
3	永春县	65934. 3338
4	南安市	5553125. 5429
5	洛江区	892629. 2681
6	鲤城区	11. 8204
7	丰泽区	46407821. 1119

续表

序号	行政区	1990 年冲突面积
8	惠安县	6614933.9720
9	石狮市	8758436.4104
10	晋江市	22276202.3618
11	泉港区	1982828.1898
总计		93477899.9590
平均值		8497990.9054

七、2000 年建设用地与耕地的冲突规模分析

根据公式可以得到图 8-10 和 2000 年建设用地与耕地发生冲突的面积（表 8-3），其总的冲突面积为 11032487854.4369 平方米，平均面积为 1002953441.3124 平方米；其中惠安县的冲突规模最大，为 6079510122.5918 平方米，其次是泉港区，规模为 2939130432.9468 平方米，再次是晋江市，面积为 969443405.8873 平方米，面积最小是的德化县，规模为 0.7305 平方米。

表 8-3　泉州市 2000 年建设用地与耕地冲突面积

单位：平方米

序号	行政区	2000 年冲突面积
1	安溪县	29303331.2050
2	德化县	0.7305
3	永春县	9588758.1790
4	南安市	623202113.7606
5	洛江区	4202198.7482
6	鲤城区	73032336.4528
7	丰泽区	175422930.3064
8	惠安县	6079510122.5918
9	石狮市	129652223.6284
10	晋江市	969443405.8873
11	泉港区	2939130432.9468
总计		11032487854.4369
平均值		1002953441.3124

从冲突的空间分布来看，2000 年建设用地与耕地发生冲突的区县市有惠安县的辋川镇、东岭镇、螺阳镇等，泉港区的前黄镇、后龙镇、界山镇、涂岭镇等，晋江的陈埭镇、西滨镇、金井镇、英林镇等，石狮市的鸿山镇、锦尚镇、蚶江镇等；南安市的丰州镇、溪美街道、石井镇等，安溪县的西坪镇、虎邱镇、剑斗镇、官桥镇、魁斗镇等；永春县的东平镇、湖洋镇等，德化县的龙浔镇等。

图 8-10　泉州市 2000 年建设用地与 1990 年耕地冲突

八、2006 年建设用地与耕地的冲突规模分析

根据公式可以得到图 8-11 和 2006 年建设用地与耕地发生冲突的面积

(表 8-4)，其总的冲突面积为 12951857009.5067 平方米，平均面积为 1177441546.3188 平方米；其中惠安县的冲突规模最大，为 6079510122.7627 平方米，其次是晋江市，规模为 1383075019.37278 平方米，再次是泉港区，规模为 3851241977.6982 平方米，然后是南安市，面积为 893791142.472103 平方米，面积最小的是洛江区，规模为 9145331.2629 平方米。

图 8-11 泉州市 2006 年建设用地与 2000 年耕地冲突

表 8-4　泉州市 2006 年建设用地与耕地冲突面积

单位：平方米

序号	行政区	2006 年冲突面积
1	安溪县	133571816.4564
2	德化县	10793958.6617
3	永春县	89509744.5477
4	南安市	893791142.4721
5	洛江区	9145331.2629
6	鲤城区	73191163.3763
7	丰泽区	208926215.7199
8	惠安县	6079510122.7627
9	石狮市	219100517.1761
10	晋江市	1383075019.3728
11	泉港区	3851241977.6982
总计		12951857009.5067
平均值		1177441546.3188

从冲突的空间分布来看，2006 年建设用地与耕地的冲突空间分布在安溪县的西坪镇、尚卿乡、蓝田乡、长坑乡等，永春县的呈祥乡、达埔镇、东关镇、蓬壶镇等；德化县的龙浔镇、三班镇等，南安市的金淘镇、诗山镇、九都镇、溪美街道、柳城街道、乐峰镇等，洛江区的马甲镇等，泉港区的前黄镇等。

九、2010 年建设用地与耕地的冲突规模分析

根据公式可以得到图 8-12 和 2010 年建设用地与耕地发生冲突的面积（表 8-5），其总的冲突面积为 11421305744.9667 平方米，平均面积为 1038300522.2697 平方米；其中惠安县的冲突规模最大，为 6084899342.80901 平方米，其次是南安市，规模为 642249100.69434 平方米，然后是泉港区，规模为 3244401560.03775 平方米，再次是丰泽区，面积为 175552452.282241 平

方米，面积最小的是德化县，规模为285.6796平方米。

从冲突的空间分布来看，2010年泉州市各区县市的建设用地与耕地冲突区域包括南安市的石井镇、丰州镇、东田镇、祥云镇、东田镇、仑苍镇、诗山镇、向阳乡等，晋江市的梅岭街道、西滨镇、英林镇、金井镇、陈埭镇等，惠安县的山霞镇、崇武镇、螺阳等，洛江区的河市镇、双阳镇等，安溪县的尚卿乡、芦田镇、龙涓乡、虎邱镇等，永春县的东平镇、介福乡、苏坑镇等，德化县的南埕镇、葛坑镇等。

图8-12　泉州市2010年建设用地与2006年耕地冲突

表 8-5 泉州市 2010 年建设用地与耕地冲突面积

单位：平方米

序号	行政区	2010 年冲突面积
1	安溪县	81231319.4677
2	德化县	285.6796
3	永春县	14312859.9822
4	南安市	642249100.6943
5	洛江区	6192135.1839
6	鲤城区	73032336.4528
7	丰泽区	175552452.2822
8	惠安县	6084899342.8090
9	石狮市	129954041.0449
10	晋江市	969480311.3322
11	泉港区	3244401560.0378
总计		11421305744.9667
平均值		1038300522.2697

十、耕地与建设用地冲突的区域特征

（一）冲突区域与经济社会发展程度密切相关

宏观来看，泉州市分为沿海区域和内陆区域。沿海区域包括晋江市、石狮市、南安市、丰泽区、泉港区、洛江区和惠安县，内陆地区包括鲤城区、安溪县、德化县和永春县。沿海地区的经济社会发展程度较高，其耕地与建设用地的冲突也就更激烈，如晋江市的金井镇，南安市的官桥镇、石井镇、水头镇等。内陆地带的德化县、永春县等，经济还处于发展过程中，其土地利用冲突虽然也存在，但没有沿海地区那么明显和剧烈，地类的冲突作用力还不强。

耕地与建设用地发生冲突可以用城镇化水平来体现。一方面，由于各个区县市的城镇化水平的提高（表 8-6），建成区面积的比例随之提高，依

次为鲤城区>丰泽区>石狮市>德化县>晋江市>南安市>洛江区>惠安县>永春县>泉港区>安溪县；另一方面，依据城市地理学家诺瑟姆（Ray M. Northam）提出“S”形城镇化描述曲线，他认为：城市发展过程的轨迹是一条被拉长的“S”形曲线，而拐点是城镇化率30%和70%的时候(图8-13)。

表8-6　泉州市2006—2009年城镇化率

单位:%

序号	行政区	城镇化率			
		2006年	2007年	2008年	2009年
1	安溪县	28	30	32.2	34.3
2	德化县	50.7	51.3	51.9	52.9
3	永春县	37.7	38.5	40.5	42.5
4	南安市	39.8	40.6	42.1	45.7
5	洛江区	40.5	41.3	42.6	44.8
6	鲤城区	100	100	100	100
7	丰泽区	100	100	100	100
8	惠安县	40.1	40.9	42.7	44.8
9	石狮市	73.2	73.5	73.6	75.1
10	晋江市	45.8	46.6	48	50.2
11	泉港区	37.3	38.1	40.1	42.1
12	全市	48	48.1	50.2	52.3

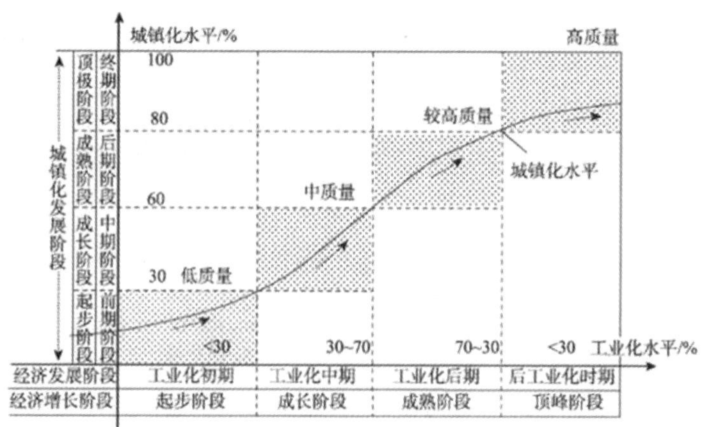

图 8-13 诺瑟姆“S”形城镇化描述曲线

具体来说，两个拐点将城镇化分为三个阶段，在城镇化初始阶段，城市人口增长缓慢，城镇化水平较低；而当城市人口超过 30%以后，城镇化进程逐渐加快；当城镇化水平超过 70%后，发展速度又开始趋慢，进入城镇化水平较高且发展平缓的最终阶段。泉州市各区县市均处于城镇化发展中期，城镇人口比重的增长趋快，经济发展的重点主要还是工业型经济，如晋江市、南安市、惠安县等，个别地区由工业型经济向服务型经济转变，如鲤城区和丰泽区。

30 多年来，泉州市产业结构还是以第二产业为主，个别的地区已经逐渐由第二产业向第三产业为主转变。其中鲤城区、丰泽区第三产业生产总值已接近或超过第二产业产值，产业结构的升级与调整为各个区县市解决土地利用空间冲突提供了有利的条件。但是，晋江市、南安市、石狮市和惠安县产业升级和转型相对较慢，土地利用粗放，冲突较为明显。另外，从 2010 年各个区县市第二、第三产业就业人口比重差值来看，最高的是鲤城、丰泽区，其次是南安市、晋江市、石狮市和洛江区，与耕地、建设用地的利用空间冲突的空间结构分布基本一致。

此外，地形地貌、交通等基础设施等因素也是耕地与建设用地的利用空间冲突空间异质性格局形成的重要影响因素。耕地与建设用地的利用空间冲突加剧的区域主要分布在地势平坦的平原、小盆地区域和国道、省道、

县道、乡道等道路两旁及延伸的区域。

（二）随着发展，泉州市的耕地与建设用地的冲突在加强

地处东南沿海的晋江口三角洲，主要有石狮市，晋江市，鲤城区，丰泽区，洛江区，南安市的水头镇、石井镇、官桥镇、丰州镇，惠安县的东园镇、百崎乡、张坂镇，是泉州市经济总量最大、发展速度最快、经济最为活跃的地区，人文条件优势明显，基础设施高度发达。这些地区的耕地与建设用地冲突明显且强烈，而随着社会和经济发展，安溪、永春县等地方的土地利用冲突也在增强。一是安溪县加强县城建，努力把县城建设成为全县经济发展中心，一些乡镇，如湖头镇，拟建成以重工业为主的中心城镇，官桥镇、龙门镇，将建成以轻工业、加工业和贸易为主的中心城镇。在全县经济发展中形成茶叶、林竹、畜牧等几大基地和茶果加工、建材、电力等支柱产业；以漳泉肖铁路、福厦高速铁路沿线的乡镇为依托，形成铁路沿线商贸集镇群和资源开发产业带。二是永春县正在重点发展轻工、食品饮料、林产品加工及矿产开采等。加强农业综合开发，逐步建成柑橘、茶叶、大麻竹等基地；形成能源（水电、煤炭）、建材、茶果加工等支柱产业。三是德化县坚持和拓展“小县大城关”之路，实施“强化城关，发展集镇，推进东西，共奔小康”的发展战略，以“大城关”为先导，辐射和带动其他地区更快发展。合理开发利用山地资源，大力发展资源开发企业和农、林产品深加工企业，建成全国重点陶瓷产区和“一流瓷城”。四是南安市以中南部经济繁荣区为重点，以三线、两溪为纽带，强化向北部和西部开发区的辐射；建设农业综合开发生产基地；加快乡镇企业发展，形成建材、水暖器材、雨具鞋革等支柱性产业。以上这些内陆的县域的经济建设导致其土地利用发生变化，使得土地利用出现冲突，并且越来越明显。

（三）中心城区发展不平衡，土地利用冲突也不同

泉州市的中心城区有鲤城区、丰泽区、洛江区和泉港区。其中鲤城区，位于晋江下游的泉州平原，是政治、经济、文化、交通、信息中心和政府所在地，城区逐步发展为“梯航万国、商船辐辏”的港口城市。1997 年 6 月经国务院批准，原鲤城区行政区划调整为鲤城、丰泽、洛江 3 个市辖区。鲤城区农业主要分布于江南新区江南街道、浮桥街道、金龙街道、常泰街

道4个街道，拥有常年无公害蔬菜基地2000亩，市级龙眼无公害示范栽培基地500亩。“延陵丝瓜”“坂头应菜”“新步黄瓜”“田中金瓜”及“东璧龙眼”等本地品牌农产品享誉市场。1978年以后，实行特殊政策，大力发展电子、食品和轻纺工业，充分发挥对外贸易的优势，引进先进技术和设备，不断提高生产技术水平，工业生产持续稳步增长。1978年工业总产值2亿元。1986年鲤城区成立时，原泉州市（县级）的国营工业、二轻工业全部划归泉州市（地级）。鲤城区开始重建重组国民经济，明确工业的重要地位，并把发展乡镇、街道集体工业和外向型经济作为振兴鲤城经济的重要途径，大力创办乡（街道）、村（居委会）企业，积极吸收利用外资，创办“三资”企业，扎实开展企业质量、品种、效益活动。至1992年，全区有乡镇（街道）工业企业2826家、“三资”工业企业70家，建成以六大行业为骨干的新的工业体系。当年，全区工业总产值20.9亿元（其中乡镇工业产值9.3亿元）。2011年鲤城区完成规模以上工业产值282.7亿元，同比增长35.4%。鲤城区的土地利用冲突非常明显，由于其开发历史悠久，又从其中析出丰泽区和洛江，使得原本狭小的辖区面积更加紧迫了。相对而言，丰泽区和洛江区的土地利用类型冲突没有鲤城那样剧烈。泉港区原系惠北地区。1996年成立肖厝经济开发区，2000年12月28日年经国务院批准设立行政区，挂牌成立。其主要是开发重要的石化基地。算起来，泉港区的历史不算悠久，其土地利用矛盾还不明显。

总之，中心城区中，鲤城区的土地利用冲突最为明显和强烈，其次是丰泽区和洛江区，最小是泉港区。

第五节　泉州耕地与建设用地冲突等级划分及管理策略

一、研究思路

来源于社会学的“冲突”，主要是指多个社会主体在处理某事件或事物时在目标上对立的、互不相容或性质（如观念、利益、意志）的互相干扰。

冲突已经从社会领域逐渐走向资源管理领域，并在众多资源管理领域成为研究的热点，在土地资源管理方面亦如此。随着人口和社会经济的发展，土地利用冲突越来越严重，并且影响了土地可持续发展。始于 20 世纪 60—70 年代的土地利用冲突研究，在 21 世纪不断得到重视，在近 15 年实践发展和理论研究中，中国土地利用冲突研究具有很多共同的关注点，主要集中在土地利用冲突概念演变、类型与区域分布、原因及机制、评价与管理 4 个方面。[①] 经济学认为，土地利益相关者都是“经济人”，而“经济人”都是自利的，即从自己或家族、组织团体的利益出发去看待和处理自己与社会在土地利用方面的关系，因此相关利益冲突不可避免。社会学家认为，社会变革以及与土地相关的利益者对土地等社会经济变革的反应是导致土地利用冲突的根源；这种变革往往伴随社会关系的重新调整，使一部利益相关者的利益得到保护或加强，另一部分相关者的利益则遭到削弱乃至剥夺，由此必然受到变革受益者的赞成和变革受损者的反对，从而出现土地利用的紧张或冲突现象。土地资源的稀缺性，直接导致了土地利用冲突，这是引起土地冲突的最主要的客观原因；另外土地利用方式不同、目的不同，利益不同等，是土地利用冲突的主观原因，这些主观原因其实还是对有限土地资源的竞争。在现实中，土地利用冲突直接表现为保障粮食生产的耕地和进行经济发展的建设用地之间的冲突、生态建设与社会发展之间的冲突等。这些矛盾的产生，必然会影响地球上的生物物质循环，破坏正常的生态系统结构，从而引发荒漠化、水土流失、水土污染，导致生物多样性减少。土地系统也是一个生态系统，是在一定地域范围内，土地上尢生命体与同一地域范围内的生命体之间，形成的一个能量流动和物质循环的有机综合体。它具有对污染物净化功能、植物生产功能、动植物及人类建筑承载功能、提供物质生产和承载的养育功能和物质能量交换功能。近 10 年来，我国的土地生态环境正在退化，是全球土地利用变化最大、最明显的国家，其中人为原因造成的土地利用变化占了相当大的比重。中国也

① 周德，徐建春，王莉．近 15 年来中国土地利用冲突研究进展与展望．中国土地科学，2015，29（2）：21-29.

是全球土壤侵蚀最严重的国家之一，土壤侵蚀面积约为130万平方千米；土地沙化面积以每年1000~1200平方千米的速度递增；而城镇化过程中占用耕地使良田以每年约1.5%的速度衰退。由此伴生的植被退化、气候变暖、风沙加剧、土地干旱等问题，已经直接威胁到我国的粮食、生态、环境安全，并间接危及淡水资源和人民健康。

目前，对于土地冲突的研究方法，主要有定性和定量两种，一是采用田野调查法，定性区域土地利用的冲突类型，如许学工等分析了海岸带快速城市化的土地资源冲突与协调，并以山东半岛为例进行了详细阐述①；储胜金和许刚对浙北山区土地利用与生态保护的冲突与协调机制进行研究，并以天目山自然保护区为例进行探讨。② 二是构建模型定量研究区域土地利用冲突，如冉娜等研究了基于土地利用冲突识别与协调的“三线”划定方法，并以常州市金坛区为例进行阐述③；薛朝浪和赵宇鸾探究了太行山区土地利用冲突测度及其时空特征。④

综上所述，对于土地利用冲突研究，必须考虑土地生态系统在利用过程中，对因一种或多种内部或外界因素导致的不利土地生态影响所进行的评估，即土地生态风险评价。通过土地生态风险评价，能够预测未来的生态不利影响或评估因以往某种因素导致生态变化的可能性，判断主要由人类活动等产生的不利影响的可能性和强度，并进行定性和定向研究，从而帮助土地资源管理部门或环境管理部门了解和预测土地生态影响因素和所产生的生态后果之间的关系，有利于资源管理和环境决策的制定。

土地利用冲突已成为制约土地可持续利用的主要问题，威胁到社会经济的健康发展。为处理好城市社会经济发展和土地资源利用的协调关系，

---

① 许学工，彭慧芳，徐勤政．海岸带快速城市化的土地资源冲突与协调——以山东半岛为例［J］．北京大学学报（自然科学版），2006（4）：527-533.

② 储胜金，许刚．浙北山区土地利用与生态保护的冲突与协调机制研究——以天目山自然保护区为例［J］．长江流域资源与环境，2004，13（1）：24-29.

③ 冉娜，金晓斌，范业婷，等．基于土地利用冲突识别与协调的“三线”划定方法研究——以常州市金坛区为例［J］．资源科学，2018（2）：284-298.

④ 薛朝浪，赵宇鸾．太行山区土地利用冲突测度及其时空特征［J］．资源开发与市场，2018，34（12）：1677-1684.

本研究以泉州市为研究区域，采用景观生态理论构建区域土地利用冲突模型，定量分析泉州市土地利用冲突等级和区域差异，以求为土地利用规划、完善土地利用结构、优化区域土地资源配置提供实践方法和参考依据，使得土地利用既能满足人类的生产发展需求，又能维护土地资源的可持续发展，实现人地关系和谐，促进区域生态环境良性发展。

二、研究方法

土地生态系统由气候、地质地貌、水文、土壤、植被等不同的自然要素构成，这些构成因素是非常复杂的，因此土地生态系统具有复杂性。土地生态系统不断受到外界驱动力的干扰，使得土地生态系统处于动态变化的过程中，因此土地生态系统具有动态性。另外，土地生态系统层级越多，结构也就越复杂，系统的自我调节能力也越强，对于某些系统来说，如耕地系统，其层级单一，系统就趋于脆弱，稳定性就差，稍受干扰就易崩溃。因此土地生态系统具有脆弱性。总之，土地生态系统具有复杂性、动态性和脆弱型。本研究利用生态风险评价构建评价模型，参考以往研究①②，将耕地和建设用地的利用空间冲突综合计算模型抽象为

耕地和建设用地利用冲突强度=外部压力+脆弱性+（-）动态性　　(8-3)

$$LUCL_{耕地与建设用地利用冲突}=LU_{外部压力}+LU_{脆弱性}-LU_{动态性}$$

式中，$LUCI_{耕地与建设用地利用冲突}$为研究区域中的耕地与建设用地利用冲突强度指数；$LU_{外部压力}$为区域耕地和建设用地受到的外界压力，如耕地受到粮食生产、环境保护的压力等；$LU_{脆弱性}$为耕地和建设用地自身承受能力；$LU_{动态性}$为耕地和建设用地对于风险的效应反映。

由生态风险性评价模型可知，风险源、风险受体和风险效应三部分构

① 裴彬，潘韬．土地利用系统动态变化模拟研究进展［J］．地理科学进展，2010，29（9）：1060-1066.

② 周德，徐建春，王莉．环杭州湾城市群土地利用的空间冲突与复杂性［J］．地理研究，2015，34（9）：1630-1642.

成了土地生态风险。根据传统生态风险评价理论[①][②]，生态风险系统是一个由风险源、风险受体以及风险效应所构成的结构系统，系统中的各要素间相互影响、相互作用、相互制约，而生态风险就是其演变过程的最终结果（表 8-7）。

表 8-7　土地生态风险构成

构成因素	内涵
风险源	研究区域可能受到的生态风险压力
风险受体	生态风险的承受体或载体
风险效应	基于评价目标和评价重点的不同风险受体对风险源的效应表征

三、评价指标体系

土地生态系统受到的风险源，其实就是土地系统受到的外部压力（$LU_{外部压力}$），本研究以面积加权平均分维指数（AWMPFD）来测量区域耕地和建设用地斑块的空间形状复杂性，它表征了领域地块对土地单元的生态干扰影响程度，也表征了整个耕地和建设用地景观格局的整体特征，以及人类活动对耕地和建设用地景观格局的影响。$LU_{外部压力}$计算公式如下：

$$LU_{外部压力} = AWMPFD = \sum_{i=1}^{m}\sum_{j=1}^{n}(2\ln(0.25P_{ij})/\ln a_{ij}) \times (a_{ij}/A) \tag{8-4}$$

式中，P_{ij} 为斑块周长；a_{ij} 为斑块面积；A 为景观总面积。

AWMPFD 的取值范围为［1-2］，为方便计算，本研究将结果标准化到［0-1］范围内，得到外部压力值。

风险受体就是耕地、建设用地的土地利用类型，即是 $LU_{脆弱性}$。它们对外界干扰的抵抗能力不同，因此分别对这两种土地利用类型进行脆弱度赋

① Obery A M，Landis W G. A Regional Multiple Stressor Risk Assess ment of the Codorus Creek Watershed Applying the Relative Risk Model［J］. Human and Ecological Risk Assessment，2002，8（2）：405-428.

② Hayes E H，Lanais W G. Regional Ecological Risk Assessment of a Near Shore Murine Environment：Cherry Point，WA［J］. Human and EcoloGical Risk Assessment，2004，10（2）：299-325.

值：城乡建设用地=5，耕地=2，以此计算区域耕地和建设用地的脆弱性，并将结果标准到［0-1］，得到土地脆弱度指数 Ei。

$$LU_{脆弱性} = E_i = \sum Fi \times a_i \Big/ S \qquad (8-5)$$

式中，F_i 为各类景观的脆弱度赋值；a_i 为评价单元内各类景观面积；S 为评价单元总面积。

动态性一般通过破碎度指标来反映，依据景观生态学理论，区域景观破碎度越大，其稳定性越差，风险效应越大，冲突作用越强。因此选取了斑块密度（PD）来代表区域的风险效应。PD 值越大，表明土地空间破碎化程度越高，而其空间景观单元稳定性则越低，对应区域生态系统稳定性亦越低，生态风险效应越大。最后将 PD 标准化到 0~1 并取相反数，得出风险效应值。$LU_{动态性}$计算公式如下：

$$LU_{动态性} = 1 - PD = 1 - ni \Big/ S \qquad (8-6)$$

式中，ni 为评价单元内斑块数目；S 为评价单元面积。

数据标准化，也称离差标准化是对原始数据进行线性变换。设 min$A$ 和 max$A$ 分别为属性 A 的最小值和最大值，将 A 的一个原始值 x 通过 标准化映射成在区间［0，1］中的值 ，其公式为

新数据=（原数据-极小值）/（极大值-极小值）

$$X^* = \frac{x - \min}{\max - \min} \qquad (8-7)$$

式中，max 为样本数据的最大值；min 为样本数据的最小值。

四、研究数据

遥感影像图形为 2017 年 11 月 12 日的近红外波段 ETM+影像。以泉州市行政区划图为辅助，在 ENVI 软件辅助平台下，对遥感影像进行几何校正、裁剪等预处理，结合研究区实践情况，利用监督分类和人工目视判读方法，解译 2017 年土地利用数据（图 8-14、图 8-15）。

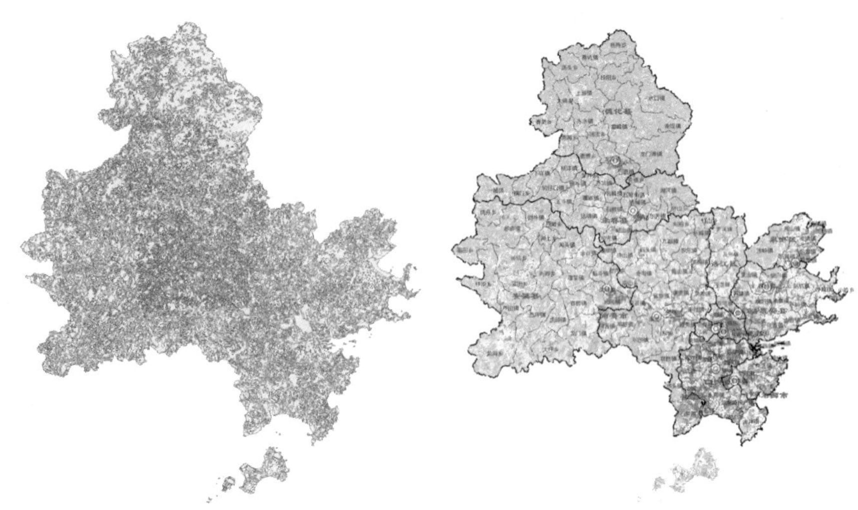

图 8-14　研究区遥感影像　　　　图 8-15　研究区现状图

根据原始影像的判读结果对遥感分类结果进行精度评定，计算得到用于衡量分类精度的 Kappa 系数为 0.85[①]，基本满足本研究的需求。本书所需的相关经济社会数据源自《泉州市统计年鉴》相应年份。运用 ArcGIS 10.2 软件和景观指数计算软件 Fragstats 3.3 进行耕地和建设用地的利用冲突强度计算。

五、研究结果与分析

（一）研究区各区县市耕地与建设用地利用冲突强度

对获得的数据进行标准化处理，再利用评价指标体系，应用景观指数计算软件 Fragstats 3.3 和 ArcGIS 10.2 软件分别计算分维数（AWMPFD）、脆弱性指数（Ei）和斑块密度（PD），再利用**耕地和建设用地利用冲突强度=外部压力+脆弱性+（-）动态性**，得到 2017 年泉州市各区县市耕地与建设用地利用冲突强度。

从风险源来看，平均斑块分维数（AWMPFD）运用了分维理论来测量斑块和景观的空间形状复杂性，是反映景观格局总体特征的重要指标，它在一

① 文万青．关于 kappa 系数的进一步评价和校正［J］．中国卫生统计，1994（6）：4-7.

定程度上也反映了人类活动对景观格局的影响。AWMPFD=1，代表形状最简单的正方形或圆形，AWMPFD=2，代表周长最复杂的斑块类型。各区县市的平均斑块分维数（AWMPFD）以丰泽区的数值为最大，为1.94；其次是晋江市，为1.78，再次是石狮市，为1.57，最小的是德化县，为1.34。从风险受体来看，生态环境脆弱性是生态系统在特定时空尺度对于外界干扰所具有的敏感反应和自恢复能力，是自然属性和人类经济行为共同作用的结果。

研究区的脆弱性指数（Ei）最大的是晋江市，为4.26，其次是丰泽区，为4.04，再次是鲤城区，为3.94，最小的是德化县，为1.89。从风险效应来看，斑块密度（PD）是景观格局分析的基本指数，其单位为斑块数/100公顷，它表达的是单位面积上的斑块数，有利于不同大小景观间的比较。研究区的斑块密度（PD）最大的是德化县，为40，其次是安溪县，为39.84，再次是永春县，为39.72，最小的是石狮市，为30.89。再将以上数据利用离差标准化公式进行标准化，计算得到2017年泉州市耕地与建设用地利用冲突程度。冲突程度最大的丰泽区，为1.769961，其次是鲤城区，为1.251843，再次是晋江市，为0.917746，最小的是德化县，为0（表8-8）。

表8-8　泉州市各区县市耕地与建设用地利用冲突测算结果

序号	行政区	分维数（AWMPFD）$LU_{外部压力}$	脆弱性指数（Ei）$LU_{脆弱性}$	斑块密度（PD）$LU_{动态性}$	耕地与建设用地利用冲突程度
1	安溪县	1.35	1.97	39.84	0.032858823
2	德化县	1.34	1.89	40	0
3	永春县	1.35	1.95	39.72	0.011247667
4	南安市	1.52	3.85	30.18	0.049067886
5	洛江区	1.38	2.74	36.96	0.091617224
6	鲤城区	1.8	3.94	36.54	1.251843155
7	丰泽区	1.94	4.04	38.75	1.769961141
8	惠安县	1.46	3.15	33.72	0.04229321
9	石狮市	1.57	3.49	30.89	0.058438819
10	晋江市	1.78	4.26	32.57	0.917746067
11	泉港区	1.54	2.06	36.94	0.06916867

（二）研究区各区县市耕地与建设用地利用冲突等级区划

耕地与建设用地利用冲突的作用强度是随着耕地和建设用地类型在经济社会发展和城镇化发展演变过程而发生动态变化的，一般冲突曲线呈倒U形，冲突的整个过程呈现出抛物线形的变化。

随着社会经济发展和城镇化的推进，其耕地与建设用地冲突级别可以分为冲突稳定、基本稳定、冲突失控和完全失控四个级别。在冲突潜伏阶段，其作用强度、复杂程度、表现形式均较为稳定，属于冲突稳定级别，耕地与建设用地的冲突对区域发展并未产生负面影响；随着耕地与建设用地的冲突的逐渐升级，其作用强度不断加大，开始逐步影响区域的可持续协调状态，冲突升级至基本稳定级别，但其负面效应尚不明显，这一阶段是冲突调控的最关键时期；当两者冲突突破基本稳定级别的临界值，隐性冲突即转变为公开冲突，区域的稳定状态开始被打破，冲突则发展至基本失控级别，两者冲突的影响效应也趋于不稳定，各类冲突问题日益凸显，如征地冲突、经济冲突、社会冲突等；若冲突进一步恶化，耕地与建设用地利用冲突的负面效应对区域社会稳定和经济发展会产生极大影响，此时不采取有力措施对冲突加以遏制，便会冲破区域危机临界值，区域发展呈现失衡状态，冲突上升至完全失控级别，社会冲突完全爆发；冲突爆发后，耕地和建设用地的各利益相关者必受到不同程度损害，各类强制调控措施开始介入，以遏制空间冲突的不良影响，进而逐步化解冲突，使区域发展恢复稳定（图 8-16）。由空间冲突的曲线模型分析来看，不同的冲突发展阶段应采取不同的冲突调控策略，潜伏阶段是空间冲突调控的重要阶段，应极力将耕地和建设用地利用冲突水平维持在可控级别，避免区域失衡。

根据冲突倒U形演变轨迹及耕地和建设用地冲突的相关分析结果，将冲突度划分为（0.000000，0.000000），（0.000000，0.050000），［0.050000，0.100000），［0.100000，0.900000），［0.900000，2.000000）5个区段，作为冲突的冲突稳定、基本稳定、冲突失控和严重失控四个级别的划分标准。根据此标准对泉州市各区县市的耕地与建设用地土地利用冲突等级进行划分，结果如图 8-17 所示。根据冲突分级结果，泉州市大部分地区均属于冲突稳定、基本稳定两个冲突级别。

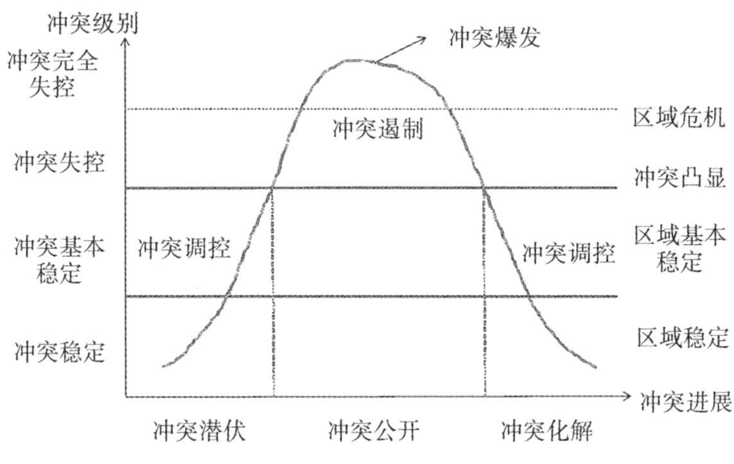

图 8-16 冲突的倒 U 形曲线

首先，丰泽区、鲤城区属于严重失控等级，丰泽区、鲤城区是泉州市耕地与建设用地利用冲突最严重的地区。丰泽区是泉州中心城市的核心区，于 1997 年 8 月经国务院批准设立，系由原鲤城区一分为三而来，下辖 8 个街道 80 个社区，区域总面积 129. 63 平方千米，常住人口 57. 8 万人，其中外来流入人口近 30 万人。2017 年全区生产总值 591. 0 亿元，比增 8. 6%；第三产业增加值 398. 7 亿元，比增 10. 8%；一般公共预算总收入 33. 9 亿元，比增 13. 4%，其中一般公共预算收入 20. 7 亿元，比增 3. 2%；居民人均可支配收入 50330 元，比增 7. 1%，三次产业比重为 0. 3 ∶ 32. 2 ∶ 67. 5，是全市首个服务业占地方生产总值超 60%的县（市、区）。

鲤城区是泉州市中心城区之一，陆域面积 53. 74 平方千米，人口 39. 4 万人，地区生产总值 295 亿元，增长 7%，一般公共预算总收入实现 18. 28 亿元，增长 7. 5%。

丰泽和鲤城两区经济的快速发展进一步激化了人地矛盾，土地利用冲突也十分严重。首先，丰泽和鲤城区是泉州市社会政治最为核心的行政区，也是泉州市中心城区核心区，流动人口达到 30 万人左右，给土地资源造成了重大的压力；其次，在快速城镇化进程中，鲤城区和丰泽区农业用地和非农业用地互相切割，互相包围，造成农村包围城市、城市包围农村的混杂局面，土地利用结构不合理；特别是鲤城区，原来的农村都变成社区；

另外，第二产业的快速发展带来了一系列环境问题，土地污染日趋严重，土地生产力下降明显。

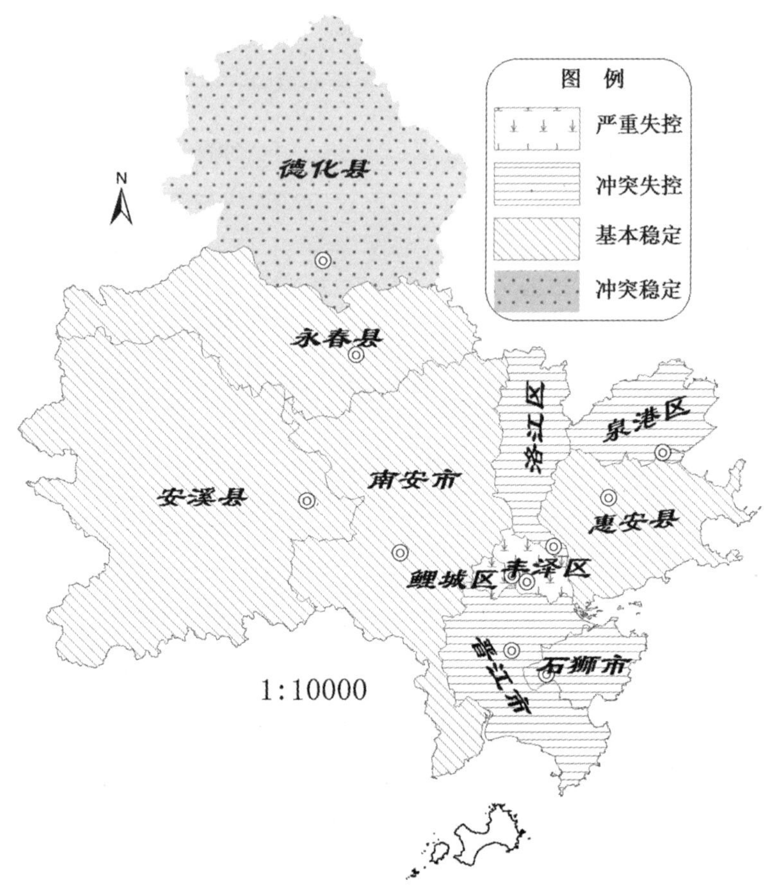

图 8-17 泉州耕地与建设用地利用冲突程度

其次，晋江市、石狮市、泉港区和洛江区，为耕地与建设用地利用冲突失控，主要原因是该 4 个市区的经济非常发达，其中晋江市和石狮市入围 2017 年度中国中小城市综合实力百强县市和 2017 年度中国中小城市创新创业（双创）百强县市。晋江市县域经济基本竞争力继续居全国第 5 位，县域经济实力连续 24 年居全省县域首位。全年实现地区生产总值 1981. 50 亿元，比上年增长 8. 2%，总量分别占全省、泉州市的 6. 1%和 26. 3%。其中，第一产业增加值 21. 29 亿元，下降 1. 5%；第二产业增加值 1196. 11 亿元，

增长 6.6%，对经济增长的贡献率为 50.4%，拉动地区生产总值增长 4.1 个百分点；第三产业增加值 764.10 亿元，增长 11.1%，对经济增长的贡献率为 49.8%，拉动地区生产总值增长 4.1 个百分点。三次产业结构所占比例调整为 1.1∶60.3∶38.6。按常住人口计算，人均地区生产总值 94470 元（折合 13992 美元），比上年增长 7.5%。截至 2017 年底，晋江市常住人口 210.3 万人。石狮市是亚洲最大服装城，也是有名的侨乡。全市总面积为 165 平方千米左右，县城总人口大概 63 万。泉港区 2017 年全年实现地区生产总值 526.86 亿元，增长 8.6%（预计数，下同）；工业增加值 359.04 亿元，增长 9%；第三产业增加值 113.99 亿元，增长 10%；一般公共预算总收入 111 亿元，增长 1.09%；一般公共预算收入 32.5 亿元，增长 8.33%；固定资产投资 261.7 亿元，增长 15%；出口商品总值（海关口径）6.1 亿元，增长 4%；实际利用外资（验资口径）7.4 亿元，增长 2%；社会消费品零售总额 88.65 亿元，增长 11%；居民人均可支配收入 24013 元，增长 7%。洛江区 2017 年全年实现地区生产总值 172.7 亿元，增长 9.3%；一般公共预算总收入超过 16.5 亿元，其中一般公共预算收入超过 9.7 亿元。

再次是南安市、惠安县、安溪县和永春县。这 4 个市县的耕地与建设用地利用冲突处于基本稳定状态。其中南安市经济较为发达，2017 年全年实现地区生产总值 977.38 亿元，按可比价格计算，比上年增长 8.5%。其中：第一产业增加值 27.78 亿元，增长 3.8%；第二产业增加值 575.36 亿元，增长 7.9%；第三产业增加值 374.25 亿元，增长 9.8%。第二、三产业对地区生产总值增长的贡献率分别为 57.6%和 41.1%，分别拉动地区生产总值增长 4.9 和 3.5 个百分点。按常住人口计算，人均地区生产总值 65202 元，比上年增长 8.1%。第一产业增加值占地区生产总值的比重为 2.8%，第二产业增加值比重为 58.9%，第三产业增加值比重为 38.3%。惠安县 2017 年全县实现生产总值 687.44 亿元，增长 8%，完成一般公共预算收入 35.13 亿元，增长 3.1%，全体居民人均可支配收入 2.99 万元，增长 7.5%，县域经济居全国中小城市综合实力“百强县”第 35 位。安溪县 2017 年全年实现地区生产总值地区生产总值 515.33 亿元，按可比价格计算，比上年增长 8.9%。其中，第一产业增加值 41.75 亿元，增长 4.3%；第二产业增加值

268.20 亿元，增长 7.9%；第三产业增加值 205.38 亿元，增长 11.4%。第一、二、三产业对地区生产总值增长的贡献率分别为 4.0%、47.2%、48.8%，分别拉动地区生产总值增长 0.4、4.2、4.3 个百分点。三次产业占地区生产总值的比例为 8.1∶52.0∶39.9。按常住人口计算，人均地区生产总值 46244 元，比上年增长 8.2%。永春县 2017 年完成地区生产总值 373.31 亿元，比上年增长 8.7%；工业增加值 161.35 亿元，比上年增长 8.8%；一般公共预算总收入 16.59 亿元，比上年增长 2.8%；一般公共预算收入 11.1 亿元，比上年增长 3.3%；固定资产投资 150.01 亿元，比上年增长 16.3%。

最后是德化县。该县的耕地与建设用地的利用冲突稳定。2017 年全县地区生产总值 217 亿元，增长 7.6%；一般公共预算总收入 16.43 亿元，增长 5.1%；一般公共预算收入 11 亿元，增长 0.5%；固定资产投资 126.2 亿元，增长 13%。

综上所述，泉州市城镇建设用地快速扩张，占用耕地现象明显。建设用地扩张造成耕地急剧减少是泉州市最大的土地利用冲突，并且可能会引发了其他一系列土地冲突问题。近年来，泉州市人口的快速增长，城市化进程的不断加快，对建设用地需求不断增加，为了追求更大利益，以减少耕地为代价来还换取更多的建设用地。1996—2008 年，泉州市建设用地面积从 118760 公顷增长到 175109 公顷，增长率为 46.61 %，而耕地面积却由 129286 公顷减少为 87658 公顷，减少率为 32.2%。建设用地的增加总量大部分来自耕地。例如，2000 年建设用地增长了 3369.7 公顷，占用耕地达 2397.26 公顷，占增长总量的 71.14%。建设用地增长迅速并占据了大量耕地的土地利用冲突严重威胁泉州市土地资源的可持续发展。首先，直接威胁到粮食安全，目前泉州市人均耕地只有 0.1 亩，远低于联合国粮农组织提出的人均耕地 0.8 亩的警戒线。其次，耕地相对于建设用地具有更高的生态服务价值，耕地减少，永久性绿色屏障遭到破坏，造成了生态环境保护压力。不同土地类型应对外界压力的抵抗力是不同的，在土地利用冲突测度模型中，将耕地的脆弱度赋值为 2，建设用地的脆弱度赋值为 5，由此可见，土地类型作为土地利用冲突测度的风险受体，直接影响到土地利用冲突的大小。泉州市建设用地不断扩张、侵占耕地将直接导致土地利用冲突强度

的增加。

另外，泉州市的土地整治力度不够，城乡土地结构有待调整。城市建设与乡村发展的矛盾也是泉州市土地利用冲突的一个具体方面。统筹城乡发展，实现城乡一体化是泉州城乡建设的重要目标之一。城乡一体化不是指城乡一样化，而是在空间形态上城乡有别，使城市更像城市，农村更像农村，农村既保留优美的田园风光，又达到城市的文明和生活的便利。"城中村"和"空心村"改造是泉州市土地整治、统筹城乡发展的重大措施，但也存在一些问题。例如，农村居民点用地闲置率高，"空心村"普遍存在，泉州市农村居民拥有两个或以上住宅的情况极为常见，造成了土地资源浪费；另外，农村居民点多为自建房，缺乏规划，布局混乱，土地集约利用程度较低。土地利用结构与布局作为风险效应因子，影响土地利用冲突强度的大小，布局越混乱，其稳定性也就越差，土地利用冲突强度也就越大。

耕地不具规模，景观生态功能差。土地生产利用方式与景观功能的矛盾是泉州市土地利用冲突的另一体现。受家庭联产承包责任制的影响，泉州市大多数农企或合作社仍以传统的经营模式从事农业种养或初级农产品加工，土地租种周期短，交易方式较为落后，生产经营规模小，难以形成规模效应。加上城市扩张的影响，许多耕地被不断地蚕食分割，乃至逐渐消失，从而使得耕地布局分散，同时，大量零散、老化、低效的林地及鱼塘影响了耕地田块的完整性，过多的田间道路、沟渠及田坎占用大量耕地，致使耕地田块欠规整，耕地布局分散，景观生态效果偏低。土地景观的稳定性同样作为风险效应因子，是影响土地利用冲突的重要因素，耕地布局越分散，其破碎度越大，稳定性就越小，从而土地利用冲突强度也就越大。

因此，我们必须要对泉州市耕地与建设用地利用冲突进行协调和管理。冲突管理（confilict management）是指采用一定的干预手段改变冲突的水平和形式，以最大限度地发挥其益处而抑制其害处。在组织情境中，通常从确定适当的冲突管理风格、选择合适的冲突管理策略、采取必要的冲突管理措施等方面开展或加强冲突管理。

第九章

泉州市建设用地与耕地资源协调度研究

第一节　建设用地与耕地变化的协调度概念和模型

协调就是和谐一致、配合得当，即在一个系统中，其内部和构成系统的各要素之间的良性互动关系。在城市发展过程中，建设用地与耕地之间是此消彼长的关系，社会要发展，经济要前进，就需要一定数量的建设，而占用耕地是必需的，但是在城镇化过程中，建设用地和耕地之间的冲突和矛盾是可以协调的。一是随着城镇化发展，社会经济快速发展，城镇化质量不断改善，建设占用的耕地也会减少；二是在城镇化发展中，耕地主要体现在其数量增加，通过土地整理复垦开发等方式，或者耕地数量在减少，通过摊大饼，只注重城市规模，不注重城市发展质量；三是建设用地和耕地之间的协调发展，是在城镇化过程中，城市系统中建设用地系统和耕地系统不断相互协调合作，在建设用地系统和耕地系统内部各要素不断重新组合协调，不断耦合成一种城市系统内部的良性循环状态，从而消解原有矛盾，实现建设用地和耕地和谐发展。

建设用地与耕地变化的协调性的内涵有三个方面：其一，建设用地与

耕地变化的协同性主要体现为以耕地资源承载力阈值为限，如果城市发展需要的建设用地规模超过了对耕地需求数量的承载力阈值，将会引发一系列耕地问题，如粮食作物无法生产，国家粮食安全无法保障，这种状态表明城市系统中的建设用地与耕地资源系统存在冲突和矛盾，这两者是不协调和不合作的；其二，建设用地与耕地变化的协调性表现为在城市生态系统中，建设用地系统与耕地资源系统共同发展，即城市发展不能以牺牲耕地资源为代价，保护耕地资源的同时也要为城市发展服务；其三，建设用地与耕地变化的协调性还体现为城市生态系统中的建设用地系统和耕地系统的相互促进作用，即在城镇化进程中，耕地数量不断增加或减少，增加主要通过节约集约利用土地，通过土地整理复垦开发等，减少主要是建设占用耕地；同时耕地变化促使城镇化水平不断提高，城镇化的质量不断提高。

在实践过程中，一般用协调度来度量协调性，协调度（coordination degree）是度量系统或系统内部要素之间在发展过程中彼此和谐一致的程度，体现了系统由无序走向有序的趋势，是协调状况好坏程度的定量指标。[①②]根据前人的研究，城市发展过程中，建设用地与耕地面积变化的协调度模型为

$$\mathrm{Cd} = \frac{a + b}{\sqrt{a^2 + b^2}} \tag{9-1}$$

式中，a 为建设用地规模变化率；b 为耕地面积的变化速率；Cd_{ab} 为建设用地与耕地资源变化的协调度，$-1.414 < \mathrm{Cd}_{ab} \leqslant 1.414$。$\mathrm{Cd}_{ab}$ 由变量 a，b 决定，当 a，b 均为正值且相等时，Cd_{ab} 的值最大，为 1.414；反之，若 a，b 均为负值且相等时，Cd_{ab} 的值最小，其他情形介于二者之间（表 9-1）。

---

① 李明升，李治，佟连军．经济-环境协调发展的演变及其地区差异分析［J］．经济地理，2009，29（10）：1634-1639.

② 张春丽，佟连军，刘继斌．三江自然保护区耕地与湿地协调发展水平的评价研究［J］．地理科学，2008，28（3）：343-347.

表 9-1 建设用地与耕地面积变化协调度分类

Cd_{ab}	*a*，*b*	协调度类型	协调度特征
1.414	a=b 且 a>0，b>0	协调	建设用地和耕地面积变化均衡，和谐状态
$1.2 \leq Cd_{ab} < 1.414$	a≈b	较为协调	建设用地和耕地面积变化接近均衡，较为和谐状态
$1.0 \leq Cd_{ab} < 1.2$	a>b 且 a>0，b>0	基本协调	建设用地较快，耕地面积变化较为缓和
$0.8 \leq Cd_{ab} < 1.0$	a>0，b<0	调和	建设用地较快，耕地面积在承载力阈值内，短期内可接受
$0.5 \leq Cd_{ab} < 0.8$	a>0，b<0	基本调和	建设用地较快，耕地面积基本保持在承载力阈值内
$0 \leq Cd_{ab} < 0.5$	a>0，b<0	勉强调和	建设用地较快，耕地面积勉强保持在承载力阈值内
$-1.414 \leq Cd_{ab} < 0$	a>0，b<0 或 a<0，b<0	不协调	建设用地较快，耕地面积超出承载力阈值

第二节 泉州市建设用地与耕地变化的协调度测算

依据协调度模型的测算公式可知，要测算泉州市 2005—2016 年的建设用地与耕地变化的协调度，必须先分别测算出该市 2005—2016 年的建设用地增加速度和耕地面积的变化速率。根据统计年鉴等数据，2005—2016 年泉州市建设用地和耕地面积数据见表 9-2，由此可计算 2005—2016 年建设用地增加速度（a）和耕地面积的变化速度（b），计算结果见表 9-3。

表 9-2　泉州市建设用地和耕地数据（2005—2016 年）

单位：

年份	2005	2006	2007	2008	2009	2010	2011	2012	2013	2014	2015	2016
建设用地	194.4	204.84	210.54	220.88	227.6	232.2	237.5	241.7	246.2	250.7	254	256
耕地	235.62	230.43	227.75	225.67	222.7	221.2	220.5	220.1	219.2	218	217.7	217.3

资料来源：泉州市国土统计资料（2006—2017 年）

表 9-3　泉州市建设用地和耕地数据变化率（2005—2016 年）

年份	2005	2006	2007	2008	2009	2010	2011	2012	2013	2014	2015	2016
建设用地	0	0.0537	0.0278	0.0491	0.0304	0.0202	0.0228	0.0177	0.0186	0.0183	0.0132	0.0079
耕地	0	-0.0220	-0.0116	-0.0091	-0.0132	-0.0067	-0.0032	-0.0018	-0.0041	-0.0055	-0.0014	-0.0018

由表 9-3 数据可知，泉州市 2005—2016 年建设用地增加速度均为正值，但提高速度较缓慢，2006 年增长速度最快，为 0.0537，这说明 2005 年泉州市建设用地增速发展较快，这是由于该市城镇基础设施建设基本完成，加之 2006 年全市城镇化的大力推进，带动了建设用地增加；该市建设用地增量在 2008 年之后逐渐减弱，表明这年之后泉州市建设用地规模发展较慢，这是因为泉州市各区县市已完成初步的产业布局和城镇规划，城镇化水平平稳发展。

在耕地面积的变化速率方面，泉州市 2005—2016 年耕地面积的变化速率为负值，并且减速放缓。2006 年耕地面积的变化速率为 0.0220，这之后减少幅度较小，这是因为国家和政府开始对耕地实行严格的保护措施，并强化管控落实最严格耕地保护制度，严格审批耕地的流转和占用，极力保证耕地总量平衡，毫不动摇地坚持耕地保护红线。

第三节　测算结果及分析

根据协调度模型公式和表 9-2 和表 9-3 中数据测算泉州市 2005—2016

年建设用地面积变化和耕地面积变化的协调度，测算结果见表 9-4。

表 9-4　泉州市建设用地和耕地协调度（2005-2016 年）

年份	2005	2006	2007	2008	2009	2010	2011	2012	2013	2014	2015	2016
协调度	0	0.5457224	0.5370197	0.80031988	0.52077879	0.632537	0.8531955	0.8927345	0.7622061	0.6710343	0.8906007	0.7465942
类型	0	基本调和	基本调和	调和	基本调和	基本调和	调和	调和	基本调和	基本调和	调和	基本调和

由表 9-4 数据可知，泉州市 2005—2016 年城建设用地和耕地面积变化的协调度都为正值，处于基本调与和调和两种状态。协调度最大值为 2012 年的 0.8927345，最小值为 2009 年的 0.52077879，变动幅度较大，同时数值变动的波动性明显。2005—2007 年协调度类型表现为基本调和，恰恰对应 2005—2007 年耕地面积的不断减少；2008 年协调类型为调和；2009—2010 年协调度类型表现为基本调和，与 2009—2010 年耕地面积变化不大相对应；2011—2012 年协调度类型整体表现为调和，与 2011—2012 年耕地面积减少相吻合；2013—2014 年协调类型为基本调和；2015 年协调类型为调和；2016 年协调类型为基本调和。从时间序列来看，2005—2016 年中有 7 年的协调类型为基本调和；剩余的年份为调和，说明泉州市建设用地和耕地变化之间的关系变动具有阶段性特征，总体表现为“基本调和、调和—基本调和—调和—基本调和—调和—基本调和”7 个阶段，恰恰对应所在年份的耕地面积减少情况。

在协调度与协调度类型方面，2005—2007 年这 3 年中泉州市建设用地和耕地面积变化的协调度分别为 0.5457224、0.5370197，从建设用地面积和耕地面积变化协调度类型分析，协调度类型皆表现为基本调和，这表明泉州市在这 3 年中城市发展较快，城镇化发展速度较快，2006 年全市城镇化水平为 48%，2007 年耕地面积整体减少的速度较快。这是由于该市在 2005—2007 年大力推进城镇化建设，社会经济发展进入加速期，城镇规模的不断扩大对建设用地的需求急剧上升，增加了耕地占用；中心城市建设取得显著成效，荣获“国家园林城市”“国家环保模范城市”的称号。城市建设力度继续加大，“一二三四”重点城建项目进展顺利。全年城建重点项目累计完成投资 28.3 亿元，自项目开始运作以来累计投资约 40 亿元。“一

场一馆”的泉州海峡体育中心，“二桥二环”中泉州晋江大桥、泉州大桥南立交和“一环、二环”全年完成投资6.72亿元，累计投资9.92亿元；“三片三带”全年完成投资19亿元，累计投资26.6亿元；“四规四改”累计投资3.2亿元。截至2006年底，中心市区建成区面积已达80平方千米，比上年增加10平方千米。市政基础设施继续改善，中心市区建成区新增园林绿地343公顷，总绿地面积达2607公顷，绿化覆盖面积2823公顷，绿化覆盖率为39.76%，人均公共绿地面积为11.2平方米；市区公交运营线路网长度为257.7千米，营运车辆620部；年末实有铺装道路面积673万平方米。全年自来水供水总量8691万立方米，其中居民家庭用水量3953万立方米，用水人口63.2万。另外，新农村建设有力推进，村容村貌得到整治，全年拆除旧房172.47万平方米，新建房屋240.7万平方米。另外，这段时期固定资产投资保持较快增长。全年全社会固定资产投资494.49亿元，比上年增长35.2%，增速比上年提高15.6个百分点。其中，城镇项目投资340.20亿元，增长43.0%；房地产开发投资87.49亿元，增长27.6%；农村投资66.80亿元，增长12.8%。兴起的“开发区热”“房地产热”等浪潮在该市得到了较好体现，大量耕地资源被占用为城镇建设用地，导致耕地资源面积下降。2007年泉州市城镇化为48.8%，这年城市建设迅猛发展，年末中心市区建成区面积已达86平方千米，比上年增加6平方千米。中心市区建成区新增园林绿地236.48公顷，总绿地面积达2843.8公顷，绿化覆盖面积3076.93公顷，绿化覆盖率为39.96%，人均公共绿地面积为11.5平方米；市区公交运营线路网长度为301千米，营运车辆715部；年末实有铺装道路面积756.6万平方米。全年供水总量10915万立方米，其中自来水供水总量8890万立方米，其中居民家庭用水量3534万立方米，用水人口65.7万。新农村建设也在开展，全年拆除旧房184.16万平方米，新建房屋204.43万平方米。

2008年泉州市建设用地和耕地面积变化的协调度为0.80031988，从建设用地面积和耕地面积变化协调度类型分析，协调度类型表现为调和，建设用地增加的速度和耕地面积变化接近失衡。这年全市城镇化水平为50.2%。在经济建设方面，全市在建重点项目完成投资365.40亿元。其中泉三高速（泉州段）完成投资18.46亿元，福厦铁路（泉州段）完成投资6.64亿元，炼化一体化完成投资131.07亿元，晋江燃气电厂完成投资17.23亿元，中化重油深加工项目完成投资14.57亿元，石狮年产60万吨PTA项目完成投资6.25亿元。全市全年住宅投资87.08亿元，增长22.1%；商品房施工面积1656.09万平方米，增长27.5%，竣工面积188.91万平方米，下降1.7%；全年商品房屋实际销售额98.66亿元，下降4.7%；实际销售面积255.57万平方米，下降13.0%，其中住宅销售218.64万平方米，下降14.3%；年末空置房面积为84.35万平方米，增长0.4%。在城市建设方面，年末中心市区建成区面积达91平方千米，比上年增加5平方千米。中心市区建成区新增园林绿地153公顷，总绿地面积达2997公顷，绿化覆盖面积3240公顷，绿化覆盖率为40%，人均公共绿地面积为11.6平方米；市区公交运营线路网长度为363千米，营运车辆764部；年末实有铺装道路面积851.65万平方米。全年供水总量12042万立方米，其中自来水供水总量9299万立方米，自来水供水总量中居民家庭用水3747万立方米，用水人口68万。

2009—2010年泉州市建设用地面积变化和耕地面积变化的协调度分别为0.52077879和0.632537，从建设用地和耕地面积变化协调度类型分析，协调度类型表现为基本调和，建设用地面积变化速度和耕地面积变化接近均衡，是较理性的状态。2009年全市城镇化率为52.3%。全年全社会固定资产投资976.47亿元，比上年增长13.5%。其中，城镇项目投资740.31亿元，增长14.6%，房地产开发投资146.72亿元，增长8.8%；农村投资89.44亿元，增长12.2%。在城镇50万元以上项目投资中，第一产业投资1.99亿元，增长31.2%；第二产业投资405.67亿元，下降2.5%，其中制造业完成投资339.55亿元，下降3.7%，电力、煤气及水的生产和供应业投资49.29亿元，下降6.9%。制造业中，纺织、服装和皮革制造业投资增长20.8%，化学原料及化学制品制造业投资增长1.28倍，橡胶塑料制品业增长88.4%，交通运输设备制造业和电气机械及器材制造业投资分别增长126.7%、31.8%。第三产业投资332.65亿元，增长45.7%。

全市城镇项目市级在建重点项目完成投资340.64亿元。其中中化重油

深加工项目完成投资 34.14 亿元，炼化一体化完成投资 29.75 亿元，晋江燃气电厂完成投资 8.37 亿元，石狮 PTA 项目完成投资 10.51 亿元，海峡西岸国际采购与区域物流中心（一期）项目完成投资 8.54 亿元。全市全年住宅投资 93.57 亿元，增长 8.9%；商品房施工面积 1782.95 万平方米，增长 5.2%，竣工面积 130.97 万平方米，下降 43.8%；全年商品房屋实际销售额 168.78 亿元，增长 63.9%；实际销售面积 364.38 万平方米，增长 41.3%，其中住宅销售 337.26 万平方米，增长 53.4%；年末空置房面积为 81.12 万平方米，下降6.3%。城市建设方面，年末中心市区建成区面积达 98 平方千米，比上年增加 7 平方千米。中心市区建成区新增园林绿地 232 公顷，总绿地面积达 3229 公顷，绿化覆盖面积 3498 公顷，绿化覆盖率为 40.2%，人均公共绿地面积为 10.4 平方米；市区公交运营线路网长度为 1047 千米，营运车辆 768 部；年末实有铺装道路面积 914.9 万平方米。全年自来水供水总量 9227 万立方米，自来水供水总量中居民家庭用水 4147 万立方米，用水人口 77.8 万。年末共铺装天然气管道 230 千米；天然气用户数 1.13 万户。

2010 年全年全社会固定资产投资 1250.81 亿元，比上年增长 30.0%，“十一五”期间，年均增长 28.3%。其中，城镇项目投资 930.37 亿元，增长 25.7%；房地产开发投资 203.11 亿元，增长 38.4%；农村投资 117.32 亿元，增长 31.2%。

在城镇 50 万元以上项目投资中，第一产业投资 2.29 亿元，增长 15.1%；第二产业完成投资 497.62 亿元，增长 22.7%，其中制造业完成投资 442.88 亿元，增长 30.4%，电力、煤气及水的生产和供应业投资 50.27 亿元，增长 2.0%。制造业中，纺织、服装和皮革制造业投资增长 51.2%，石油化工及炼焦业投资增长 20.0%，造纸及纸制品业投资增长 1.71 倍，食品制造业投资增长 1.43 倍，工艺品及其他制造业投资增长 87.8%。第三产业完成投资 430.47 亿元，增长 29.4%。

全市城镇项目市级在建重点项目完成投资 410.89 亿元。其中，中化重油深加工项目完成投资 62.53 亿元，石狮鸿山热电厂完成投资 22.87 亿元，泉州修造船厂完成投资 10.43 亿元，省石化合成橡胶项目完成投资 8.46 亿元。福厦铁路、泉厦高速公路扩建，晋江燃气电厂、石狮鸿山热电厂等一批基础设施项目建成投产；泉州儿童发展职业学院新校区、桥南片区安置房、惠安垃圾焚烧发电厂等关系民生的社会事业、城建环保项目建成。中化泉州1200万吨炼油项目、石狮PTA二期、泉州海峡轨道客车、玖龙纸业高档牛卡纸等项目前期工作进展顺利。

全市全年住宅投资102.68亿元，增长9.7%；商品房施工面积2461.64万平方米，增长38.1%，竣工面积369.18万平方米，增长181.9%；全年商品房屋实际销售额225.30亿元，增长33.5%；实际销售面积444.14万平方米，增长21.9%，其中住宅销售395.69万平方米，增长17.3%；年末待售房面积为106.65万平方米，增长31.5%。

年末环湾区域建成区面积达150平方千米。中心市区建成区新增园林绿地191公顷，总绿地面积达3418.7公顷，绿化覆盖面积3730公顷，绿化覆盖率为40.48%，人均公共绿地面积为10.55平方米；市区公交运营线路长度为1090千米，营运车辆904部；年末实有铺装道路面积1013.2万平方米。全年中心市区自来水供水总量8826万立方米，自来水供水中居民家庭用水量4816万立方米，用水人口100万。至年末共铺装天然气管道267.71千米；天然气用户数1.46万户。全年共新建、改建公路334.72千米。全市公路通车总里程达14252.95千米，比上年增加122.64千米；其中：二级及二级以上高等级公路里程1951.88千米，高速公路里程215千米；公路密度达131.2千米/百平方千米。

2011—2012年泉州市建设用地和耕地面积变化的协调度为分别0.8531955和0.8927345，从建设用地和耕地面积变化协调度类型分析，协调度类型表现都为调和，这表明该市城镇化速度快，耕地面积保持在承载力阈值内，短期内可接受。

2011年全市城镇化水平为59.3%。全年全社会固定资产投资1575.02亿元，比上年增长27.6%。其中，城镇项目投资1181.67亿元，增长24.6%；房地产开发投资273.24亿元，增长34.5%；农村投资120.11亿元，增长19.6%。全年全社会固定资产投资按三次产业分：第一产业投资11.38亿元，增长41.6%；第二产业投资719.37亿元，增长26.4%，其中工业投资707.29亿元，增长30.5%；第三产业投资844.27亿元，增长

16.7%。在城镇以上投资中，第一产业投资6.40亿元，增长165.8%；第二产业完成投资663.79亿元，增长26.7%。第三产业完成投资784.71亿元，增长19.5%。房地产开发投资273.24亿元，比上年增长34.5%。按工程用途分：商品住宅投资163.81亿元，增长59.5%；办公楼投资7.51亿元，增长847.9%；商业营业用房投资30.16亿元，增长56.7%。商品房销售面积481.28万平方米，增长8.4%。商品房销售额340.81亿元，增长51.3%。在建（含配建）廉租住房9.46万平方米。经济适用住房施工面积28.61万平方米。全市城镇项目投资中市级在建重点项目完成投资481.05亿元，占全社会投资的30.5%。全年建成投产或部分投产76个项目，新开工102个项目。其中泉州船厂、惠安县斗尾公路建设、福建正麒高纤科技股份工业区厂房、聚龙运动公园及养生休闲项目、福建百宏集团年产33万吨仿棉差别化化纤生产项目一期、福建三安钢铁1000立方级炼铁高炉及配套工程技术改造、福建达利集团食品加工建设、金保利（泉州）科技实业高效太阳能电池生产线项目、晋江恒安集团卫生材料生产线、泉州市天纶纺织科技生态纺织原料项目等一批项目建成投产；惠安县泉惠石化重油深加工建设、泉州浦西万达广场、福建紫云山风景区、国电南埔火电二期、依仁溪温泉小镇、福建天湖生态旅游休闲广场、安溪宝龙城市广场、丰泽区宝秀小区、台湾旺旺集团厂区建设、福厦铁路泉州火车站站前大道工程等一批项目加快建设投资；玖龙纸业年产65万吨牛卡纸工程、交通系统四大中心科研中心、江南新区高山片区危旧房改造、泉州田安大桥工程、泉州火车站东西大道西延伸段工程、泉港石化工业区南垦片区（一期）市政配套工程、北车（泉州）海峡轨道客车维修组装工程、泉州火车站普贤路拓改及延伸段工程、南安市会展中心片区建设等一批新项目开工建设。

年末中心市区建成区面积达161.5平方千米。中心市区建成区新增园林绿地739.25公顷，总绿地面积达6379.25公顷，绿化覆盖面积6815.3公顷，绿化覆盖率为42.2%，人均公共绿地面积为13.1平方米；年末实有铺装道路面积1345万平方米。全年中心市区自来水供水总量11121.54万立方米，自来水供水中居民家庭用水量5543.71万立方米，用水人口200万。至年末共铺装天然气管道517千米；天然气用户数2.4万户。

2012年全市城镇化水平为60.4%。全年全社会固定资产投资2016.72亿元，比上年增长28.0%。其中，城镇项目投资1567.92亿元，增长25.0%；房地产开发投资395.50亿元，增长44.2%；农户投资53.30亿元，增长11.3%。全年全社会固定资产投资（不含农户）按三次产业分，第一产业投资11.02亿元，增长21.3%；第二产业投资862.37亿元，增长20.7%，其中工业投资844.69亿元，增长19.5%；第三产业投资1090.03亿元，增长35.4%。在城镇500万元以上项目投资中，第一产业投资11.02亿元，增长21.3%；第二产业完成投资862.37亿元，增长20.7%；第三产业完成投资694.53亿元，增长30.9%。房地产开发投资395.50亿元，比上年增长44.2%。按工程用途分：商品住宅投资243.99亿元，增长49.3%；办公楼投资26.22亿元，增长249.0%；商业营业用房投资58.04亿元，增长90.6%。商品房销售面积553.70万平方米，增长14.7%。商品房销售额365.14亿元，增长7.0%。全市298个市级在建重点项目全年完成投资764亿元，占全社会投资的37.9%。全年建成（或部分建成）投产102个项目，新开工118个项目。其中北车轨道客车、晋江正麒化纤、浦西万达广场、鲤城电子汽配城、黄龙大桥等一批项目建成投产；石狮环湾大道、中医联合医院、江南学园、东海学园、晋江防洪工程等一批项目开工建设。

年末中心市区建成区面积达176.5平方千米。中心市区建成区新增园林绿地637公顷，总绿地面积达6939.98公顷，绿化覆盖面积7448.3公顷，绿化覆盖率为42.2%，人均公园绿地面积为13.7平方米；年末实有铺装道路面积1650万平方米。全年中心市区自来水供水总量13186.48万立方米，自来水供水中居民家庭用水量5255.87万立方米，用水人口113.27万。至年末共铺装天然气管道724.7千米；天然气用户数3.16万户。全年共新建、改建公路212.05千米。全市公路通车总里程达14701.58千米，比上年增加352千米；其中：二级及二级以上高等级公路里程2248.97千米，高速公路里程362千米；公路密度达133.65千米/百平方千米。

2013—2014年建设用地规模变化和耕地面积变化的协调度分别为0.7622061和0.6710343，从城镇化建设用地面积变化和耕地面积变化协调度类型分析，协调度类型表现为基本调和。

2013年全市城镇化水平为61.6%。这年全社会固定资产投资2502.44亿元，比上年增长24.1%。其中，城镇项目投资1858.06亿元，增长18.5%；房地产开发投资585.45亿元，增长48.0%；农户投资58.93亿元，增长10.6%。全年全社会固定资产投资（不含农户）按三次产业分，第一产业投资9.95亿元，下降9.7%；第二产业投资1021.55亿元，增长18.5%，其中工业投资1010.59亿元，增长19.6%；第三产业投资1412.02亿元，增长29.5%。房地产开发投资按工程用途分：商品住宅投资383.44亿元，增长57.2%；办公楼投资39.58亿元，增长50.9%；商业营业用房投资87.66亿元，增长51.0%。商品房销售面积908.73万平方米，增长64.1%。商品房销售额624.82亿元，增长71.1%。全市306个市级在建重点项目全年完成投资899亿元，占全社会投资的35.9%。全年建成（或部分建成）投产111个项目，新开工100个项目。其中，中化泉州炼油项目、德化海峡水泥、三六一度综合基地、石狮服饰辅料专业市场、莆永高速、南石高速、中化配套青兰山码头、石狮锦尚3.5万吨级泊位、东海大街拓改、石狮环湾大道、福建医科大学附属二院东海分院、安溪茶学院、泉州信息技术学院、泉州木偶剧院等一批项目建成或部分建成；西气东输三线天然气管道东段泉州段、晋江恒安生活用品智能化生产基地、石狮市纺织服装产业创新发展云项目、中国茶都国际茶文化创意产业园、国道324线丰洛段、安溪上海音乐学院培训基地、晋江社会福利中心、德化彭村水库、洛江八峰水库、泉港双溪水库、晋江防洪工程等一批项目开工建设。

年末中心市区建成区面积达188.5平方千米。中心市区建成区新增园林绿地506公顷，总绿地面积达7446公顷，绿化覆盖面积8011公顷，绿化覆盖率为42.5%，人均公园绿地面积为13.9平方米；年末实有铺装道路面积2200万平方米。全年中心市区自来水供水总量13506.15万立方米，自来水供水中居民家庭用水量5432.4万立方米，用水人口119.9万。至年末共铺装天然气管道804千米；天然气用户数4.4万户。全年共新建、改建公路754.19千米。全市公路通车总里程达15455.75千米，比上年增加754.19千米。其中，二级及二级以上高级公路里程2502.96千米，高级公路中高速公路里程496千米。公路密度达142.3千米/百平方千米。

2014年全年全社会固定资产投资2940.25亿元，比上年增长17.5%。其中，城镇项目投资2098.37亿元，增长12.9%；房地产开发投资775.95亿元，增长32.5%；农户投资65.93亿元，增长11.9%。全年全社会固定资产投资（不含农户）按三次产业分：第一产业投资19.74亿元，增长98.5%；第二产业投资1036.37亿元，增长1.5%，其中工业投资1001.76亿元，下降0.9%；第三产业投资1818.22亿元，增长28.8%。房地产开发投资按工程用途分：商品住宅投资513.39亿元，增长33.9%；办公楼投资51.30亿元，增长29.6%；商业营业用房投资110.16亿元，增长25.7%。商品房销售面积801.73万平方米，下降11.8%。商品房销售额530.10亿元，下降15.2%。全市320个市级在建重点项目全年完成投资930亿元，占全社会投资的31.6%。全年建成（或部分建成）投产111个项目，新开工107个项目。其中，石狮市纺织服装产业发展基地（一期）、鲤城江南汽车城、台商区东西主干道拓改一期工程、惠安中闽百汇商业广场一期、泉港富源石化仓储化二码头等一批项目建成投产；南安海西石材物流园、洛江泉州（海西）植物园、丰泽中化泉州石化总部大楼、晋江企业营销展示中心第一期建设工程、泉港区峰尾半岛围垦工程等一批项目开工建设。

全年交通运输、仓储和邮政业实现增加值387.15亿元，增长10.3%。全市公路通车总里程达16526.06千米，比上年增加1070.31千米。其中，二级及二级以上高等级公路里程2642.52千米，高等级公路中高速公路里程532千米。公路密度达152.1千米/百平方千米。年末中心市区建成区面积达197.6平方千米。中心市区建成区新增园林绿地695公顷，总绿地面积达8141公顷，绿化覆盖面积8496.8公顷，绿化覆盖率为43%，人均公园绿地面积为14平方米；年末实有铺装道路面积2200万平方米。全年自来水供水总量16339万立方米，自来水供水中居民家庭用水量6239万立方米，用水人口136.5万。至年末共铺装天然气管道累计908千米；天然气用户数5.6万户。

2015年泉州市建设用地面积和耕地面积变化的协调度为0.8906007，从建设用地规模和耕地面积变化协调度类型分析，协调度类型表现为调和，表明城镇化速度快，耕地面积保持在承载力阈值内，短期内可接受。在面

临耕地资源锐减形势下，为了有效保证粮食安全，泉州市政府强化了耕地资源保护政策，一方面加强对房地产、产业园区用地的调控和监管，规范土地市场；另一方面通过农村土地整理与开发，促进城镇建设用地节约集约利用，加强耕地资源保护，这些措施有效促进了城镇化水平与耕地资源变化向协调方向转化。

2015 年全年固定资产投资 3406.25 亿元，比上年增长 18.5 %。其中，城镇项目投资 2724.66 亿元，增长 29.8 %；房地产开发投资 681.59 亿元，下降 12.2 %。固定资产投资按三次产业分：第一产业投资 39.09 亿元，增长 120.9 %；第二产业投资 1158.04 亿元，增长 11.9 %，其中工业投资 1148.78 亿元，增长 14.7 %；第三产业投资 2209.12 亿元，增长 21.3 %。房地产开发投资按工程用途分：商品住宅投资 436.29 亿元，下降 15.0%；办公楼投资 53.68 亿元，增长 4.6%；商业营业用房投资 108.43 亿元，下降 1.6%。商品房销售面积 830.56 万平方米，增长 3.6%。商品房销售额 518.56 亿元，下降 2.2%。全市 340 个市级在建重点项目全年完成投资 1001 亿元，占固定资产投资的 29.4%，全年建成（或部分建成）投产 123 个项目，新开工 90 个项目。其中，台商投资区德润电子、福建石狮鸿山热电厂二期（4#机组）、泉州跨海通道工程、国道 324 线丰洛段拓改建设工程、南安至官桥公路改建工程等一批项目建成投产；晋江利郎时尚创意产业园、台商投资区立棋精密机械、国道 324 线洛阳段拓改建设工程、国省干线纵四线介福至五里街公路工程、泉州装备制造研究所等一批项目开工建设。

交通运输较快增长。全年交通运输、仓储和邮政业实现增加值 437.03 亿元，增长 8.7%。全年共新建、改建公路 680 千米，其中新建公路 321 千米。全市公路通车总里程达 16877 千米，比上年增加 351 千米。其中，二级及二级以上高等级公路里程 2725 千米，高速公路里程 574 千米。公路密度达 155 千米/百平方千米。全市铁路总里程 243.88 千米。年末环湾区建成区面积达 206.5 平方千米，比上年末增加 8.9 平方千米。中心市区建成区新增园林绿地 370.3 公顷，总绿地面积达 8315.76 公顷，绿化覆盖面积 8912.54 公顷，绿化覆盖率为 43.16%，人均公园绿地面积为 14.1 平方米；年末实有铺装道路面积 2200 万平方米。全年自来水供水总量 16828 万立方米，自来水供水中居民家庭用水量 6713 万立方米，用水人口 140 万。全年共铺装天然气管道 25.04 千米，年末天然气管道累计达 933.11 千米；天然气用户数 5.6 万户。全市城市生活垃圾无害化处理率 98.67%；城市污水处理率 90%。

2016 年泉州市建设用地面积和耕地面积变化的协调度为 0.7465942，从建设用地规模和耕地面积变化协调度类型分析，协调度类型表现为基本调和。全年固定资产投资 3748.01 亿元，比上年增长 10.0%。其中，城镇项目投资 3041.86 亿元，增长 11.6%；房地产开发投资 706.14 亿元，增长 3.6%。固定资产投资按三次产业分：第一产业投资 62.74 亿元，增长 60.5%；第二产业投资 1366.46 亿元，增长 18.0%；第三产业投资 2318.80 亿元，增长 5.0%。工业投资 1355.22 亿元，增长 18.0%，占固定资产投资的比重为 36.2%。基础设施投资 1090.27 亿元，增长 18.8%，占固定资产投资的比重为 29.1%。高技术产业投资 146.45 亿元，增长 104.9%，占固定资产投资的比重为 3.9%。房地产开发投资额 706.14 亿元，按工程用途分：商品住宅投资 456.55 亿元，增长 4.6%；办公楼投资 41.57 亿元，下降 22.6%；商业营业用房投资 96.59 亿元，下降 10.9%。商品房销售面积 1009.63 万平方米，增长 21.6%。商品房销售额 691.73 亿元，增长 33.4%。全市 350 个市级在建重点项目全年完成投资 1006.6 亿元，占固定资产投资的 26.9%，全年建成（或部分建成）投产 80 个项目，新开工 80 个项目。其中，泉州 2016 年度配电网建设工程、国道 324 线泉州台商投资区路段拓宽改建工程、厦门外国语学校石狮分校、晋江金井镇拆迁安置房、永春县工业园区香品产业园等一批项目建成投产；福建晋华集成电路存储器生产线建设项目、泉州城东至北峰快速通道及两侧片区棚户区（石结构）改造项目、泉州山线绿道工程精品示范段、南安洋坪风电场、福建省安溪中科生物有限公司植物工厂项目等一批项目开工建设。

年末环湾建成区面积达 214 平方千米，比上年末增加 7.5 平方千米。中心市区建成区新增园林绿地 308.4 公顷，总绿地面积达 8624.2 公顷，绿化覆盖面积 9244.8 公顷，绿化覆盖率为 43.2%，人均公园绿地面积为 14.2 平方米；年末实有铺装道路面积 575.8 万平方米。全年全市自来水供水总量 49655.61 万立方米，其中居民家庭自来水用水量 18216.41 万立方米；用水

人口 418.65 万。全年共铺装天然气管道 596.1 千米，年末天然气管道累计达 2908 千米；天然气用户数 20.5 万户。全年全市城市生活垃圾无害化处理率 98.6%；城市污水处理率 91.21%。

第四节　结论与讨论

东南沿海是我国城镇化、工业化快速推进的前沿阵地，社会经济发展引导土地利用多功能性逐步显现，并呈现出激烈的对抗与竞争。本书基于协调度模型计算泉州市建设用地与耕地资源的冲突协调。

研究区泉州市 2005—2016 年城建设用地和耕地面积变化的协调度都为正值，处于基本调和与调和两种状态。协调度最大值为 2012 年的 0.8927345，最小值为 2009 年的 0.52077879，变动幅度较大，同时数值变动的波动性明显。2005—2007 年协调度类型表现为基本调和，恰恰对应 2005—2007 年耕地面积的不断减少；2008 年协调类型为调和；2009—2010 年协调度类型表现为基本调和，与 2009—2010 年耕地面积变化不大相对应；2011—2012 年协调度类型整体表现为调和，与 2011—2012 年耕地面积减少相吻合；2013—2014 年协调类型为基本调和；2015 年协调类型为调和；2016 年协调类型为基本调和。从时间序列来看，2005—2016 年中有 7 年的协调类型为基本调和；剩余的年份为调和，说明泉州市建设用地和耕地变化之间的关系变动具有阶段性特征，总体表现为“基本调和—调和—基本调和—调和—基本调和—调和—基本调和”7 个阶段，恰恰对应所在年份的耕地面积减少情况。采用协调度来分析区域建设用地与耕地资源关系，再将实证分析结果与案例区土地利用状况相结合，情况较为吻合，表明该模型可为区域土地利用冲突研究从宏观分析向微观治理转变提供理论与方法支撑，从而也为调节建设用地与耕地矛盾冲突提供了一条冲突均衡的解决途径。

第十章

研究结论与展望

第一节　研究结论

土地利用是人类基于各种社会经济目的，依靠着土地本身的禀赋，对土地进行长期经营的各类活动，以获得各种经济、社会和生态利益。我国地形起伏大，人地关系矛盾突出，特别是在城镇化过程中，建设用地与耕地资源存在尖锐的矛盾，土地资源的合理利用长期以来一直是学者们研究的热点与焦点之一。本书采用泉州市 1980 年、1990 年、2000 年、2006 年、2010 年的五期 Landsat 5 影像数据，2017 年土地利用变更数据，泉州市行政区划图和相关年份的自然、社会和经济方面统计资料（年鉴）等，分别从建设用地和耕地时空变化及驱动因素分析，经济角度和景观学角度剖析泉州市建设用地与耕地资源的冲突，划分建设用地与耕地资源的土地利用冲突等级，探讨泉州市建设用地与耕地资源冲突的机制；对建设用地与耕地资源的功能冲突权衡进行研究，再分析基于生态位和土地利用重心转移的泉州市建设用地与耕地资源的功能冲突及冲突动态演变，得到泉州市耕地和建设用地冲突程度，利用冲突程度划分泉州耕地与建设用地冲突等级，

采用相应管理策略，利用建设用地与耕地资源协调度具体协调两者之间关系。通过研究得到如下研究结论。

一、泉州市建设用地时空变化及驱动因素分析

采用定量分析，选择扩张速度指数、扩张强度指数和扩张系数进行研究。全市建设用地扩张速度指数（EVI）基本维持在 0.0300 左右，2005—2016 年 12 年间，只有 2016 年的建设用地面积的扩张速度指数（EVI）低于 0.0300；建设用地的扩张速度处于较为稳定的水平，并且有下降的趋势。从建设用地的扩张强度指数（EII）来看，全市建设用地的扩张强度在逐渐降低。从构成建设用地的二级地类来看，城镇村及工矿用地的扩张强度在 2006 年、2007 年和 2008 年 3 年中逐渐下降，最后，从建设用地的扩张系数（EI）来看，整体上，泉州市建设用地总规模的扩张系数与人口增长呈反比。从构成建设用地的地类来看，城镇村及工矿用地的扩张系数（EI）也在逐年减弱。泉州市建设用地驱动因素有自然地理环境决定和影响城市建设用地布局、新开发区建设带来城市空间的扩张、交通网络体系建设导致城市空间形态变化、行政区划与城市规划引起城市空间扩张。

二、泉州市耕地时空变化

总体上泉州耕地少，土地质量较差，以中低产田为主，人均耕地 240 平方米，远低于全国人均水平。在现有耕地中，中低产田 70%以上，面积约为 10.27 万公顷，高产稳产田不到 30%，面积约 4.4 万公顷。泉州耕地包括水田、水浇地和旱地，其中水田面积最大，其次是旱地，水浇地面积最小。水田大致占耕地面积的 68%，从 2005 年的 157.80 万亩，占当年耕地面积的 66.97%，逐渐增加大 2006 年的 156.40 万亩，到 2007 年的 155.90 万亩，到 2010 年的 155 万亩，达到峰值，之后年份逐渐减少，到 2016 年的 149.30 万亩，占当年耕地规模的 68.75%。旱地大致占耕地面积的 24%，从 2005 年的 59.52 万亩逐渐减少，到 2009 年的 52.50 万亩，再到 2010 年的 52.40 万亩，之后旱地数量有所增加，到 2011 年的 53.40 万亩，之后基本维持 54 万亩左右。水浇地面积较小，占耕地规模的 6%左右，从 2005 年的 18.30 万亩，持

续减少，到 2006 年的 17.80 万亩，到 2007 年的 16.7 万亩，到 2008 年的 15.90 万亩，到 2010 年的 14.80 万亩，到 2013 年的 13.80 万亩，最后到 2016 年的 13.30 万亩。分析泉州市耕地空间格局，泉州市耕地主要分布在东南部平原以及山区的河谷盆地，主要集中在南安、安溪、惠安和晋江 4 个县（市），按 2017 年底耕地面积来看，其合计面积为 9.91 万公顷，占全市耕地总量 70.38%。泉州市耕地变化驱动因素有社会经济因素、人口因素、政策因素和科学技术。

三、泉州市建设用地与耕地资源的功能冲突识别与强度诊断

从经济角度分析泉州市建设用地与耕地资源的冲突，采用建设用地与耕地的资源竞争指数，利用第二三产业与第一产业间的资源竞争来说明泉州市建设用地与耕地之间的竞争程度。研究结果显示，建设用地与耕地之间的资源竞争指数，全市都在增加，由 2006 年的 19.192206 增加到 2017 年的 37.12112，11 年间增长了近 1 倍；从具体的各个区县市来看，鲤城区增长最为迅猛，由 2006 年的 385.672878 增长到 2017 年的 3521.416667，11 年间增长 9 倍多。变化最小的是安溪县。

从景观学角度分析泉州市建设用地与耕地资源的冲突。采用生态风险性评价，土地生态风险由风险源、风险受体和风险效应三部分组成。土地利用冲突强度=外部压力+脆弱性-稳定性。其一，建设用地和耕地的风险源来看。首先，从市域范围来看，分维数（AWMPFD）是景观中建设用地、耕地单个斑块的分维数以斑块面积为基准进行加权平均得到的值，从数值来看，全市整体的风险源强度在逐渐增强。其二，风险受体。全市建设用地脆弱度指数从 1980 年的 2.52，到 1990 年的 2.54，2000 年的 2.86，2006 年的 3.98，2010 年的 4.56，30 年间脆弱度指数 Ei 增加了 80.95%；耕地脆弱度指数从 1980 年的 2.22，到 1990 年的 2.26，2000 年的 2.29，2006 年的 2.3，2010 年的 2.24，30 年间脆弱度指数 Ei 增加了 0.9%。其三，风险效应，即斑块的生态稳定性。建设用地方面，1980 年全市的斑块密度为 23.51，到 1990 年为 24.78，2000 年为 26.84，2006 年为 34.51，2010 年为 35.87，其 30 年间斑块变化率 52.57%，斑块稳定性已经发生较大改变，其

稳定性变小。泉州市建设用地和耕地资源利用冲突强度根据土地利用冲突强度=外部压力+脆弱性-稳定性公式可知。全市的建设用地利用冲突强度从大到小排列为2010年（值为1）>2006年（值为0.86）>2000年（值为0.64）>1990年（值为0.52）>1980年（值为0.5），也就是随着时间发展，建设用地的面积、利用强度增加，使其利用冲突也增强。从各区县市建设用地利用冲突强度来看，鲤城区、丰泽区两区的2010年冲突指数分别为0.84和0.98，比1980年增加了62.5%和64.52%，南安市增加了37.5%，晋江市增加了22.85%；从大到小排列为鲤城区、丰泽区、南安市、晋江市、惠安县、安溪县、永春县、德化县、石狮市、洛江区、泉港区。

四、泉州市建设用地与耕地资源的土地利用冲突等级划分

将建设用地冲突度划分为（0.0，0.30）、［0.30，0.60）、［0.60，0.80）、［0.80，1.0）4个区段，耕地冲突度划分为（0.0，0.30）、［0.30，0.50）、［0.50，0.60）、［0.60，1.0）4个区段，分别作为冲突的稳定可控、基本可控、基本失控和严重失控四个级别的划分标准。

五、泉州市建设用地与耕地资源冲突的机制

在社会发展过程，耕地保护压力和建设用地供需压力，是建设用地与耕地之间冲突和矛盾加深。必须统筹区域土地利用压力。泉州市建设用地与耕地利用之间的冲突，主要是社会发展对土地（占用耕地）造成了极大的需求，而耕地对建设用地变化产生反馈机制。

建设用地与耕地资源的功能冲突权衡研究。第一，在实现社会经济发展的前提下，必须保证一定的耕地保有量。第二，严格执行建设用地控制目标，集约利用土地。第三，确保实现土地生态环境保护目标。

六、基于生态位的泉州市建设用地与耕地资源的功能冲突研究

土地利用生态位包括“态”与“势”两个基本属性。耕地自然生态位“态”方面，1980年市辖区（鲤城区）耕地自然生态位为0.0033491，1990年，其值增加较少，为0.00345212，2000年为0.0042611，2006年为

0.00435522，2010年为0.00422562；总体上来看，鲤城区比其他市县的自然生态位都要小，其增加速度也很慢。石狮市、惠安县、安溪县、永春县、德化县这5个市县的耕地自然生态位“态”变化增加，唯有晋江市是在逐渐减少。耕地自然生态位“势”方面，1980—1990年和1990—2000年，唯有晋江市的值是负增长，其他的区县市都是正增长，变化最大的是鲤城区；2000—2006年，只有石狮市和南安市两地的值为负值，其他区县都为正，增长最大的是洛江区；2006—2010年，鲤城区、丰泽区、洛江区、晋江市、南安市、永春县和德化县这7个区县市的值为负值。耕地经济生态位“态”和“势”。耕地经济生态位“态”方面，泉州市耕地经济生态位总体上是增加的，市辖区（鲤城区）由1980年的0.0614561，增加到1990年的0.08565642，之后2000年数值为0.0755173，2006年为0.07525222，到2010年又增加到0.07548855。晋江市、永春县、德化县三市县的经济生态位“态”方面增加最为明显，其他区县市也在缓慢增长。泉州市耕地经济生态位“势”方面，1980—1990年的变化率最慢，1990—2000年、2000—2006年和2006—2010年3个期间比1980—1990年有了大幅度增加。耕地社会生态位“态”和“势”，泉州市各区县耕地社会生态位“态”变化总体是增加的，而耕地社会生态位“势”方面，1990—2000年全市的耕地社会生态位“势”都为正值，而其他年份有正有负，并且1980—1990年的“势”值要比其他年份小；2006—2010年的数值增加量较小。泉州市耕地生态位“态”方面，从整个趋势来看，泉州市的耕地生态位都在增加，每个区县市增长幅度和进度不一；泉州市耕地生态位“势”方面，1980—1990年的生态位“势”增长比较明显，其他年份增长比较平缓，1990—2000年“势”都为正值，其他年份有正有负。总体来看，泉州市各区县市的建设用地自然生态位“态”情况较好，1980—2010年，其自然生态位都在不断增加，但其改善的数值不是很大；泉州市建设用地自然生态位“势”方面，1990—2000年和2006—2010年，其“势”值都为正值，其他年份的值有正有负。泉州市建设用地的经济生态位在1980—2010年都在不断增加，其中随着经济的发展，后面的年份其数值要大于其前一个时期的数值，在建设用地经济生态位“势”方面，1980—1990年，鲤城区的“势”变化最大，

而后年份，鲤城区的经济生态位逐渐变成了正值，到 2010 年，其值为 3.942866282；2000—2006 年泉州市的建设用地经济生态位的“势”都为正值，而 2010 年只有泉港区和晋江市两个地方的建设用地经济生态位“势”值为负。整体来看，泉州市建设用地社会生态位都在缓慢增加。从建设用地社会生态位“势”方面来看，1980—1990 年和 1990—2000 年这两个期间的社会生态位“势”值绝大部分区县市都在增加，唯有鲤城区、晋江市出现负值。泉州市的建设用地生态位“态”方面在 1980—2010 年都在缓慢增加，唯有石狮市的生态位“态”值在减少。泉州市建设用的生态位“势”方面，1980—1990 年、1990—2000 年和 2000—2006 年 3 个期间出现负值，2006—2010 年都为正值。

七、基于土地利用重心转移的泉州市耕地与建设用地冲突动态演变分析

耕地利用程度变化率 1990—1980 年为 - 7.73%，2000—1990 年为 -10.02%，2006—2000 年为-8.04%，2010—2006 年为-4.68%。建设用地利用程度变化率 1990—1980 年为 9.75%，2000—1990 年为 6.41%，2006—2000 年为 2.32%，2010—2006 年为 14.92%。耕地和建设用地地类转移特点是耕地转出量最大、建设用地以转入为主。1980—2010 年泉州市耕地和建设用地重心变化明显。泉州市各个区县市 1980—2010 年的耕地重心变化统计中，安溪县变化了 3 次，德化县变化了 4 次，永春县变化了 3 次，南安市变化了 2 次，鲤城区没有变化，丰泽区变化了 2 次，惠安县变化了 2 次，石狮市变化了 2 次，晋江市变化了 4 次，泉港区变化了 3 次。泉州市各个区县市 1980—2010 年的建设用地重心变化统计中，安溪县变化了 4 次，德化县变化了 2 次，永春县变化了 3 次，南安市变化了 4 次，洛江区变化了 2 次，鲤城区发生了 2 次变化，丰泽区变化了 2 次，惠安县变化了 4 次，石狮市变化了 2 次，晋江市没有变化，就是龙湖镇；泉港区变化了 2 次。

八、基于重心迁移模型的泉州市耕地和建设用地冲突轨迹分析

利用重心模型分析得到，泉州市各区县市 1980—2010 年耕地重心轨迹

和各区县市1980—2010年建设用地重心轨迹，再利用重心轨迹模型分析泉州市耕地和建设用地冲突程度。1980—1990年泉州建设用地重心迁移轨迹长度要小于耕地重心迁移轨迹长度，两者差距之和为-31240.4419米，平均每个区域为-2840.0402米；安溪县、德化县、永春县、丰泽区、惠安县、石狮市和晋江市差值为负值，其他4个区县市差值为正值；建设用地的重心迁移轨迹长度减去耕地资源的重心迁移轨迹长度，为正值，说明建设用地与耕地资源之间发生的矛盾和冲突比较激烈，南安市、鲤城区、泉港区、洛江区这4个区县市，建设用地正在与耕地资源发生着比较激烈的矛盾和冲突。1990—2000年泉州建设用地重心迁移轨迹长度要小于耕地重心迁移轨迹长度，两者差距之和为-8678.8134米，平均每个区域为-788.9830米，在这个时期，建设用地的重心迁移轨迹长度减去耕地资源的重心迁移轨迹长度为正值的区县市越来越多。2000—2006年泉州建设用地重心迁移轨迹长度要小于耕地重心迁移轨迹长度，两者差距之和为-7726.2306米，平均每个区域为-702.3846米。在这个时期，建设用地的重心迁移轨迹长度减去耕地资源的重心迁移轨迹长度数值为负值的越来越多，且为正值的数值越来越大。2006—2010年泉州建设用地重心迁移轨迹长度要大于耕地重心迁移轨迹长度，两者差距之和为41930.2609米，平均每个区域为3811.8419米；全部的区县市的差值都为正值。在这个时期，建设用地的重心迁移轨迹长度减去耕地资源的重心迁移轨迹长度数值都为正值。冲突区域与经济社会发展程度密切相关，随着发展，泉州市的耕地与建设用地的冲突在加强，中心城区发展不平衡，土地利用冲突也不同。

九、泉州耕地与建设用地冲突等级划分及管理策略

根据冲突倒U形演变轨迹及耕地和建设用地冲突的相关分析结果，将冲突度划分为（0.000000，0.000000），（0.000000，0.050000），［0.050000，0.100000），［0.100000，0.900000），［0.900000，2.000000）5个区段，作为冲突的冲突稳定、基本稳定、冲突失控和严重失控四个级别的划分标准。根据冲突分级结果，泉州市大部分地区均属于冲突稳定、基本稳定两个冲突级别。其中，丰泽区、鲤城区属于严重失控等级，丰泽区、鲤城区

是泉州市耕地与建设用地利用冲突最严重的地区。

十、泉州市建设用地与耕地资源冲突权衡协调度研究

泉州市 2005—2016 年城建设用地和耕地面积变化的协调度都为正值，处于基本调和与调和两种状态。协调度最大值为 2012 年的 0.8927345，最小值为 2009 年的 0.52077879，变动幅度较大，同时数值变动的波动性明显。2005—2007 年协调度类型表现为基本调和，恰恰对应 2005—2007 年耕地面积的不断减少；2008 年协调类型为调和；2009—2010 年协调度类型表现为基本调和，与 2009—2010 年耕地面积变化不大相对应；2011—2012 年协调度类型整体表现为调和，与 2011—2012 年耕地面积减少相吻合；2013—2014 年协调类型为基本调和；2015 年协调类型为调和；2016 年协调类型为基本调和。从时间序列来看，2005—2016 年中有 7 年的协调类型为基本调和；剩余的年份为调和。

第二节　本书研究存在的主要问题及今后的设想

本书所构建的土地利用功能冲突识别与强度诊断模型可以较为精准地反映土地利用的实际状况，这为理解当前土地利用与管理方向提供了一个新视角。改革开放以来，中国城镇化水平以前所未来的速度不断提高，社会经济也获得了突飞猛进的发展，与此同时，城乡失衡①、城进村衰、城乡差距日益扩大②，东西部发展差距也在扩大。③ 从地类来看，城市建设用地不断侵占耕地，威胁着国家粮食安全，导致人类生产生活对生态环境的干扰已经危及区域土地可持续利用。

本研究在构建建设用地与耕地利用功能冲突识别与强度诊断模型，以

① 双文元．城乡融合型土地整治研究——以曲周县为例［M］．北京：经济日报出版社，2016.

② 刘彦随．中国新时代城乡融合与乡村振兴［J］．地理学报，2018，73（4）：1-14.

③ 双文元．转型时期我国农村土地保障功能研究——以新疆昌吉市和福建南安市为例［M］．北京：经济日报出版社，2017.

及两者在进行功能权衡过程中发现，仍然存在如下问题有待完善：一是建设用地与耕地利用功能评价指标的地域差异性问题，无论是从经济学角度、景观学角度，还是用生态位理论来研究，由于中国幅员辽阔且区域差异较大，在构建评价指标体系时应根据评价单元自然本底的差异性选取反映区域土地利用功能特征的指标；二是对建设用地与耕地的利用功能冲突的理论认识有待加强，既有研究认为土地利用功能重叠即产生冲突，而实际上不同土地利用方式的功能重叠并不一定会产生破坏性冲突，两者地类功能的差异，会表现在众多方面，因此后续研究还需对土地利用功能冲突的表现形式及其内涵展开系统讨论；三是文中对于建设用地与耕地的冲突类型没有很好地划分，也没有采用“生产功能、生活功能、生态功能”，所谓“三生功能”来进行研究，虽然土地的利用功能体现在生态、生产与生活方面，也可借鉴别的研究采用“三生功能”进行探讨，但是研究的精力和深度方面力不从心，这是以后继续进行研究的动力；四是建设用地和耕地的功能除了生产和生活等物质性功能外，土地利用还具有文化、美学及社会因素等非物质性功能，这些功能如何在土地利用功能冲突研究中量化表征也有待进一步探索；五是本书对于建设用地和耕地的冲突权衡还略显单薄，关键是没有将建设用地与耕地之间的冲突权衡的“度”很好地进行研究，虽然采用协调度，也协调度只是研究的一个常用的解决冲突的一种方式，还可以从更加深层次和量化的角度来进行探讨，这也是未来深入研究的动因。总之，对于土地利用功能冲突和冲突均衡的研究，需开展进一步的理论分析与实证研究，才能更加科学地推动国土空间规划与自然资源管理。

参考文献

［1］ 曹卫星．五年来全国建设占用耕地 1560 万亩 实现占补有余［EB/OL］．（2017－11－14）．http：//finance. people. com. cn/n1/2017/1114/c1004-29644750.

［2］ 埃比尼泽·霍华德．明日的田园城市［M］．北京：商务印书馆，2002.

［3］ 勒·柯布西埃［M］．上海：上海人民出版社，2006.

［4］ 伊利，莫尔豪斯．土地经济学原理［M］．北京：商务印书馆，1982.

［5］ HIROSHI MORI. Land convrsion at the urban fringe：A comparative study of Japan Britain and the Netherlands［J］．Urban Studies，1998.

［6］ Juergensmeyer Julian C Farmland preservation：A vital agricultural law issue for the 1980s. 21 WASHBURN LJ，1982.

［7］ 野日悠纪雄．土地经济学［M］．北京：商务印书馆，1997.

［8］ Greene R P and Harlin J M. Threat to high market value agricultural lands from urban encroachment：A national and regional perspective［J］．The Social Science Journal，1995（32）：137-155.

［9］ Greene R P. Prime farmland and urban encroachment：Consequences for the western states［J］．Forum of the Association of Arid Lands Studies，1995（11）：75-81.

［10］ 卫珑．关于我国城市化问题的讨论综述［J］．经济学动态，2002，1（6）：28-281.

[11] 张宏斌. 土地非农化机制研究 [D]. 杭州: 浙江大学, 2001: 31.

[12] SETO K C, KAUFMANN R K. Modeling the drivers of urban land use change in the pearl river delta, China: Intergrating remote sensing with socioeconomic data [J]. Land Economics, 2003, 79 (1): 106-121.

[13] ZHAI G F, IKEDA S. An empirical model of land use change in China [J]. Reviews of Urban& Regional Development Studies, 2000, 12 (1): 36-53.

[14] 向敬伟, 李江风, 曾杰. 鄂西贫困县耕地利用转型空间分异及其影响因素 [J]. 农业工程学报, 2016, 32 (1): 272-279.

[15] 杨春艳, 沈渭寿, 王涛. 近 30 年西藏耕地面积时空变化特征 [J]. 农业工程学报, 2015, 31 (1): 264-271.

[16] 赵文武. 世界主要国家耕地动态变化及其影响因素 [J]. 生态学报, 2012, 32 (20): 6452-6462.

[17] 郇红艳, 谭清美, 朱平. 城乡一体化进程中耕地利用变化的驱动因素及区域比较 [J]. 农业工程学报, 2013, 29 (21): 201-213.

[18] 潘佩佩, 杨桂山, 苏伟忠, 等. 太湖流域土地利用变化对耕地生产力的影响研究 [J]. 地理科学, 2015, 35 (8): 990-998.

[19] 茆三芹. 基于 GWR 模型的耕地利用时空演变及驱动因素研究——以武汉城市圈为例 [D]. 武汉: 华中农业大学, 2013.

[20] 牛星, 欧名豪. 城市化进程对耕地面积变化的影响——以甘肃省和江苏省为例 [J]. 甘肃农业大学学报, 2004, 12 (6): 729-734.

[21] 李旭东. 贵州城市化水平与耕地面积的动态关系及协调度 [J]. 南京人口管理干部学院学报, 2011, 27 (1): 64-69.

[22] 王芳. 新型城镇化进程中耕地资源保护研究 [D]. 晋中: 山西农业大学, 2013.

[23] 荣颖. 基于耕地压力指数的河南省耕地保护与城市化发展研究 [D]. 郑州: 河南农业大学, 2014.

[24] 郭诗卉. 西安市城市化水平与建设占用耕地资源的时空格局演变研究 [D]. 西安: 西北大学, 2015.

［25］曹宗龙．安徽省城市化与耕地利用变化及耦合性分析［D］．福州：福建师范大学，2013.

［26］范辉，陈超，余国忠．河南省耕地资源与城市化发展的协调性分析［J］．水土保持通报，2010，30（4）：184-189.

［27］李国敏，刘洵，卢珂．城市化对耕地保护的正负效应分析［J］．当代经济，2018，（1）：83-85.

［28］筱明，吴泉源．城市化建设与土地集约利用［J］．中国人口、资源与环境，2001（11）：5.

［29］摆万奇．土地利用变化动力学——以深圳市为例［D］．北京：中国科学院地理科学与资源研究所，1997.

［30］吴次芳，陆张维，杨志荣．中国城市化与建设用地增长动态关系的计量研究［J］．中国土地科学，2009，23（2）：18-23.

［31］赵可，张安录．城市建设用地、经济发展与城市化关系计量分析［J］．中国人口·资源与环境，2011，21（1）：7-12.

［32］姜广辉，张凤荣，吴建寨，等．北京山区建设用地扩展及其与耕地变化关系研究［J］．农业工程学报，2006，11（10）：88- 93.

［33］黄明华，高峰，郑晓伟．构建合理的城市建设用地调控理念——对我国当前耕地与城市建设用地关系问题的思考［J］．城市规划学刊，2008（1）：96-101.

［34］田思思．建设用地与耕地数量时空格局演变及互动机制研究——以重庆市主城区为例［D］．重庆：西南大学，2015.

［35］刘建明，王泰玄，谷长岭，等．宣传舆论学大辞典［M］．北京：经济日报出版社，1993.

［36］Juckle J A，Brun S and Roseman C C. Human Spatial Behaviora social geography［M］. Duxbury Press，1976.

［37］Maier J. et al. Sozial geographie，Westermann，Braunschweig 90－100s，1977.

［38］Golledge G R. Learning about an Urban Evironment，In Timing Space and Spacing Time，edited by N. Thrift，D. Parkes，and T Carlstein，London，

Edward Alnold, 1978.

[39] 吴传钧. 论地理学的研究核心——人地关系地域系统 [J]. 经济地理, 1991 (3).

[40] 陆大道, 郭来喜. 地理学的研究核心——人地关系地域系统 [J]. 地理学报, 1998, 53 (2): 97-105.

[41] 于伯华, 吕昌河. 土地利用冲突分析: 概念与方法 [J]. 地理科学进展, 2006, 35 (3): 106-114.

[42] 彭佳捷. 基于生态安全的长株潭城市群空间冲突测度研究 [D]. 长沙: 湖南师范大学, 2011.

[43] 杨永芳, 朱连奇. 土地利用冲突的理论与诊断方法 [J]. 资源科学, 2012, 34 (6): 1134-1141.

[44] 张慧霞, 娄全胜, 李艳. 基于景观格局的广州市边缘区生态压力研究——以番禺区为例 [J]. 热带地理, 2010, 30 (3): 221-226.

[45] 邬建国. 景观生态学: 格局、过程、尺度与等级 [M]. 北京: 高等教育出版社, 2000.

[46] 吴次芳, 徐保根. 土地生态学 [M]. 北京: 中国大地出版社, 2003.

[47] 李景刚, 何春阳, 李晓兵. 快速城市化地区自然/半自然景观空间生态风险评价研究——以北京为例 [J]. 自然资源学报, 2008, 23 (1): 35-49.

[48] 张慧霞, 娄全胜, 李艳. 基于景观格局的广州市边缘区生态压力研究——以番禺区为例 [J]. 热带地理, 2010, 30 (3): 221-226.

[49] 邬建国. 景观生态学: 格局、过程、尺度与等级 [M]. 北京: 高等教育出版社, 2000.

[50] 吴次芳, 陈美球. 土地生态系统的复杂性研究 [J]. 应用生态学报, 2002 (6): 753-756.

[51] 唐万, 胡俊, 张晖, 等. Kappa 系数: 一种衡量评估者间一致性的常用方法 (英文) [J]. 上海精神医学 (Shanghai Archives of Psychiatry), 2015 (1): 62-67.

[52] 侯荣仙．重读马尔萨斯的《人口原理》 [D]．开封：河南大学，2007.

[53] 孙德常．李嘉图及其《政治经济学及赋税原理》[J]．历史教学，1982：35-37.

[54] Campbell D J, Gichohi H, Mwanbi A, et al. Land use conflict in Kajiado District, Kenya [J]. Land use policy, 2000, 17 (4): 337-348.

[55] Von der Dunk A, Gret-Regamey A, Dalang T, et al. Defining a typology of peri-urban land use conflicts : A Case study from Switzerland [J]. landscape and Urban Planning, 2011, 101 (2): 149-156.

[56] Diress T. Alemu, Dickson M. Nyariki & Kassim O. Farah. Changing Land-use Systems and Socio-economic Roles of Vegetation in Semi-arid Africa: The Case of the Afar and Tigrai of Ethiopia [J]. Journal of Social Sciences, 2017, Volume 4, 2000 - Issue 2-3: 199-206.

[57] 于伯华，吕昌河．土地利用冲突分析：概念与方法 [J]．地理科学进展，2006，25 (3)：106- 115.

[58] MCCREERY D. Land, power and poverty——agrarian transformation and political-conflict in central-america-brockett. cd [J]. Hispanic American Historical Review, 1989 (69): 351.

[59] Moore W. H. , Lindstrom R. , ORegan V. Land reform, political violence and the economic inequality political conflict nexus: A longitudinal analysis [J]. International Interactions, 1996 (21): 335-363.

[60] Simmons C. S. The political economy of land conflict in the Eastern Brazilian Amazon [J]. Annals of the Association of American Geographers, 2004 (94): 183-206.

[61] Mungai D N, Ong C K, Kiteme B, et al. Lessons from two long—term hydrological studies in Kenya and SriLanka [J]. Agriculture, Ecosystemsand Environment, 2004 (104): 135—143.

[62] Carpenter S L, Kennedy W J D. Environmental conflict management [J]. Environ. Prof, 1980, 2 (1): 67-74.

[63] Von der Dunk A, Gret-Regamey A, Dalang T, et al. Defining a typology of peri-urban land use conflicts : A Case study from Switzerland [J]. landscape and Urban Planning, 2011, 101 (2): 149-156.

[64] 谭术魁. 我国土地冲突的分类方案探讨 [[J]. 中国农业资源与区划, 2008, 29 (4): 27-30.

[65] RICARDO RAMIREZ. A Conceptual Map of Land Conflict Management: Organizing the Parts of Two Puzzles [EB/OL]. (2007-01-20). http: //www. fao. org/sd/2002/IN0301a. _ en.

[66] BABETTE WEHRMARM. Cadastre in Itself Won't Solve the Problem: The Role of Institutional Change and Psychological Motivations in Land Conflicts-Cases from Africa [A]. Acera, Ghana, 2007.

[67] JND OLANO. Land Conflict Resolution: Case Studies in the Philippines [EB/OL]. (2007-07-04). http: //www. iapad. org/applications/application_ 07.

[68] SANNA OJALAMMI. Contested Landsl Land Disputes in Semi-arid Parts of Northern Tanzania. Case Studies of the Loliondo and Sale Divisions in the Ngorongoro District [EB/OL]. (2007-07-04). http: //ethesis. helsinki. fi/julkaisut/mat/maant/vk/ojalammi/conteste.

[69] Grimble R, Wellard K. Stakeholder methodologies in natura management: A review of principles, contexts, experiences and opportunities [J]. Agricultural Systems, 1997 (55): 173-193.

[70] MICHAEL J. BROWN, JORGE DALY, KATIE HAMLIN. Guatemala Land Conflict Assessment. Report Submitted to the United States Agency for International Development [EB/OL]. (2007-01-20). http: //pdf. dec. org/pdf_docs/PNADC728.

[71] Owen Lorne. Conflicts on over farming practices in Canada: the role interactive conflict resolution approaches [J]. Journal of Rural Studies, 2000 (73): 475-483.

[72] 徐宗明. 基于利益相关者理论的土地利用冲突管理研究 [D]. 杭州: 浙江大学, 2011.

[73] 许学工，彭慧芳，徐勤政．海岸带快速城市化的土地资源冲突与协调——以山东半岛为例［J］. 北京大学学报（自然科学版），2006，42（6）.

[74] 刘巧芹，赵华甫，吴克宁，等．基于用地竞争力的潜在土地利用冲突识别研究——以北京大兴区为例［J］. 资源科学，2014. 36（8）：1579-1589.

[75] Grinnel J. The niche - relationship of the California Thrasher [J]. Auk，1917（34）：427-433.

[76] Grinnel J. Geography and evolution [J]. Ecology，1924（5）：225-229.

[77] Hutchinson G E. Concluding remarks：cold spring harbor Symp. Quant [J]. Biology，1957（22）：415-427.

[78] LEIBOLD M A. The niche concept revisited：mechanistic models and community context [J]. Ecology，1995，76（5）：1371-1382.

[79] 张光明，谢寿昌．生态位概念演变与展望［J］. 生态学杂志，1997，16（6）：46-51.

[80] SHEA K，CHESSON P. Community ecology theory as a framework for biological invasions [J]. Trends in Ecolotry and Evolution，2002，17（4）：170-176.

[81] TILMAN D. Niche tradeoffs，neutrality and community structure：a stochastic theory of resource competition，invasion and community assembly [C]. Proceedings of the National Academy of Sciences，USA，2004（101）：10854 10861.

[82] SILVER TOWN J. The ghost of competition past in the phylogeny of island endemic pants [J]. Journal of Ecolotry，2004（92）：168-173.

[83]［美］巴雷特．生态学基础［M］. 陆健健，等译．北京：高等教育出版社，2009.

[84] Lichtenstein，G Arnold. A case study of the ecology of enterprise in two business ineubators（Enterprise Eeology）. 1992 Volume53/OS.

[85] Leibold M A. The niche concept revisited：mechanistic models and community context [J]. Ecology，1995，76（5）：1371-1382.

[86] Colwell R K, Futuyma D J. On the measurement of niche breadth and overlap [J]. Ecology, 1971 (52): 567-576.

[87] Maurer B A. Statistical inference for Mac Arthur-Levins niche overlap [J]. Ecology, 1982, 63 (6): 1712-1719.

[88] 王刚，赵松岭，张鹏百，等．关于生态位定义的探讨及生态位重叠计测公式改进的研究 [J]. 生态学报，1984，4 (2)：119-127.

[89] 刘建国，马世骏．扩展的生态位理论 [M]. 北京：科学出版社，1990：72-89.

[90] 朱春全．生态位态势理论与扩充假说 [J]. 生态学报，1997，17 (3)：324-332.

[91] 李德志，刘科轶，臧润国，等．现代生态位理论的发展及其主要代表流派 [J]. 林业科学，2006，42 (8)：88-94.

[92] 罗小龙，甄峰．生态位态势理论在城乡接合部应用的初步研究：以南京市为例 [J]. 经济地理，2000，20 (5)：55-58.

[93] 曹嵘，陈娟，白光润．生态位理论在我国城市发展中的应用 [J]. 地理与地理信息科学，2003，19 (1)：62-65.

[94] 陈绍愿，张虹鸥，林建平，等．城市群落学：城市群现象的生态学解读 [J]. 经济地理，2005，25 (6)：810-813.

[95] 陈绍愿，林建平，杨丽娟，等．基于生态位理论的城市竞争策略研究 [J]. 人文地理，2006，21 (2)：72-76.

[96] 王永锋．基于生态位的城市竞争理论与实证研究 [D]. 开封：河南大学，2007.

[97] 李艳萍，葛幼松．基于生态位理论探析江苏省沿江城市发展 [J]. 河北师范大学学报（自然科学版），2005，29 (6)：631-636.

[98] 丁圣彦，李志恒．开封市的城市生态位变化分析 [J]. 地理学报，2006,，61 (7)：752-762.

[99] 徐厚琴，方一平．西部干旱区省会城市生态经济位比较研究 [J]. 干旱区地理，2007，30 (3)：426-430.

[100] 索贵彬．环渤海经济圈城市生态位评价研究 [J]. 生态经济，

2010（2）：138-140.

［101］欧阳志云，王如松，符贵南．生态位适宜度模型及其在土地利用适宜性评价中的应用［J］．生态学报，1996，14（2）：113-120.

［102］秦建成，高明．山地城镇土地利用的经济生态位分析及持续发展——以重庆市为例［J］，山地学报，2003，21（6）：702-706.

［103］余艳，何建华．基于生态位适宜度的土地生态经济适宜性评价［J］．农业工程学报，2008，24（1）：124-128.

［104］杨春玲，秦明周，闫艳．基于生态位理论的土地利用结构优化研究——以巩义市为例［J］．生态经济，2008，（10）：23-28.

［105］陈英．土地利用生态位理论构建与实证研究［D］．兰州：甘肃农业大学，2009.

［106］牛海鹏，张安录．耕地数量生态位扩充压缩及其生态环境效应分析——以河南省焦作市为例［J］．生态经济，2008：37-44.

［107］李鑫，欧名豪，陆宇．基于生态位理论的阿拉善盟土地利用结构多目标优化研究［J］．干旱区资源与环境，2012，26（8）：69-73.

［108］郭笑东，陈利根，毕如田，等．基于生态位理论的黄土丘陵区耕地整治优先度及模式研究［J］．水土保持通报，2019，39（1）：184-190.

［109］朱传民，黄雅丹，姚治国，等．基于生态位理论的曲周县高标准基本农田建设研究［J］．北京师范大学学报（自然科学版），2018，54（3）：321-326.

［110］李洁，朱金兆，朱清科．生态位理论及其测度研究进展［J］．北京林业大学学报，2003，25（1）：100 - 107.

［111］林开敏，郭玉硕．生态位理论及其应用研究进展［J］．福建林学院学报，2001，21（3）：283-287.

［112］孙儒泳．动物生态学原理［M］．北京：北京师范大学出版社，1992. 312-321.

［113］张光明，谢寿昌．哀牢山木果石栎群落优势种的生态位宽度与重叠［J］．云南植物研究，2000（4）：23-27.

［114］杨效文，马继盛．生态位有关术语的定义及计算公式评述［J］.

生态学杂志，1992，11（2）：44-49.

［115］《当代汉语词典》编委会. 当代汉语词典［M］. 北京：中华书局，2009.

［116］Walker F. Statistical Atlas of the Gnited States Based on the Resalts of the Ninth Census 1870 with Contrihntions from Many Eminent Men Of SCienCe and Sever Departments Of the Government［M］. New York. 1874：179-180.

［117］Bellone F，Cunningham R. All Roads Lead to Center Laxton［J］. Journal of Economic lntegration，1993，13（3）：47-52.

［118］Aboufadel E，Austin D. A New Method for Computing the Mean Centre of Population of the United States［J］. Professional Geographer，2006，58（1）：65-69.

［119］Grether J M，Mathys N. Is the World' s Economic. Centre of Gravity Already in Asia?［J］. Srn ElectronicJournal，2008，42（1）：47-50.

［120］Lin H. et al. Evolution Path Analysis of Economic Gravity Centre and Air Pollutants Gravity Centre in Shaanxi Province［J］. Advanced Materials Research，2012，(361-363)：1359-1363.

［121］Yene T K. Globalization and Shifting Economic Centres of Gravity［J］. Thunderbird lnternational Business Review，2014，56（3）：261-271.

［122］Yu H W. Evolvement and Comparative Analysis of Population Gravitv Centre and Economic Gravity Centre in Qinhuangdao City Based on GIS［J］. Advanced Materials Research，2014（955-959）：3819-3823.

［123］Danny Quah. The Global Economy' s Shifting Centre of Gravity［J］. Global Policy，2011（1）.

［124］Shaojun Wang，Mingyong Li，Wei Luo. Analysis of mobile track of the population and social economic gravity center in Shandong peninsula urban agglomeration based on GIS［J］. International Conference on Remote Sensing，2011，June.

［125］Yang Wang，Yaning Chen，Zhi Li. Evolvement characteristics of population and economic gravity centers in tarim river basin，uygur autonomous re-

gion of xinjiang, China [J]. 2013 (6): 765-772.

[126] Yingbin He, Youqi Chen, Huajun Tang. Exploring spatial change and gravity center movement for ecosystem services value using a spatially explicit ecosystem services value index and gravity model [J]. Environmental Monitoring and Assessment, April 2011, 175 (1-4): 563-571.

[127] 李仪俊. 我国的人口重心及其移动轨迹 [J]. 人口研究, 1983 (1): 28-32.

[128] 樊杰. 中国农村工业化的经济分析及省际发展水平差异 [J]. 地理学报, 1996 (5): 398-407.

[129] 刘德钦. 中国人口分布及空间相关分析 [J]. 理论研究, 2002 (6): 2-6.

[130] 黄建山. 我国产业经济重心演变路径及其影响因素分析 [J]. 地理与地理信科学, 2005 (5): 49-54.

[131] 叶明确 .1978—2008 年中国经济重心迁移的特征与影响因素 [J]. 经济地理, 2012, 32 (4): 12-18.

[132] 赵坤荣, 林奎, 许振成, 等. 中国城镇生活源污染与社会经济发展重心演变对比分析 [J]. 中国环境科学, 2013 (S1): 226-232.

[133] 刘开迪, 杨多贵, 周志田. 中国经济与人口重心的时空演变及产业分解研究 [J]. 工业技术经济, 2019 (6): 79-88.

[134] 李豫新, 赵东栋. 人口重心与经济重心演变路径及耦合性分析 [J]. 统计与决策, 2016 (4).

[135] 曹慧明, 董仁才, 邓红兵, 等. 区域生态系统重心指标的概念与应用 [J]. 生态学报, 2016, 36 (12): 3639-3645.

[136] 王秀兰, 包玉海. 土地利用动态变化研究方法探讨 [J]. 地理科学进展, 1999, 18 (1): 81-87.

[137] 高志强, 刘纪远, 庄大方. 我国耕地面积重心及耕地生态背景质量的动态变化 [J]. 自然资源学报, 1998 (1): 92.

[138] 郭碧云, 张正峰. 农牧交错区土地利用重心迁移研究——以河北省沽源县为例 [J]. 干旱地区农业研究, 2014 (4): 217-221.

［139］龙花楼．论土地利用转型与乡村转型发展［J］．地理科学进展，2012，31（2）：131-138.

［140］刘彦随．中国东部沿海地区乡村转型发展与新农村建设［J］．地理学报，2007，62（6）：563-570.

［141］刘巧芹，赵华甫，吴克宁，等．基于用地竞争力的潜在土地利用冲突识别研究——以北京大兴区为例［J］．资源科学，2014，36（8）：1579-1589.

［142］周德，徐建春，王莉．近15年来中国土地利用冲突研究进展与展望［J］．中国土地科学，2015，29（2）：21-29.

［143］林英志，邓祥征，战金艳．区域土地利用竞争模拟模型与应用——以江西省为例［J］．资源科学，2013，35（4）：729-738.

［144］于伯华，吕昌河．土地利用冲突分析：概念与方法［J］．地理科学进展，2006，25（3）：106-115.

［145］Campbell D J，Gichohi H，Mwangi A，et al. Land use conflict in kajiado District［J］. Kenya. Land use policy，2000（17）：337-348.

［146］李广东，方创琳．城市生态—生产—生活空间功能定量识别与分析［J］．地理学报，2016，71（1）：49-65.

［147］Xie G，Zhen L，Zhang C，et al. Assessing the Multifunctionalities of Land Use in China［J］. Journal of Resources and Ecology，2010，1（4）：311-318.

［148］周晓艳，宋亚男．1982—2015年国际土地利用冲突研究文献计量分析［J］．城市发展研究，2017，23（10）：100-108.

［149］Wehrmann B. Land Conflicts：A Practical Guide to Dealing with Land Disputes［J］. Eschborn：Deutsche Gesellschaft für Technische Zusammenarbeit，2008，12-13.

［150］Andrew J. S. Potential application of mediation to land use conflicts in small-scale mining［J］. J Clean Prod，2003，11（2）：117-130.

［151］David Pavóna，Montserrat Venturaa，AnnaRibas，et al. Land use change and socio-environmental conflict in the Alt Empordà county（Catalonia，Spain）［J］. J Arid Environ，2003，54（3）：543-552.

[152] ojă C. I., Niţă M. R., Vânău G. O. el ta. Using multi – criteria analysis for the identification of spatial land-use conflicts in the Bucharest Metropolitan Area [J]. Ecol Indic, 2014 (42): 112-121.

[153] Groot R. D. Function-analysis and valuation as a tool to assess land use conflicts in planning for sustainable, multi-functional landscapes [J]. Landscape Urban Plan, 2006 (75): 175-186.

[154] Adam Y O, Pretzsch J, Darr D. Land use conflicts in central Sudan: Perception and local coping mechanisms [J]. Land Use Policy, 2015 (42): 1-6.

[155] 沈悦，严金明．城乡土地利用冲突与土地制度改革——第十四届全国高校土地资源管理院长（系主任）联席会暨中国土地科学论坛、中国人民大学土地管理专业创立 30 周年国际学术研讨会综述 [J]. 中国土地科学，2015，29 (7)：13-16.

[156] 刘琼，吴斌，欧名豪，等．土地利用总体规划与城市规划冲突的利益关系及协调——基于规划管理者和规划编制者的问卷调查和深度访谈 [J]. 中国土地科学，2014，28 (4)：3-9.

[157] 阮松涛，吴克宁．城镇化进程中土地利用冲突及其缓解机制研究——基于非合作博弈的视角 [J]. 中国人口·资源与环境，2013，23 (11)：388-392.

[158] 杨永芳，安乾，朱连奇．基于 PSR 模型的农区土地利用冲突强度的诊断 [J]. 地理科学进展，2012，31 (11)：1552-1560.

[159] 徐宗明．基于利益相关者理论的土地利用冲突管理研究 [D]. 杭州：浙江大学，2011.

[160] 马学广，王爱民，闫小培．城市空间重构进程中的土地利用冲突研究——以广州市为例 [J]. 人文地理，2010，25 (3)：72-77.

[161] Hua L, Squires V R. Managing China's pastoral lands: Current problems and future prospects [J]. Land Use Policy, 2015 (43): 129-137.

[162] 方创琳，刘海燕．快速城市化进程中的区域剥夺行为与调控路径 [J]. 地理学报，2007，62 (8)：849-860.

[163] 周国华，彭佳捷．空间冲突的演变特征及影响效应——以长株

潭城市群为例 [J]. 地理科学进展，2012，31（6）：717-723.

[164] 龙花楼，李婷婷，邹健．我国乡村转型发展动力机制与优化对策的典型分析 [J]. 经济地理，2011，31（12）：2080-2085.

[165] Yu A T W, Wu Y Z, Zheng B B, et al. Identifying risk factors of urban-rural conflict in urbanization: A case of China [J]. Habitat International, 2014 (44): 177-185.

[166] 王秋兵，郑刘平，边振兴，等．沈北新区潜在土地利用冲突识别及其应用 [J]. 农业工程学报，2012，28（15）：186-193.

[167] Wang J, Chen Y Q, Shao X M, et al. Land-use changes and policy dimension driving forces in China: Present, trend and future [J]. Land Use Policy, 2012, 29 (4): 737-749.

[168] Hui E, Bao H. The logic behind conflicts in land acquisitions in contemporary China: A framework based upon game theory [J]. Land Use Policy, 2013, 30 (1): 373-380.

[169] Brown G, Raymond C. M. Methods for identifying land use conflict potential using participatory mapping [J]. Landscape Urban Plan, 2014 (122): 196-208.

[170] 吕立刚，周生路，周兵兵，等．区域发展过程中土地利用转型及其生态环境响应研究——以江苏省为例 [J]. 地理科学，2013，33（12）：1442-1449.

[171] Paracchini M L, Pacini C, Jones M L M, et al. An aggregation framework to link indicators associated with multifunctional land use to the stakeholder evaluation of policy options [J]. Ecol Indic, 2011, 11 (1): 71-80.

[172] 黄金川，林浩曦，漆潇潇．面向国土空间优化的三生空间研究进展 [J]. 地理科学进展，2017，36（3）：378-391.

[173] 刘继来，刘彦随，李裕瑞．中国“三生空间”分类评价与时空格局分析 [J]. 地理学报，2017，72（7）：1290-1304.

[174] 刘彦随．中国新时代城乡融合与乡村振兴 [J]. 地理学报，2018，73（4）：1-14.

［175］邹秀清，钟晓勇，肖泽干，等．征地冲突中地方政府、中央政府和农户行为的动态博弈分析［J］．中国土地科学，2012，26（10）：54-60.

［176］周骏．基于社会燃烧理论的农村土地冲突原因及其治理研究［D］．南昌：南昌大学，2013.

［177］李红波，李柏霖，李素敏．西部多民族地区征地冲突治理机制［J］．中国土地科学，2013，27（3）：17-23.

［178］谭术魁．中国频繁暴发征地冲突的原因分析［J］．中国土地科学，2008，22（6）：44-50.

［179］王秋兵，郑刘平，边振兴，等．沈北新区潜在土地利用冲突识别及其应用［J］．农业工程学报，2012，28（15）：185-192.

［180］王军，顿耀龙．土地利用变化对生态系统服务的影响研究综述［J］．长江流域资源与环境，2015（5）.

［181］郑伟元．统筹城乡土地利用的初步研究［J］．中国土地科学，2008，22（6）：4-10.

［182］储胜金，许刚．浙北山区土地利用与生态保护的冲突与协调机制研究：以天目山自然保护区为例［J］．长江流域资源与环境，2004，13（1）：24-29.

［183］Torre A，Melot R，Magsi H，et al. Identifying and measuring land-use and proximity conflicts：Methods and identification. Springer Plus，2014，3（85）：1-26.

［184］徐增让，郑鑫，靳茗茗．自然保护区土地利用冲突及协调——以羌塘国家自然保护区为例［J］．科技导报，2018（7）：8-13.

［185］杨倩芸．云龙天池国家级自然保护区周边社区土地利用变化特征及对保护的影响分析［D］．昆明：云南大学，2015.

［186］马平，杨春玲．云南省自然保护区资源保护与利用冲突问题的法律研究［J］．林业调查规划，2011（5）.

［187］许彦曦，陈凤，淮励杰．城市空间扩展与城市土地利用扩展的研究进展［J］．经济地理，2007，27（2）：296-301.

[188] 刘贵利，严奉天，许顺才，等．城市发展中内外空间冲突与协调的战略选择：以石家庄市为例［J］. 地理研究，2006，25（4）：701-709.

[189] 裴彬，潘韬．土地利用系统动态变化模拟研究进展［J］. 地理科学进展，2010，29（9）：1060-1066.

[190] 周德，徐建春，王莉．环杭州湾城市群土地利用的空间冲突与复杂性［J］. 地理研究，2015（9）：1630-1642.

[191] Song Z J, Yu L J. A study on the generalised space of urban-rural integration in Beijing suburbs during the present day Urban Studies, 2014. doi: 10.1177/0042098014551675.

[192] 周德，徐建春，王莉．近 15 年来中国土地利用冲突研究进展与展望［J］. 中国土地科学，2015，29（2）：21-29.

[193] 许学工，彭慧芳，徐勤政．海岸带快速城市化的土地资源冲突与协调——以山东半岛为例［J］. 北京大学学报（自然科学版），2006（4）：527-533.

[194] 储胜金，许刚．浙北山区土地利用与生态保护的冲突与协调机制研究——以天目山自然保护区为例［J］. 长江流域资源与环境，2004，13（1）：24-29.

[195] 冉娜，金晓斌，范业婷，等．基于土地利用冲突识别与协调的“三线”划定方法研究——以常州市金坛区为例［J］. 资源科学，2018（2）：284-298.

[196] 薛朝浪，赵宇鸾．太行山区土地利用冲突测度及其时空特征［J］. 资源开发与市场，2018，34（12）：1677-1684.

[197] 裴彬，潘韬．土地利用系统动态变化模拟研究进展［J］. 地理科学进展，2010，29（9）：1060-1066.

[198] 周德，徐建春，王莉．环杭州湾城市群土地利用的空间冲突与复杂性［J］. 地理研究，2015，34（9）：1630-1642.

[199] Obery A M, Landis W G. A Regional Multiple Stressor Risk Assessment of the Codorus Creek Watershed Applying the Relative Risk Model［J］. Human and Ecological Risk Assessment, 2002, 8（2）：405-428.

［200］ Hayes E H, Lanais W G. Regional Ecological Risk Assessment of a Near Shore Murine Environment: Cherry Point, WA ［J］. Human and Ecolo Gical Risk Assessment, 2004, 10 (2): 299-325.

［201］ 文万青．关于 kappa 系数的进一步评价和校正 ［J］. 中国卫生统计，1994 (6): 4-7.

［202］ 李明升，李治，佟连军．经济-环境协调发展的演变及其地区差异分析 ［J］. 经济地理，2009，29 (10): 1634-1639.

［203］ 张春丽，佟连军，刘继斌．三江自然保护区耕地与湿地协调发展水平的评价研究 ［J］. 地理科学，2008，28 (3): 343-347.

［204］ 刘彦随．中国新时代城乡融合与乡村振兴 ［J］. 地理学报，2018，73 (4): 1-14.

［205］ 双文元．城乡融合型土地整治研究——以曲周县为例 ［M］. 北京：经济日报出版社，2016.

［206］ 双文元．转型时期我国农村土地保障功能研究——以新疆昌吉市和福建南安市为例 ［M］. 北京：经济日报出版社，2017.